7 €

MANUEL DE PSYCHOLOGIE DIFFÉRENTIELLE

Michel Huteau

MANUEL DE PSYCHOLOGIE DIFFÉRENTIELLE

Édition mise à jour

DUNOD

Série dirigée par Alain Lieury

G. Besançon *et al., Manuel de psychopathologie*

G. Besançon *et al., Exercices & QCM de psychopathologie*

F. Eustache, S. Faure, *Manuel de neuropsychologie*

M. Huteau, *Manuel de psychologie différentielle*

J. Joly, D. Boujard, *Manuel de biologie pour psychologues*

J. Joly, D. Boujard, *Exercices et QCM de biologie pour psychologues*

A. Lieury, *Manuel de psychologie générale*

A. Lieury, *Exercices & QCM de psychologie générale*

A. Lieury et *al., Manuel de psychologie de l'éducation et de la formation*

Illustration de couverture
Franco Novati

ISBN 2 10 002491 4

TABLE DES MATIÈRES

INTRODUCTION

La psychologie a pour objet la description et l'explication des conduites, des états et processus mentaux des individus. Cet objet peut être abordé par des méthodes diverses et en adoptant des points de vue variés. Les choix de méthodes et de points de vue, qui ne sont pas indépendants, définissent les grandes sous-disciplines de la psychologie. La psychologie différentielle est l'une de ces sous-disciplines. Elle fut dénommée ainsi en 1900 par le psychologue allemand William Stern. La psychologie différentielle se propose de décrire et d'expliquer au moyen de méthodes objectives les différences psychologiques entre les individus. Comment se situe-t-elle parmi les autres sous-disciplines de la psychologie ?

Il est classique de distinguer, voire même d'opposer, la psychologie expérimentale fondée sur l'usage de la méthode expérimentale, c'est-à-dire sur la manipulation de variables dites indépendantes ou explicatives, et la psychologie clinique fondée sur l'observation libre et le dialogue avec le sujet. La psychologie expérimentale est le plus souvent une psychologie générale qui se propose d'établir des lois valables pour tous les individus ; elle privilégie généralement l'étude des aspects cognitifs des conduites. La psychologie clinique est le plus souvent une psychologie individuelle qui vise à la compréhension de cas singuliers ; elle privilégie généralement l'étude des aspects affectifs des conduites. La psychologie différentielle peut être rapprochée de la psychologie clinique par l'importance qu'elle accorde à l'individu et de la psychologie expérimentale par les méthodes qu'elle met en œuvre. Il y a bien sûr un rapport étroit entre l'étude des cas individuels et l'étude des différences entre les individus et nous verrons comment de nombreuses techniques issues de la psychologie différentielle sont utilisées en psychologie clinique. Mais, bien que l'expérimentation ne soit pas sa méthode privilégiée, les choix méthodologiques de la psychologie différentielle la rapprochent de la psychologie expérimentale. La psychologie différentielle valorise fortement les observations systématiques et bien contrôlées et la mesure des phénomènes psychologiques, ce qui n'est pas le cas de la psychologie clinique. Aussi, présente-t-on fréquemment la psychologie différentielle comme le complément de la psychologie expérimentale générale. Celle-ci établirait des lois générales valables pour un individu moyen et la psychologie différentielle montrerait comment ces lois sont modulées pour des individus particuliers. Nous verrons qu'il est de nombreux cas où il n'existe pas de lois vraiment générales, mais seulement des lois valables pour des classes d'individus.

Les conduites étant à la fois sous l'influence de facteurs sociaux et de facteurs biologiques, on peut s'intéresser prioritairement aux uns ou aux autres. Il existe donc une psychologie sociale (clinique ou expérimentale) et une psychologie physiologique (exclusivement expérimentale). La psychologie différentielle analyse les phénomènes de variabilité interindividuelle que l'on observe tant en psychologie sociale qu'en psychologie physiologique. Nous verrons aussi que l'explication des différences individuelles fait appel à la fois à des facteurs biologiques et à des facteurs sociaux : le problème hérédité-milieu est un des problèmes classiques de la psychologie différentielle.

On peut aussi aborder l'étude des conduites en s'intéressant à des populations particulières : les animaux, les enfants, les malades mentaux. Ces populations peuvent être étudiées pour elles-mêmes ou dans une perspective comparative. La psychologie animale, lorsqu'elle vise à situer l'homme dans la hiérarchie des espèces et à mettre en parallèle les possibilités comportementales et les structures nerveuses, devient une psychologie comparée. La psychologie de l'enfant, lorsqu'elle vise à analyser la formation des conduites adultes, devient une psychologie génétique ou développementale. La maladie mentale est le plus souvent étudiée pour elle-même, mais on peut aussi considérer qu'elle permet de comprendre la personnalité normale dans la mesure où elle analyse la dissolution ou la régression de cette personnalité. Quelle que soit la perspective abordée on peut aussi s'intéresser aux phénomènes de variabilité. Il existe une psychologie différentielle animale, une psychologie différentielle du développement et la psychopathologie est, par nature, centrée sur les cas individuels. La psychologie différentielle peut aussi être présentée dans une perspective comparative. En effet, et nous en verrons quelques exemples, la comparaison des individus peut aider à la mise en évidence de lois psychologiques générales.

Finalement, on peut s'intéresser à la conduite des individus avec l'intention d'intervenir sur cette conduite, c'est le domaine de la psychologie appliquée. Une part des interventions que l'on peut suggérer repose sur le constat et sur les explications des différences entre les individus (psychologie scolaire, orientation scolaire et professionnelle, sélection professionnelle, individualisation des méthodes de formation, adaptation des traitements à la personnalité des malades...). Tout un versant de la psychologie appliquée relève donc de la psychologie différentielle.

*
**

Dans le premier chapitre on précise dans quel esprit sont conduites les recherches dans le domaine de la psychologie différentielle. On présente les sources philosophiques et scientifiques de cette branche de la psychologie (la tradition empiriste et la théorie de l'évolution) et les méthodes qu'elle utilise préférentiellement (observation standardisée, analyse des covariations entre conduites).

Les chapitres 2 et 3 sont respectivement consacrés à l'intelligence largement définie (résolution de problèmes de nature diverse, processus mentaux élaborés) et à la personnalité (les manières habituelles de se comporter dans la vie courante), c'est-à-dire à des conduites complexes qui résultent de l'intégration de nombreux comportements élémentaires. Bien que la variabilité entre les individus se manifeste à tous les niveaux de la conduite elle a été le plus souvent étudiée aux niveaux supérieurs d'intégration. C'est à ces niveaux qu'elle paraît la plus intéressante, qu'il s'agisse d'envisager des applications ou de contribuer à l'élaboration d'une théorie psychologique complète.

Il y a deux manières, non exclusives, de concevoir l'explication des différences individuelles. On peut considérer que l'on a progressé dans l'explication de ces différences lorsqu'on a réussi à les insérer dans un réseau de variables, certaines d'entre elles ayant si possible un statut causal, décrivant le fonctionnement psychologique. C'est ainsi, par exemple, que les différences d'efficience en lecture sont mieux comprises lorsqu'on a montré qu'elles étaient associées à des différences de capacité perceptive ou à des différences dans la connaissance des principes de la langue. On rencontrera ce type d'explication dans les chapitres 2 et 3. Mais on doit aussi considérer qu'il est nécessaire d'expliquer les différences individuelles en élucidant les conditions de leur apparition. On est alors conduit à rechercher les influences environnementales pertinentes, et à préciser leur mode d'action, et à s'interroger sur d'éventuels déterminants héréditaires des conduites. Ce type d'explication, qui concerne l'origine des différences individuelles, est présenté au chapitre 4.

Après avoir noté que certains individus appartenant à des groupes identifiés tendent à avoir des caractéristiques communes, on peut s'interroger sur la nature de ces caractéristiques, et sur les facteurs responsables de la relative homogénéité observée. On présentera au chapitre 5 des données relatives aux différences entre hommes et femmes et entre sujets appartenant à des classes sociales différentes.

Chapitre 1

L'ESPRIT DE LA PSYCHOLOGIE DIFFÉRENTIELLE

Afin de caractériser l'esprit de la psychologie différentielle on examinera le contexte philosophique et scientifique dans lequel elle est apparue et le type de méthodes qu'elle utilise le plus fréquemment.

1. LES ORIGINES DE LA PSYCHOLOGIE DIFFÉRENTIELLE

La psychologie différentielle, comme branche d'une psychologie se voulant résolument scientifique, est née en Angleterre à la fin du XIXe siècle, dans le cadre du courant philosophique empiriste et comme prolongement de la théorie darwinienne de l'évolution.

Mais les réflexions sur la variabilité des individus sont beaucoup plus anciennes. Dès l'Antiquité grecque on rencontre de telles réflexions chez des philosophes et des médecins. Platon (427-347 av. J.-C.), par exemple, dans la *République,* considère qu'il existe trois types d'individus correspondant aux trois facettes de l'âme humaine : ses «appétits», la «raison» qui les contrôle, et la «passion» qui correspond au sens moral et à ses manifestations. Ces propriétés, innées, permettent aux individus de remplir des fonctions sociales particulières – les producteurs, les guerriers, les magistrats – et la société sera d'autant plus juste que chacun sera à sa place. On trouve également des considérations sur la variabilité interindividuelle chez Aristote (384-322 av. J.-C.) qui s'intéresse aux différences psychologiques entre les races et entre les sexes, ou encore, lui aussi, aux caractéristiques individuelles nécessaires à l'exercice de certains métiers. Hippocrate (460-377 av. J.-C.), le père de la médecine, décrit des tempéraments qu'il interprète en termes d' «humeurs» et d' «éléments» : le colérique (prédominance de la bile blanche et du feu), le mélancolique (prédominance de la bile noire et de la terre), le flegmatique (prédominance du flegme et de l'eau) et le sanguin (prédominance du sang). On retrouve dans des typologies modernes de la personnalité, celle élaborée par Pavlov par exemple, de fortes analogies avec les types d'Hippocrate.

1.1. La théorie des facultés

À l'époque moderne la question des différences individuelles apparaît surtout dans les travaux philosophiques sur la théorie de la connaissance où l'on s'interroge sur l'origine de nos «idées», c'est-à-dire de concepts très abstraits (Dieu, par exemple), de catégories de pensée (le temps, la causalité), ou encore d'opérations mentales. Pour les philosophes idéalistes les idées sont innées et notre esprit a la capacité de les appréhender directement. Pour les philosophes empiristes les idées sont élaborées à partir des informations fournies par les organes sensoriels.

Dans le cadre des philosophies idéalistes on est conduit à définir des propriétés de l'esprit, ou des facultés, qui permettent d'accéder à la connaissance indépendamment des sensations et plus généralement de décrire l'âme humaine. C'est ainsi que Thomas Reid (1710-1796), fondateur de l'école écossaise dont l'influence se manifestera tout au long du XIXe siècle, présente une liste des «pouvoirs de l'âme» : vingt-quatre «pouvoirs actifs» comme la faim, la préservation de soi, l'imitation, l'estime de soi, le désir de puissance, la pitié, le devoir, l'imagination, etc., et six «pouvoirs intellectuels» comme la perception, le jugement, la mémoire, le sens moral, etc. Ces facultés, ou pouvoirs très généraux, peuvent se manifester plus ou moins fortement chez des individus différents et évoquent ainsi des dimensions des différences individuelles.

Mais l'intérêt de tels cadres descriptifs est limité. Ils sont d'abord purement spéculatifs et les recherches de psychologie différentielle ultérieures fondées sur l'observation systématique et non plus sur des observations anecdotiques ou la simple intuition ne les valideront généralement pas. Ils sont aussi statiques, complètement coupés de tout ce qui pourrait évoquer un schéma de fonctionnement psychologique. Enfin, les postulats innéistes ne fournissent aucune indication pour aborder les problèmes du développement des individus, sans pour autant préparer l'étude du rôle des facteurs héréditaires. Aussi, les théories des facultés, quelle que soit leur forme, ont été davantage des obstacles à la naissance de la psychologie différentielle que des facteurs la facilitant.

On trouve cependant la trace de la théorie des facultés, et notamment de l'œuvre de Reid, chez des précurseurs de la psychologie moderne. Alexander Bain (1818-1903) reprend les facultés de Reid pour décrire les différences individuelles dans un ouvrage sur la personnalité publié en 1861, *Sur l'étude du caractère*. Franz Josef Gall (1758-1828) s'en inspire aussi largement dans sa phrénologie qui connut un grand succès tout au long du XIXᵉ siècle.

Pour Gall il existe une trentaine de facultés. Chaque faculté a son siège dans une région du cerveau et cette région est d'autant plus développée que l'est la faculté. Le développement du cerveau ayant modifié la forme du crâne il est possible d'estimer le développement de la faculté en le palpant. L'expression «avoir la bosse de...» provient de la phrénologie (appelée aussi craniologie). Aujourd'hui on peut sourire du schématisme de la phrénologie et de la naïveté de Gall ; on peut même s'indigner de son réductionnisme. Mais cette théorie, comme toute théorie, doit être resituée dans le contexte de son époque. Certes, la théorie phrénologique est erronée : les dimensions psychologiques utilisées ne sont pas fondées, le cerveau ne modifie pas la forme du crâne.... La phrénologie a cependant le mérite de mettre l'accent sur une idée forte, nouvelle à l'époque et exacte dans son principe : la localisation dans certaines parties du cerveau de fonctions psychologiques. La phrénologie fournit aussi un bon exemple d'une théorie générale (les localisations cérébrales) que l'on cherche à confirmer par une approche différentielle. Elle avait aussi l'immense mérite d'être formulée dans des termes qui ont permis sa réfutation (*cf.* Hécaen et Lanteri-Laura, 1978).

1.2. L'empirisme anglo-saxon

L'empirisme a connu son développement le plus marqué en Angleterre à partir de Thomas Hobbes (1588-1679) et avec notamment John Locke (1632-1704), qui publie en 1690 un *Essai sur l'entendement humain*,

David Hume (1711-1776), contemporain de l'empiriste français, Étienne de Condillac (1711-1780), James Mill (1773-1836) et John Stuart Mill (1806-1873). Pour les empiristes l'esprit est une table rase sur laquelle viennent s'inscrire les sensations. D'où un problème fondamental : comment de simples sensations peuvent-elles donner naissance à des connaissances, aux «idées» ? La théorie associationniste résoud ce problème. De même qu'en chimie des corps simples s'associent pour donner naissance à des corps plus complexes, c'est en s'associant que les sensations deviennent des connaissances, ou, pour reprendre le vocabulaire de Locke, que les idées simples deviennent des idées complexes. Hume présente plusieurs lois de l'association : les éléments peuvent s'associer par contiguïté spatiale ou temporelle, par ressemblance, par des relations de causalité. La philosophie empiriste fournit des théories extrêmement générales et les faits présentés ne visent pas à les confirmer ou à les infirmer, mais simplement à les illustrer. Si ces théories ne sont pas des théories scientifiques elles fournissent cependant un bon terrain pour le développement de pratiques et de théories scientifiques. En effet, la pensée n'est plus considérée comme un don du ciel dont on cherche à appréhender l'essence mais comme un phénomène naturel dont on peut observer les manifestations. Aussi n'est-il pas très étonnant que la psychologie scientifique se soit développée à partir de la philosophie empiriste. Cette origine empiriste permet aussi de comprendre un trait important, aujourd'hui surprenant, de la psychologie de la fin du XIXe siècle, l'intérêt simultané pour l'introspection et pour l'analyse expérimentale des phénomènes sensoriels élémentaires. Le programme ambitieux de cette psychologie était la reconstitution des phénomènes conscients à partir des sensations.

Si l'empirisme permet l'apparition d'une psychologie expérimentale générale il est moins favorable à la naissance d'une psychologie différentielle. Pour devenir objet de recherche les différences individuelles doivent avoir une certaine stabilité. Cette stabilité relative peut trouver son origine dans une forte détermination héréditaire ou dans des influences du milieu stabilisées. Au XIXe siècle la stabilité des différences était surtout envisagée dans le cadre de déterminants héréditaires. Or, l'empirisme, de par son postulat de base, tend à minimiser le poids des facteurs héréditaires. Bien sûr, on constate des différences individuelles, les «idées» ne sont pas les mêmes ou ne se manifestent pas de la même manière chez des individus différents, mais on ne leur accorde généralement pas une grande importance. Provenant de la diversité des sensations qui leur ont donné naissance leur origine n'a rien de mystérieux : elles ne sont que le reflet des circonstances et elles devraient être assez facilement modifiables, précisément en modifiant ces circonstances. Ces *a priori* expliquent certainement le peu d'intérêt pour les différences individuelles manifesté par Wundt et une partie des premiers psychologues expérimentalistes. Dans la recherche des lois générales de l'association la variabilité interindividuelle est considérée comme une source d'erreur ennuyeuse dont on se débarrasse en raisonnant sur des moyennes. Le béhaviorisme étant le courant psychologique le plus proche de l'empirisme, on comprendra qu'il ait été peu concerné par l'étude des différences individuelles.

Il n'y a cependant pas incompatibilité entre les principes de l'empirisme et la prise en compte de différences individuelles stables. Les circonstances ne sont pas les seules responsables de la variabilité des associations. T. Brown (1778-1820) et A. Bain évoquent ces caractères stables que sont les propriétés constitutionnelles des individus. Ils évoquent aussi la stabilité des habitudes acquises. Le philosophe évolutionniste Herbert Spencer (1820-1903), qui aura une influence directe sur le fondateur de la psychologie française Théodule Ribot (1839-1916), introduit l'innéisme dans l'empirisme par le biais de l'évolution. Il considère que les associations fréquemment répétées tout au long de l'ontogenèse sont transmises aux descendants. Les différences individuelles sont alors des caractères acquis devenus héréditaires. La croyance à l'hérédité des caractères acquis était très répandue au XIXᵉ siècle ; on a montré par la suite qu'elle était sans fondement. Soucieux de trouver des bases stables à la variabilité des individus, les fondateurs de la psychologie différentielle, Sir Francis Galton notamment, se situent néanmoins dans le courant empiriste-associationniste.

1.3. La théorie de l'évolution

L'idée selon laquelle les espèces ont été créées est mise en cause au XIXᵉ siècle. Les géologues montrent que la terre est beaucoup plus ancienne qu'on ne l'imaginait et découvrent, sous forme de fossiles, des espèces disparues. Les développements de l'embryologie et l'établissement des grandes taxinomies soulignent les parentés entre espèces. La première théorie de l'évolution est due à Jean-Baptiste de Lamarck. Finaliste, Lamarck pense que la matière vivante a une tendance naturelle à se perfectionner. Les perfectionnements permettent une meilleure adaptation au milieu et ces caractères acquis sont transmis à la descendance (la girafe a allongé son cou pour pouvoir brouter les branches élevées et cette modification organique a été transmise). Mais c'est la théorie darwinienne de l'évolution qui assurera le succès du transformisme en lui donnant de meilleures bases scientifiques.

Charles Darwin (1809-1882) est un naturaliste qui a accumulé de très nombreuses observations en participant à une expédition maritime de cinq années autour du monde. Son ouvrage de base, *L'origine des espèces au moyen de la sélection naturelle ou la lutte pour l'existence dans la nature*, paraît à Londres en 1859. Il sera traduit en français en 1862. Comme Lamarck, Darwin pense que les espèces naissent, se transforment et disparaissent sans que Dieu y soit nécessairement pour quelque chose. Comme Lamarck il pense aussi que cette évolution est très lente. Mais le mécanisme de l'évolution imaginé par Darwin est tout différent de celui de Lamarck. Pour Darwin l'évolution est le résultat d'une *sélection* qui s'exerce à partir d'une variabilité aléatoire de caractères *héréditaires* (du fait du hasard certaines girafes naissent avec un cou plus long que les autres, ceci leur permet de brouter les branches élevées, leurs chances de survivre et de se reproduire sont ainsi maximisées).

À la base du mécanisme imaginé par Darwin il y a le constat d'une variabilité entre les individus d'une même espèce. «J'ai été frappé, écrit Darwin dans une correspondance en 1849, de la variabilité légère existant entre toutes les parties dans chaque espèce. En comparant *rigoureusement* [souligné par Darwin] le même organe dans un grand nombre d'individus, je trouve toujours quelques légères différences [...] Le travail systématique serait facile, n'était cette variation maudite, que j'aime cependant en tant que faiseur d'hypothèses, mais qui m'est odieuse en tant que systémiste» (1849/1969, p. 40). Darwin ne s'intéresse qu'aux variations transmissibles par hérédité dont le nombre, dit-il, est presque infini (les lois de la transmission héréditaire découvertes par Mendel en 1865 ne seront connues que vers 1900). Bien qu'elles obéissent à un déterminisme strict ces variations se présentent comme aléatoires, ou accidentelles (de la même manière qu' «un fragment de rocher tombant d'une hauteur doit sa forme à un accident», écrit Darwin).

L'idée de sélection naturelle est empruntée à l'économiste anglais Thomas Malthus (1766-1834). Pour Malthus la population augmente plus rapidement que les ressources. Il y a donc entre les individus une lutte pour l'existence qui se manifeste dans les guerres, les épidémies, les famines, et qui doit rétablir l'équilibre entre la population et les ressources. Dans la nature il y a aussi «lutte pour l'existence» entre les individus. Celle-ci peut prendre des formes diverses : un mammifère peut lutter pour l'existence en affrontant physiquement un autre mammifère, une plante peut lutter avec les autres plantes en produisant davantage de graines... La lutte pour l'existence conduit à une «sélection naturelle» et à la «persistance des plus aptes». La sélection portant sur des caractères héréditaires il y a modification continue de la fréquence de ces caractères dans une population. Certains disparaissent tandis que d'autres deviennent la propriété de tous les individus de l'espèce. Le mécanisme de la sélection naturelle est identique à celui de la sélection artificielle pratiquée par les éleveurs.

L'impact de la théorie de l'évolution a été considérable : l'homme qui était considéré comme une création divine devient le produit naturel d'une évolution dont la finalité n'est pas évidente. En dépouillant ainsi l'homme de ses attributs métaphysiques pour en faire un animal comme les autres le darwinisme ne pouvait que faciliter le développement d'une psychologie objective (avec cependant un risque sérieux, celui d'une cécité à certains phénomènes qui font que l'homme n'est pas tout à fait un animal comme les autres). Le darwinisme a donné naissance à deux branches de la psychologie : la psychologie comparée qui analyse les différences et les ressemblances entre les espèces animales et la psychologie différentielle.

1.4. Galton et la naissance de la psychologie différentielle

Si Darwin peut être considéré comme le fondateur de la psychologie comparée, c'est son cousin F. Galton (1822-1911) qui jette les bases de la psychologie différentielle. Galton est un des derniers savants indépendants, tous les grands psychologues qui lui succéderont seront des universitaires. Galton a développé tout au long de sa vie une grande activité créatrice dans des domaines très divers (Forrest, 1974). Il explore le sud-est de l'Afrique vers 1850, procède à de nombreuses observations géographiques et rédige un manuel pratique à l'usage des explorateurs. Il s'intéresse à la mécanique (invention d'un moteur à vapeur rotatif), à la météorologie (pose le principe des cartes météorologiques, découvre les anticyclones), à la psychologie générale (dispositifs pour l'étude des sensations, études des images mentales, études sur les associations où il est très proche des découvertes freudiennes sur l'inconscient, etc.). L'activité intellectuelle de Galton prend parfois des formes curieuses : il met au point une méthode pour couper le cake afin que celui-ci se conserve au mieux, calcule la longueur de la corde utilisée pour les pendaisons afin que le condamné ne soit pas décapité, cherche à mesurer les effets de la prière, ou encore projette l'établissement d'une carte des îles britanniques indiquant la fréquence des jolies femmes.... Une part importante des travaux de Galton, ce sont ceux qui nous intéressent ici (et ils sont sérieux !), est directement inspirée de l'œuvre de Darwin. Ils portent sur la biologie, l'anthropométrie, la statistique et la psychologie différentielle. Galton est un disciple enthousiaste de Darwin. Ses expériences de biologie sur l'animal visent à vérifier des hypothèses darwiniennes. Ses travaux anthropométriques portent sur la description de la variabilité physique chez l'homme. Les travaux de psychologie différentielle de Galton ont trois grands objectifs : décrire et mesurer la variabilité psychologique interindividuelle, montrer que cette variabilité est d'origine héréditaire, tirer les implications de la théorie de l'évolution quant à l'amélioration de l'espèce humaine (eugénisme).

Afin d'observer la variabilité individuelle Galton invente les tests. Ce sont des épreuves qui permettent une observation standardisée de la conduite. Elles s'inspirent des situations expérimentales du laboratoire mais sont simplifiées afin de pouvoir être appliquées assez facilement à de nombreux sujets. Galton envisage le fonctionnement mental selon les principes de la philosophie empiriste, aussi ses tests font-ils une très large place à l'observation des processus sensoriels élémentaires. En 1884, à l'occasion d'une exposition internationale sur la santé à Londres, environ dix mille personnes passeront les tests de Galton et feront l'objet de mesures anthropométriques. Afin de condenser ses observations et d'évaluer les différences entre individus Galton invente les étalonnages qui permettent la transformation d'une mesure de performance en un rang. Le mathématicien belge Quetelet (1796-1874) considérait que les caractères physiques, la taille notamment, se distribuent selon la loi de Laplace-Gauss (distribution dite «normale»), comme les erreurs de mesure. Pour Galton il en va de même pour les caractères psychologiques. À partir de là on définira un procédé de mesure des différences individuelles : les différences entre les individus sont des différences d'écart à la moyenne de la population rapportée à l'écart-type de la distribution de cette population. On montrera plus tard (*cf.* paragraphe 2.2.3, p. 25) que la distribution gaussienne des caractères psychologiques est un postulat et non un constat.

Galton est convaincu que la variabilité qu'il observe est d'origine héréditaire. Néanmoins il met au point des méthodes et conduit des recherches pour l'établir. Sa recherche des lois de l'hérédité le conduit à mesurer la ressemblance entre parents et enfants quant à des caractères physiques. C'est à cette occasion, vers 1880, qu'il invente le coefficient de corrélation dont la technique sera précisée plus tard par Karl Pearson (1857-1936) qui utilisera les théorèmes établis antérieurement par le mathématicien français Bravais. Le coefficient de corrélation de Bravais-Pearson, et plus généralement les indices de corrélation, sont largement utilisés en psychologie différentielle, à tel point que celle-ci est parfois présentée comme une «psychologie corrélationnelle». Galton développe la méthode des arbres généalogiques. Il attribue un peu vite aux facteurs héréditaires les ressemblances entre les membres des générations successives. Galton jette aussi les bases de la méthode des jumeaux en comparant des jumeaux de même sexe et des jumeaux de sexe différent (la distinction entre jumeaux monozygotes et jumeaux dizygotes sera établie plus tard). L'essentiel des contributions de Galton est présenté dans ses ouvrages *Heriditary Genius* (1869), *Inquiries into Human Faculty and its Developments* (1883), *Natural Inheritance* (1889).

Galton s'intéresse à diverses applications de la psychologie (il peut être considéré comme un des précurseurs de la psychologie scolaire) mais son souci principal en matière d'intervention sociale est de donner des bases scientifiques aux préoccupations eugéniques. Il forge le terme «eugénisme» en 1883 et il fonde en 1907 un laboratoire d'eugénisme dans lequel sera élaborée toute la statistique moderne. L'eugénisme de Galton, et plus généralement celui du XIXe siècle et des débuts du XXe siècle, ne consiste pas seulement à éviter la transmission des anomalies génétiques, pratique aujourd'hui courante. Il est beaucoup plus ambitieux et vise à l'amélioration de l'espèce humaine. Pour Galton il faut remplacer la sélection naturelle par une sélection rationnelle fondée sur la théorie de l'évolution. Il est surtout partisan d'un eugénisme positif consistant «à accroître la productivité des meilleures souches». Les partisans d'un eugénisme négatif constatent que la fréquence de caractères peu souhaitables est plus grande dans les classes défavorisées et que c'est dans ces classes que la fécondité est la plus forte ; considérant que ces caractères sont héréditaires ils prédisent logiquement le déclin de l'espèce, et notamment la baisse du niveau intellectuel moyen de la population (on observera exactement le contraire). Toujours aussi logiquement, certains soulignent le caractère dangereux pour l'espèce des programmes sociaux, de la démocratie et de la charité chrétienne... On sait que c'est à partir de préoccupations eugéniques relatives à l'«hygiène sociale» que se développèrent le racisme et l'antisémitisme nazis. Il serait cependant erroné d'établir un lien direct entre Galton et l'idéologie national-socialiste. Galton est un bourgeois de l'ère victorienne et il a les préjugés sociaux et ethniques de la plupart des membres de sa classe. Il est par ailleurs un positiviste hardi qui n'hésite pas à spéculer sur ce que devrait être une société rationnelle dirigée comme il le suggère par un «clergé scientifique». L'eugénisme n'est qu'une des manifestations du darwinisme social, courant de pensée qui se propose d'appliquer à la société les idées de Darwin sur la sélection naturelle, la lutte pour l'existence et la survivance des plus aptes (Clark, 1988). En général les auteurs appartenant à ce courant crurent trouver chez Darwin des justifications du libéralisme, des hiérarchies sociales et du colonialisme. Quelques-uns cependant se référèrent à Darwin pour recommander davantage d'égalité et de solidarité.

1.5. L'évolution de la psychologie différentielle

Les développements de la psychologie différentielle furent particulièrement marqués en Angleterre et aux États-Unis. En Angleterre, à partir de Galton, s'est constituée une école, souvent appelée «École de Londres», ou encore «École anglaise», regroupant à la fois des statisticiens et des psychologues. Les statisticiens les plus connus sont Karl Pearson, le collaborateur de Galton, et Ronald Fisher (1890-1962) qui est l'inventeur de la statistique inférentielle, et notamment de l'analyse de la variance. Parmi les psychologues on peut citer Charles Spearman (1863-1945), Cyril Burt (1883-1971), Paul E. Vernon (né en 1905), Raymond B. Cattell (né en 1905), qui fera carrière aux États-Unis. Hans J. Eysenck (né en 1916) est le représentant le plus connu de cette école. Les psychologues de l'École anglaise sont restés très galtoniens. Ils se caractérisent par l'usage de méthodes statistiques sophistiquées et par une robuste croyance au rôle déterminant des facteurs héréditaires dans l'explication des différences entre individus et entre groupes.

Les conceptions évolutionnistes de Spencer, la théorie de Darwin et les travaux de Galton rencontrèrent un vif succès aux États-Unis où la culture dominante valorisait fortement l'individualisme, la concurrence et le pragmatisme. C'est là que la psychologie différentielle connut son plus grand développement. Introduite par James McKeen Cattell (1860-1944) elle fut fortement marquée par Louis L. Thurstone (1887-1955).

En France les premiers travaux de psychologie différentielle, ceux de Binet et Toulouse ne sont pas conduits dans la perspective galtonienne. Alfred Binet (1857-1911) s'intéresse aux processus mentaux supérieurs, il utilise très modérément les statistiques et marque sa préférence pour des observations approfondies, il recherche aussi des différences qualitatives. Édouard Toulouse, (1865-1947) est un psychiatre, les tests qu'il met au point ressemblent à ceux de Galton mais il les utilise davantage pour décrire des personnalités individuelles (notamment dans le cadre de ses interrogations sur les relations entre le génie et la folie) que pour mesurer la variabilité d'un caractère dans une population. Ce n'est que plus tard que l'on pourra repérer l'influence de l'école anglaise sur la psychologie différentielle française. Celle-ci sera profondément marquée par les travaux de Henri Piéron (1881-1964) et de Maurice Reuchlin (né en 1920).

En Union soviétique la psychologie différentielle connut un sort particulier. Après des débuts prometteurs elle fut purement et simplement interdite en 1936, à peu près en même temps, et pour les mêmes raisons d'incompatibilité avec le marxisme, que la génétique mendélienne.

Les applications ont joué un grand rôle dans le développement de la psychologie différentielle. Nous avons noté qu'une des motivations de Galton était l'eugénisme. Mais ce sont surtout les applications dans le domaine de l'éducation et du travail qui ont joué un rôle déterminant. À la fin du XIXe siècle et au début du XXe siècle des demandes en matière de diagnostic des différences individuelles se manifestent dans divers secteurs de la société. Afin de mettre en place des institutions chargées de l'éducation des déficients mentaux, qu'il s'agisse de déficiences sévères dans le cadre des asiles ou de déficiences légères à l'école primaire, on souhaite mesurer le degré de développement mental. Afin de rendre le travail plus efficace dans l'industrie et les services on souhaite définir et mesurer les aptitudes favorables ou défavorables à l'exercice de tel ou tel métier. La détection des aptitudes paraît aussi souhaitable pour conseiller les jeunes dans leur orientation professionnelle. Les psychologues vont répondre sans réticence à ces demandes et parfois même les susciter. La fabrication de tests va alors être le moteur de la recherche en psychologie différentielle. Celle-ci se développe après le succès du test de Binet-Simon dont la première version paraît en 1905, test qui était en quelque sorte commandé par le ministère de l'Instruction publique afin de repérer les élèves devant bénéficier d'un enseignement spécial. Le testing massif des conscrits de l'armée américaine en 1917, au moyen d'épreuves collectives, contribua aussi largement au développement de la psychologie différentielle. Ce pilotage par les applications permet de comprendre pourquoi les conduites étudiées par la psychologie différentielle classique sont socialement importantes ; celles-ci relèvent très souvent de l'intelligence ou de la personnalité. Il permet aussi de comprendre l'orientation empirique de certains travaux qui visent davantage à fournir des moyens d'action que des connaissances.

Au début du siècle beaucoup de psychologues, c'était notamment le cas de Galton et de Binet, réalisaient à la fois des travaux de psychologie générale et de psychologie différentielle. Par la suite une spécialisation s'est opérée. Non seulement ce ne sont plus les mêmes personnes qui réalisent les deux types de travaux mais ces travaux cessent d'être coordonnés, les uns étudiant les mécanismes de certaines conduites tandis que les autres étudient la variabilité d'autres conduites. Une telle situation s'explique en partie par l'orientation pragmatique d'assez nombreux travaux de psychologie différentielle que nous venons d'évoquer. Elle s'explique aussi par les *a priori* de la plupart des théoriciens de la psychologie générale, qu'ils s'intéressent aux relations entre le stimulus et la réponse comme les béhavioristes ou à la construction des structures mentales comme Piaget. La psychologie expérimentale générale a subi fortement l'influence du béhaviorisme, notamment dans les années 1920-1950. Or, nous l'avons relevé, pour le béhaviorisme la variabilité entre les individus n'est que le reflet des contingences de renforcement. Par ailleurs le béhaviorisme s'intéresse prioritairement aux apprentissages élémentaires alors que la psychologie différentielle, nous l'avons noté, se focalise sur des conduites bien plus complexes. Avec Jean Piaget la psychologie développementale de l'enfant a pour objectif principal d'élucider la construction des connaissances. Dans cette perspective il peut paraître souhaitable de ne s'intéresser qu'au sujet moyen (le sujet «épistémique») et de négliger la variabilité interindividuelle. Cette coupure était évidemment fâcheuse car la variabilité ne peut être comprise que dans le cadre de modèles généraux, modèles qui pour être valides, et vraiment généraux, doivent comporter des paramètres différentiels. Aussi a-t-on assisté, surtout à partir de la fin des années 1950 et des années 1960 à des rapprochements significatifs entre la psychologie générale expérimentale et la psychologie différentielle. Aux États-Unis, Lee J. Cronbach (1950) insiste fortement sur la nécessaire intégration de ces «deux disciplines de la psychologie scientifique». Les traitements expérimentaux ayant des effets variables selon les individus auxquels ils sont appliqués la psychologie, dit-il, doit se centrer sur l'analyse des interactions entre les caractéristiques des situations et celles des individus. Pour la France l'artisan de ce rapprochement entre psychologie générale et psychologie différentielle a été M. Reuchlin.

À l'heure actuelle la psychologie différentielle traite de problèmes très divers même si l'intelligence et la personnalité sont toujours les thèmes les plus cultivés. Pratiquement tous les phénomènes étudiés par la psychologie ont été l'objet d'une approche différentielle, quel que soit leur niveau d'intégration (des réactions psychophysiologiques relativement élémentaires aux modalités de fonctionnement de l'image de soi), qu'ils relèvent de la cognition (perception, mémoire, prise de décision, planification, etc.) ou de l'affectivité (motivations, sentiments, émotions, etc.). La recherche sur l'origine des différences individuelles s'est aussi diversifiée. Elle ne porte plus beaucoup sur l'estimation des poids respectifs de l'hérédité et du milieu, mais bien davantage sur l'élucidation des mécanismes des influences du milieu, en interaction ou non avec des facteurs héréditaires. Bien que les applications des autres branches de la psychologie aient connues une grande extension, celles de la psychologie différentielle sont demeurées abondantes. La diversification des problématiques, des méthodologies et des objets de recherche a donné naissance à des instruments de pronostic et de diagnostic variés.

2. LES MÉTHODES DE LA PSYCHOLOGIE DIFFÉRENTIELLE

La psychologie différentielle utilise la méthode expérimentale, notamment pour montrer que les variations de la situation n'ont pas toujours le même effet chez tous les individus, ou encore pour analyser quelques-uns des mécanismes de la formation des différences individuelles. Mais comme il est difficile de produire une variabilité interindividuelle forte par des manipulations expérimentales la psychologie différentielle fait largement appel à l'observation. Il s'agit d'une observation standardisée sur laquelle on procède à des analyses statistiques qui conduisent à la définition de dimensions. C'est sur ces dimensions que l'on compare des groupes et à partir d'elles que l'on établit des typologies.

2.1. La description des différences individuelles : les tests

2.1.1. La standardisation

Afin de mettre en évidence les différences individuelles et d'estimer leur ampleur on place les individus exactement dans la même situation. La diversité de leurs conduites ne peut alors s'expliquer que par leurs caractères propres. Placer les individus exactement dans les mêmes conditions, cela signifie que l'on a défini avec précision la tâche proposée : s'il s'agit de répondre à des questions elles sont formulées d'une manière identique pour tous, s'il s'agit de résoudre un problème concret supposant une manipulation d'objets les caractéristiques physiques de ceux-ci sont bien spécifiées et toujours identiques d'un sujet à l'autre. Les indications que l'on donne au sujet (consignes) pour lui indiquer la finalité de son activité ou pour lui imposer une méthode de travail, ou encore pour lui suggérer des réponses, sont également rigoureusement identiques d'un sujet à l'autre. Enfin, l'évaluation de la réponse du sujet laisse peu de place, souvent même aucune, à l'appréciation personnelle de l'observateur. Dans les cas simples il suffit de mesurer une durée, de compter le nombre de fois où une réponse a été donnée, ou le nombre de problèmes qui ont été résolus. Dans les cas plus complexes l'observateur doit se référer à des listes de critères et d'exemples (pour décider par exemple si la définition d'un mot est correcte ou non) ou encore tenir compte d'éléments du contexte (des autres réponses par exemple) ; mais il dispose alors d'instructions très précises. Les tests sont des instruments d'observation qui possèdent les propriétés que nous venons d'énumérer (standardisation de la situation, de la consigne, de l'évaluation de la conduite). Les questionnaires fréquemment utilisés en psychologie, lorsque les questions sont à choix multiple ou lorsque des indications précises sont données pour caractériser les réponses libres, peuvent être considérés comme des tests. Les exigences de standardisation sont parfaitement remplies lorsque l'on applique collectivement des tests papier-crayon (situation et consignes sont imprimées, donc identiques pour tous, la correction consiste simplement le plus souvent à compter des bonnes réponses) ou lorsque la passation des tests est informatisée.

La standardisation a pour fonction essentielle d'éliminer les biais dans l'observation dus à la subjectivité de l'observateur. De tels biais sont systématiquement observés, et ils sont massifs, dans les évaluations des écoliers par les enseignants ou dans les évaluations des compétences des travailleurs par leurs supérieurs hiérarchiques. Lorsque deux individus sont évalués différemment on ne sait pas très bien alors si les différences relevées sont de vraies différences, ou si ce ne sont que des pseudo-différences, c'est-à-dire des erreurs d'observation reflétant les fluctuations de la procédure d'évaluation. Lorsque les biais dus à la subjectivité de l'observateur sont éliminés on dit que l'observation est *objective.* Si l'objectivité ainsi définie est nécessaire pour comparer les individus elle n'est cependant pas suffisante. Il faut s'assurer que les observateurs ne sont pas victimes d'erreurs systématiques. En effet, les observateurs peuvent très bien être d'accord entre eux mais tous se tromper. L'objectivité n'est qu'une caractéristique formelle de l'observation et le caractère objectif d'une observation ne nous dit absolument rien de sa pertinence. L'objectivité présente par ailleurs l'inconvénient de restreindre le champ de l'observation : on ne peut observer que ce qu'il a été prévu d'observer. Aussi, est-ce surtout pour les conduites déjà bien analysées qu'il est souhaitable de maximiser les exigences d'objectivité. Les situations expérimentales sont aussi soigneusement standardisées mais cette standardisation n'a pas pour fonction principale une meilleure observation des différences individuelles. Elle vise surtout à permettre la réplication des résultats et, par un contrôle strict de la situation, l'élimination de variables parasites.

2.1.2. La fidélité relative au moment de l'observation

Les constats opérés sur les individus sont d'autant plus fiables qu'ils sont peu entachés d'erreurs aléatoires, ou, en d'autres termes, que l'observation ou la mesure sont *fidèles.* On distingue des erreurs qui proviennent du moment de l'observation, et des erreurs qui proviennent du choix des situations d'observation.

Afin d'évaluer la fidélité relative au moment de l'observation (stabilité ou constance) les observations sont répétées à des moments différents. Mais de nombreuses répétitions des observations modifient les individus (ils apprennent, leur motivation s'émousse), aussi se limite-t-on généralement à une seule répétition. La stabilité est alors mesurée par le coefficient de corrélation entre les deux observations réalisées à des moments différents. Une corrélation élevée signifie que les individus se classent de la même manière aux deux moments et témoigne d'une bonne stabilité, c'est-à-dire d'un faible poids des facteurs aléatoires associés au moment de la passation. (Portant sur les classements cette stabilité est tout à fait compatible avec des changements lorsque ceux-ci ne bousculent pas trop l'ordre des sujets.) Une corrélation faible signifie que les individus se classent de manière différente d'une observation à l'autre et indique une mauvaise stabilité des observations. La conduite des sujets est alors affectée par des facteurs qui se manifestent seulement à un moment et conduisent ainsi à la différence des classements (un sujet, par exemple, peut être très motivé pour des raisons diverses et aléatoires lors de la première observation, et l'être beaucoup moins lors de la seconde, ce qui, le conduira alors à être moins bien classé) (tableau 1.1).

Seconde passation

13											1		1
12									1		1		1
11								2	1	1			1
10						3	2	3		1	1	2	2	
9							4		3		2			1
8				1	1	1	1	1			1			
7			1	1				1	1					
6	1	1		1	4	1	1	2		1				
5					4	1								
4			1				3							
3						1								
	1	2	3	4	5	6	7	8	9	10	11	12	13	14

Première passation

L'épreuve a été appliquée à deux reprises à 66 sujets. Lors de la première passation les scores ont varié de 1 à 14 et lors de la seconde de 3 à 13.
Neuf sujets ont obtenu le score de 5 à la première passation. Sur ces 9 sujets, 4 ont obtenu également un score de 5 à la seconde passation, 4 ont obtenu un score de 6, et un, un score de 8.
Le coefficient de corrélation entre les 2 passations est .64.

Tableau 1.1
Diagramme de corrélation représentant la stabilité d'une épreuve

2.1.3. La fidélité relative au choix des situations

La définition de la situation d'observation est toujours fonction des idées que l'on a sur la nature des différences individuelles que l'on se propose d'observer. Ces idées étant relativement générales, elles peuvent donner naissance à diverses opérationnalisations. On doit alors se demander si la variabilité que l'on observe pour un type d'opérationnalisation est équivalente à celle que l'on observe pour d'autres opérationnalisations. Si oui, on a distingué les individus selon une propriété relativement générale, sinon ils ont été différenciés sur un caractère spécifique. Afin d'apprécier le degré de généralité des observations on peut construire deux situations différentes mais censées évaluer les mêmes caractéristiques individuelles (elles constituent des formes parallèles). Par exemple, deux questionnaires de personnalité parallèles seront constitués de questions différentes, mais se rapportant aux mêmes traits. On examinera ensuite dans quelle mesure les individus se classent de la même manière dans les deux questionnaires. Le coefficient de corrélation entre les deux situations est un indice de leur équivalence (on l'appelle coefficient d'équivalence). S'il est élevé on évalue une caractéristique psychologique relativement générale. On dira alors que le poids des erreurs attribuables au choix de la situation particulière est faible ou que, relativement à ces sources d'erreur, l'observation est fidèle.

Pour résumer, trois sources d'erreurs indépendantes peuvent affecter la précision ou la fidélité des observations : certaines, nous l'avons vu à propos de la standardisation, tiennent à la subjectivité des observateurs (fidélité inter-observateurs), d'autres au moment où l'on pratique les observations (stabilité ou constance), d'autres encore aux décisions prises pour opérationnaliser la définition des situations d'observation (équivalence). Au cours de la mise au point des dispositifs d'observation on cherche à minimiser le poids de ces sources d'erreurs.

2.2. Le classement des individus et la mesure des différences individuelles

Les observations recueillies dans le cadre de la psychologie différentielle se présentent souvent sous une forme quantitative. Quelle est la signification de cet usage des nombres en psychologie pour différencier les individus ? Mesurer, c'est attribuer des nombres aux choses en veillant à ce que les propriétés des choses correspondent aux propriétés des nombres. Selon les propriétés des nombres retenues, plusieurs niveaux de mesure doivent être distingués (Reuchlin, 1963).

2.2.1. Les échelles nominales

À un premier niveau, celui des échelles nominales, on ne retient des nombres que leur propriété d'être des symboles différents. Si l'on est capable de regrouper les individus dans des catégories disjointes, on peut désigner ces catégories par des nombres. Le genre, avec ses deux modalités, masculin et féminin (que la Sécurité sociale désigne par 1 et 2), est une variable nominale. Si l'on peut définir des classes de sujets relativement homogènes, quant à leur personnalité (types de personnalité), ces classes constituent une échelle nominale.

Les propriétés des nombres retenues ne permettent pas d'ordonner les sujets, et encore moins de mesurer des différences arithmétiques entre eux (on serait alors dans la situation de quelqu'un qui soustrairait les uns des autres les nombres désignant les départements…). Ce niveau de mesure est certes assez élémentaire et il est peut être excessif de parler de véritable mesure au niveau nominal. À ce niveau une description statistique de la variabilité interindividuelle est cependant possible. On peut définir des indices de tendance centrale (le mode, classe dont l'effectif est le plus élevé) et de dispersion (l'entropie, qui est au maximum quand les classes ont des effectifs identiques). On peut également mesurer, au moyen de coefficients de corrélation appropriés (coefficient phi, coefficient de contingence), le degré de liaison entre deux variables nominales.

2.2.2. Les échelles ordinales

À un second niveau, celui des échelles ordinales, on prend en compte une nouvelle propriété des nombres, leur ordination. Si l'on peut regrouper les individus en classes ordonnées il est possible, et même naturel, de désigner ces classes par des nombres. On peut par exemple, dans un domaine donné, définir cinq niveaux d'efficience intellectuelle et affecter les individus à chacun de ces niveaux. La variable «efficience intellectuelle» est alors une variable ordinale.

L'ordre des classes d'une échelle ordinale est invariant, ce qui n'était pas le cas avec les échelles nominales (il peut seulement être inversé). Les distances entre les classes ne sont pas spécifiées. Si nous reprenons l'exemple de cinq niveaux d'efficience intellectuelle rien ne permet de dire que la différence entre les deux premiers niveaux (1 et 2) est identique à la différence entre les deux niveaux suivants (2 et 3). Il n'y a donc pas de sens à calculer des différences arithmétiques entre les individus ou à parler de la forme de la distribution de l'efficience intellectuelle. Les nombres n'ont pas d'autres propriétés que les lettres rangées par ordre alphabétique. Au niveau ordinal les indices permettant la description de la variabilité des individus deviennent plus puissants (médian pour la tendance centrale, écart inter-quartile pour la dispersion). La corrélation entre deux variables ordinales (coefficients de Spearman ou de Kendall) est une mesure de la similarité entre deux ordinations.

2.2.3. *Les échelles d'intervalles et les étalonnages*

À un troisième niveau, celui des échelles d'intervalles, on postule l'existence d'échelons équidistants entre les classes, c'est-à-dire l'existence d'une unité de mesure. C'est à ce niveau que le mot «mesure» prend son sens habituel. Pour la plupart des phénomènes physiques il est possible de spécifier les opérations qui fondent la mesure à ce niveau. Les instruments de mesure du temps, par exemple, permettent de définir ces unités que sont les minutes ou les secondes. Il n'en va pas de même pour les phénomènes psychologiques et les unités de mesure sont alors postulées ou définies par convention. Ces postulats et conventions pourraient être quelconques. Mais en fait on les choisit de telle sorte que la distribution qui pourra être établie ait une forme particulière.

Voici un exemple de cette démarche. Supposons que l'on demande à de nombreux sujets de résoudre 60 problèmes de difficulté graduée. Certains résoudront les 60 problèmes, d'autres 59, d'autres 58… certains n'en résoudront aucun. On dispose alors d'une variable ordinale ayant 61 classes ou échelons. Les effectifs des classes sont variables. On peut regrouper ces classes en 10 nouvelles classes ayant des effectifs équivalents. Ce faisant on ne change pas l'ordre des individus. La différenciation étant moins fine certains sujets qui étaient dans des classes différentes sont maintenant ex-æquo. En procédant ainsi on réalise un décilage (10 classes de même effectif). Le décilage est une forme particulière d'étalonnage et il permet de situer la performance d'un sujet particulier relativement à celles des sujets d'un groupe. C'est à ce stade que la convention relative à la mesure peut être posée. Je peux admettre que les 10 classes ainsi construites sont équidistantes, c'est-à-dire que la différence d'efficience intellectuelle entre les sujets de la classe 1 et de la classe 2 est identique à la différence d'efficience intellectuelle entre les sujets de la classe 2 et de la classe 3. Cette convention permet de donner une forme à la distribution : elle est alors rectangulaire (figure 1.1*a*, p. 27). Il est rigoureusement équivalent de postuler une unité de mesure ou de postuler une forme à la distribution des caractéristiques individuelles.

Dans l'exemple que nous venons de présenter on a convenu d'une distribution rectangulaire. La convention la plus fréquente est celle d'une distribution de Laplace-Gauss ou distribution «normale». La distribution de Laplace-Gauss est continue, aussi établit-on l'histogramme de la distribution des classes de telle sorte que la courbe représentant la distribution normale s'ajuste à cet histogramme (figure 1. 1*b*). Nous avons vus que Galton considérait que les caractères psychologiques se distribuaient normalement, de la même manière qu'un caractère physique comme la taille (dans des groupes homogènes). Ce n'est que plus tard, notamment avec les travaux de Stevens, dans les années 1950, que l'on a pris clairement conscience du caractère conventionnel de la forme de la distribution des caractères psychologiques. Dans les tests, très fréquemment, la distribution des notes brutes, avant l'étalonnage, est voisine d'une distribution normale, mais ce constat ne reflète pas des propriétés de la nature mais seulement les décisions de celui qui a construit les tests. Revenons à l'exemple des soixante problèmes. On peut caractériser chaque sujet par le nombre de problèmes résolus et étudier la distribution des scores. Ce faisant on introduit le postulat de l'équidistance entre les classes contiguës, ce dont on n'avait pas conscience à l'époque de Galton. Lorsque la distribution des scores individuels est approximativement normale c'est uniquement parce que l'on a choisi les problèmes afin qu'il en soit ainsi. En choisissant des problèmes plus faciles la distribution des scores aurait eu la forme d'une distribution dite en «j», avec des problèmes plus difficiles, on aurait eu une distribution de forme dite en «i» (figure 1. 1 *c* et *d*).

Est-il vraiment nécessaire de postuler des intervalles équidistants ou ne vaudrait-il pas mieux rester au niveau ordinal ? Il est tout à fait possible d'étudier les différences individuelles en s'abstenant de conventions relatives aux distances entre classes. Supposons, par exemple, que l'on s'intéresse aux différences entre hommes et femmes dans la capacité à se représenter mentalement des objets. Après avoir construit un dispositif permettant d'ordonner les sujets selon cette capacité et défini conventionnellement une unité, on peut calculer les scores moyens des hommes et des femmes et s'interroger sur l'importance de leur différence. Mais on peut tout aussi bien se limiter à ordonner les sujets, repérer la médiane du groupe total (hommes et femmes) et se demander si les sujets qui se situent au dessus de la médiane sont plus fréquemment des hommes ou des femmes, on s'interroge alors sur la différence de deux fréquences. Si les conventions relatives à la mesure ne sont pas indispensables on les accepte cependant très souvent. Cette acceptation permet une étude plus aisée des différences individuelles et elle conduit à des résultats générale-

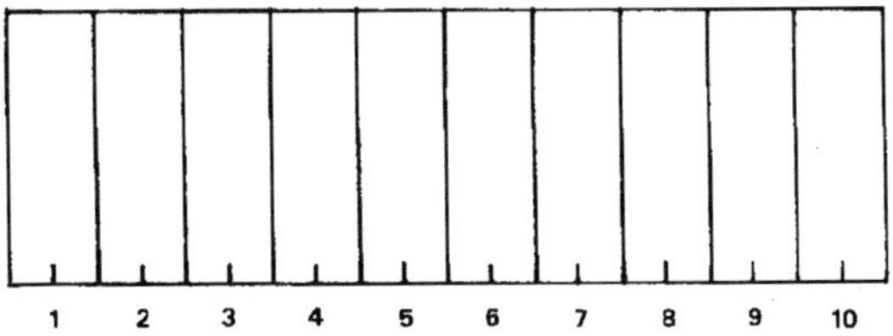

a) Distribution rectangulaire (10 classes).

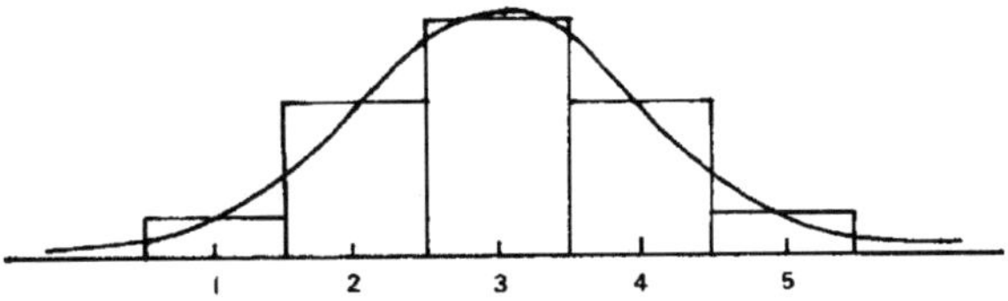

b) Distribution de Laplace-Gauss (fréquence des 5 classes : 6,7 %, 24,2 %, 38,2 %, 24,2 %, 6,7 %).

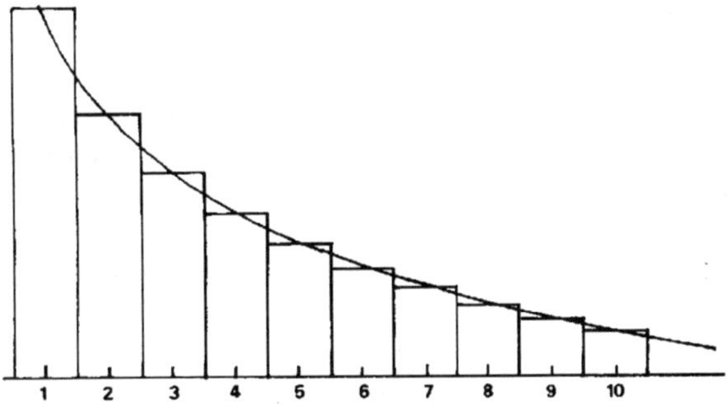

c) Distribution en «i» (10 classes).

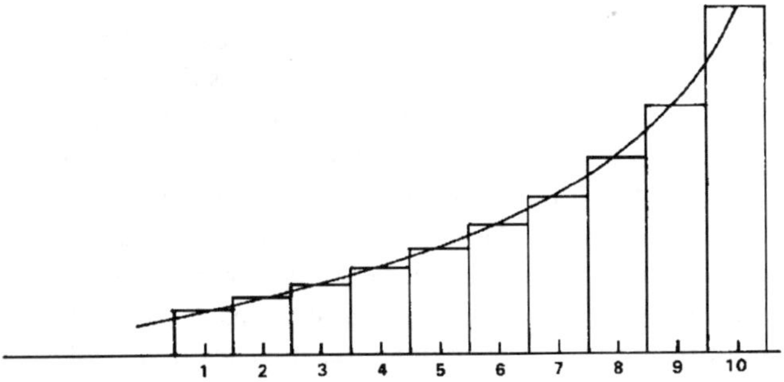

d) Distribution en «j» (10 classes).

Figure 1.1.
Différentes formes de distribution
(les classes sont en abscisse et les effectifs en ordonnés)

ment valides, théoriquement ou pratiquement. Les postulats relatifs à la mesure sont ainsi justifiés *a posteriori*.

2.3. Les corrélations et la mise en évidence des dimensions

Pour que les comparaisons entre individus soient dépourvues d'ambiguïté, elles doivent se faire selon un certain point de vue, au long de certaines *dimensions*. Les dimensions sont des continuums qui permettent d'ordonner les individus relativement à un processus ou à un ensemble de processus, processus qui peuvent être considérés sous l'angle de leur disponibilité ou de leur efficience. Au plan de la mesure une dimension possède au moins les propriétés des échelles ordinales. Les dimensions peuvent être plus ou moins générales.

On peut s'intéresser à une dimension particulière, hypothétique, soit parce qu'elle est susceptible de jouer un rôle dans une construction théorique, soit parce qu'elle peut présenter un intérêt pratique, et chercher à établir son existence. La démarche est alors hypothético-déductive et elle est le plus souvent fondée sur l'examen des corrélations entre plusieurs indicateurs de la dimension.

2.3.1. Les corrélations entre indicateurs des dimensions

Soit deux situations A et B. Les sujets s'ordonnent d'une certaine manière en A et d'une autre manière en B. Si ces deux ordinations sont proches, ou, en d'autres termes, s'il y a une corrélation notable entre A et B, on considérera que les processus à l'œuvre dans la situation A le sont aussi dans la situation B. Les situations A et B deviennent alors comparables et relèvent donc de la même dimension. Il restera à ordonner les sujets sur cette dimension. Illustrons cette démarche sur un exemple tiré des recherches d'Eysenck (1971). Peut-on considérer qu'il existe une dimension, ou un trait de personnalité, dont les deux pôles seraient l'introversion et l'extraversion ? Pour répondre à cette question on doit avoir une idée de la dimension. Supposons, avec Eysenck, que les individus plutôt extravertis se distinguent de ceux qui sont plutôt introvertis, entre autres, par une plus grande impulsivité et par une plus grande sociabilité. On peut alors définir des situations (ici il s'agit d'items d'un questionnaire) dans lesquelles on s'attend à ce que les sujets introvertis répondent plutôt d'une certaine manière, et les sujets extravertis plutôt d'une autre. À la question : «Vous arrive-t-il à l'occasion de perdre votre calme et de vous mettre en colère ?», les sujets plutôt introvertis devraient répondre «non» et les sujets plutôt extravertis «oui». À la question : «Dans l'ensemble préférez-vous la compagnie des livres à celle des gens ?», les premiers (introvertis) devraient répondre «oui» et les seconds «non». Il devrait donc y avoir une corrélation notable entre les réponses à ces deux questions. Si on observe effectivement des inter-corrélations notables entre les réponses à toute une série de questions de ce type on pourra considérer que la dimension introversion-extraversion, telle qu'on l'avait envisagée, existe. S'il n'en va pas ainsi on devra s'interroger sur la validité des idées relatives à la dimension ou sur la manière dont elles ont été opérationnalisées. Dans certains cas on pourra considérer que la dimension existe en supprimant quelques questions, celles qui ne corrèlent pas avec les autres. Mais cette sélection conduira à réviser les idées initiales sur la dimension. On pourra ensuite ordonner les sujets à partir du nombre de leurs réponses témoignant de l'extraversion (et, éventuellement, énoncer les conventions qui permettront la définition d'intervalles).

Cette démarche s'applique également lorsque l'on considère les conduites sous l'angle de leur efficience. Prenons par exemple la dimension hypothétique «capacité à raisonner inductivement». On choisira une série de petits problèmes de difficulté graduée (ce sont les items de la première version d'un test) censés mettre en œuvre le raisonnement inductif. On se demandera ensuite si les sujets qui réussissent un problème ont tendance à réussir aussi un autre problème. Si, pour tous les couples de problèmes, on observe des inter-corrélations notables, on considérera qu'il existe une dimension «capacité à raisonner inductivement» et l'on pourra alors classer les sujets en fonction du nombre de problèmes qu'ils résolvent correctement. Sinon, comme précédemment, on devra réexaminer le sens de la dimension postulée et/ou son opérationnalisation.

2.3.2. La corrélation item-test

Assez fréquemment, plutôt que de calculer des corrélations inter-items (c'est-à-dire entre toutes questions ou tous les problèmes pris deux à deux) on calcule une corrélation item-test. Dans ce cas on postule que tous les items définissent la dimension et on calcule d'emblée un score permettant de classer les sujets. On vérifie ensuite le bien-fondé de cette démarche en calculant la corrélation entre chaque item et le score total. Si cette corrélation est notable l'item appartient à la dimension. Sinon il n'y appartient pas et il faut alors revoir la définition de la dimension. Cette démarche est justifiée lorsqu'on a de bonnes raisons de penser *a priori* que la majorité des items définissent bien la dimension.

2.3.3. Unidimensionnalité et transitivité

Il est aussi possible de définir des dimensions sans se référer à des corrélations. On utilise alors les propriétés formelles des échelles ordinales, notamment la transitivité des relations entre niveaux de l'échelle. Cette méthode, mise au point par Léon Guttman dans les années 1940, a été largement utilisée pour distinguer les sujets selon leurs attitudes sociales et selon leur degré de développement intellectuel. Prenons l'exemple du développement intellectuel. L'hypothèse d'une dimension «développement intellectuel» implique que l'on puisse définir des niveaux de développement (des stades si l'on considère que l'évolution est discontinue, de simples repères si l'on pense qu'elle est continue). On peut spécifier cette hypothèse en considérant que les individus, au cours de l'ontogenèse, passent nécessairement par tous les niveaux successifs et en considérant également que les acquisitions d'un certain niveau sont conservées aux niveaux suivants. Ceci étant posé on peut alors mettre au point des situations-problèmes correspondant à chaque niveau. Si les sujets qui réussissent le ou les problèmes correspondant à un niveau, réussissent également les problèmes correspondant aux niveaux inférieurs et échouent aux problèmes correspondant aux niveaux supérieurs on dira que la dimension existe. On dira aussi que le niveau de réussite le plus élevé est le niveau de développement du sujet. Cette méthode permet un classement simultané des items et des sujets.

2.4. L'analyse factorielle et l'organisation des dimensions

On peut aussi s'intéresser à un ensemble de dimensions et s'interroger sur leurs relations. La démarche peut être descriptive. On se demande, par exemple, quelles sont les grandes dimensions du fonctionnement intellectuel, ou, dans des domaines plus restreints, quelles sont, par exemple, les dimensions de l'attention ou de la rigidité mentale. La démarche peut aussi être hypothético-déductive. On dispose alors d'hypothèses que l'on cherche à vérifier sur le nombre, la nature et l'organisation des dimensions. Dans les deux cas on utilise généralement des méthodes *d'analyse factorielle.* Ces méthodes, qui se situent dans le prolongement du simple examen des corrélations entre variables, consistent à inférer des dimensions non directement observables, à partir des corrélations entre variables effectivement observées. (Pour une présentation plus complète des méthodes *cf.* Reuchlin, 1964 ; Cibois, 1983.)

2.4.1. *Les groupes de variables* (clusters)

Examinons sur un exemple fictif le type de résultats que permettent les méthodes d'analyse factorielle. On a appliqué six épreuves à un groupe de sujets. Chaque sujet est donc caractérisé par six notes observées. Les corrélations entre les notes observées figurent dans le tableau 1.2.

	1	2	3	4	5	6
1	–	.72	.00	.27	.00	.63
2		–	.16	.40	.12	.56
3			–	.64	.48	.00
4				–	.48	.21
5					–	.00
6						–

Tableau 1.2.
Matrice des corrélations entre six tests

L'examen de la matrice de corrélations permet de distinguer deux groupes d'épreuves, ou deux *clusters* de variables : les épreuves 1, 2 et 6, d'une part, et les épreuves 3, 4 et 5 d'autre part. Chaque épreuve est en corrélation élevée avec les épreuves de son groupe et en corrélation faible avec celles de l'autre groupe. Cette structure des corrélations apparaît nettement si l'on réécrit la matrice des corrélations de telle sorte que les épreuves appartenant à un même groupe apparaissent sur des lignes et des colonnes contiguës (tableau 1.3.).

	1	2	6	3	4	5
1	–	.72	.63	.00	.27	.00
2		–	.56	.16	.40	.12
6			–	.00	.21	.00
3				–	.64	.48
4					–	.48
5						–

Tableau 1.3.
Réécriture de la matrice du tableau 1.2 afin de faire apparaître plus clairement deux groupes de tests.

2.4.2. Notes en facteurs et coefficients de saturation

Puisque les épreuves 1, 2 et 6 sont en forte corrélation on peut considérer qu'elles sont proches d'une variable non observable qui les résumerait. De la même manière on peut considérer que les épreuves 3, 4 et 5 sont proches d'une autre variable non observable. Ces variables non observables sont appelées *des facteurs.* Chaque sujet peut être caractérisé par sa note sur les divers facteurs (*note en facteur).* Chaque épreuve peut être caractérisée par sa proximité au facteur, c'est-à-dire par sa corrélation avec le facteur. Cette corrélation est le *coefficient de saturation* de l'épreuve dans le facteur. Les méthodes d'analyse factorielle permettent d'obtenir un tableau des notes en facteurs pour chaque sujet et un tableau des coefficients de saturation pour chaque épreuve. Dans la perspective de l'étude de l'organisation des dimensions des différences individuelles on s'intéresse principalement aux coefficients de saturation. On trouve au tableau 1.4 un tableau des coefficients de saturation des six épreuves dans les deux facteurs. On peut constater que les épreuves 1, 2 et 6 sont fortement saturées dans le facteur I et faiblement saturées (ou non saturées) dans facteur II, et que c'est l'inverse pour les épreuves 3, 4 et 5.

Tests / Facteurs	1	2	3	4	5	6
I	.90	.80	.00	.30	.00	.70
II	.00	.20	.80	.80	.60	.00

Tableau 1.4.
Coefficients de saturation des six tests dont les intercorrélations figurent aux tableaux 1.2 et 1.3 dans les facteurs I et II

Notes en facteurs et coefficients de saturation ont été établis de telle sorte que l'on puisse reconstituer les notes observées et leurs corrélations. Pour une épreuve particulière la note observée d'un sujet particulier est la somme de ses notes dans les divers facteurs, chaque note en facteur étant affectée du coefficient de saturation de l'épreuve dans le facteur (en d'autres termes, la note observée est une composition linéaire des notes en facteurs). Conséquence directe de ce principe de décomposition des notes brutes, la corrélation entre deux épreuves est égale à la somme des produits de leurs coefficients de saturation dans les différents facteurs. C'est ainsi, par exemple, que : $r_{24} = (.80 \times .30) + (.20 \times .80) = .40$.

La table des saturations peut être représentée graphiquement (figure 1.2.). Si on procède à une rotation des axes, on obtient de nouveaux coefficients de saturation qui permettent tout aussi bien que les précédents la reconstitution des notes brutes et de leurs inter-corrélations.

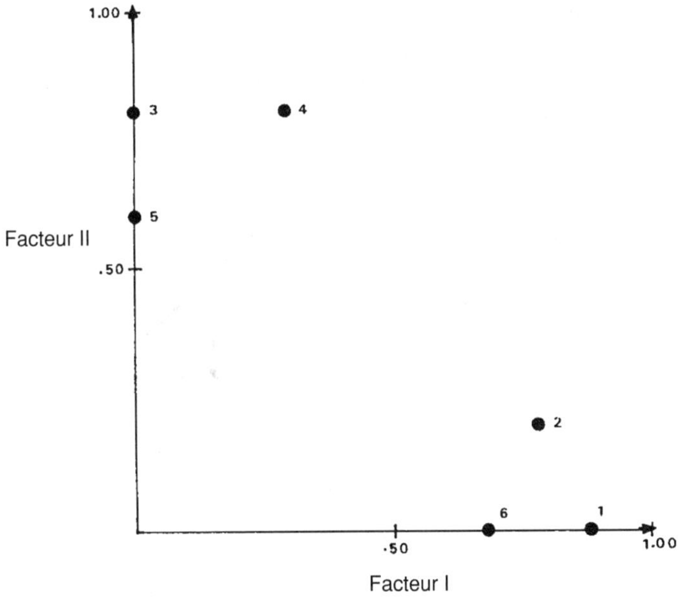

Figure 1.2.
Représentation graphique de la table des coefficients de saturation du tableau 1.4.

Nous présenterons aux chapitres 2 (paragraphe 1.2., p. 47) et 3 (paragraphe 2.1., p. 103) les résultats des analyses factorielles relatifs à l'organisation des aptitudes intellectuelles et des traits de personnalité.

2.5. Les types

Nous venons de montrer comment on peut décrire les différences individuelles en ordonnant les individus au long de dimensions. On peut aussi les décrire en regroupant les individus dans des classes, ces classes définissent des *types*. Les types peuvent être établis à partir de dimensions continues ou de dimensions discontinues et à partir d'une ou de plusieurs dimensions

Considérons une dimension continue et une distribution unimodale et symétrique des sujets sur cette dimension (figure 1.3). On peut définir une classe de sujets moyens centrée sur le mode de la distribution. Cette classe peut être plus ou moins étendue, c'est-à-dire inclure plus ou moins de sujets. Elle constitue un type que l'on qualifie de *modal.* On peut aussi définir deux classes de sujets extrêmes (correspondant aux pôles de la dimension, elles aussi, d'extension variable). Ces classes constituent deux types *polaires.* Dans le premier cas les sujets sont regroupés sur la base de leur proximité à une tendance centrale, dans le second sur la base de leur proximité à des cas extrêmes.

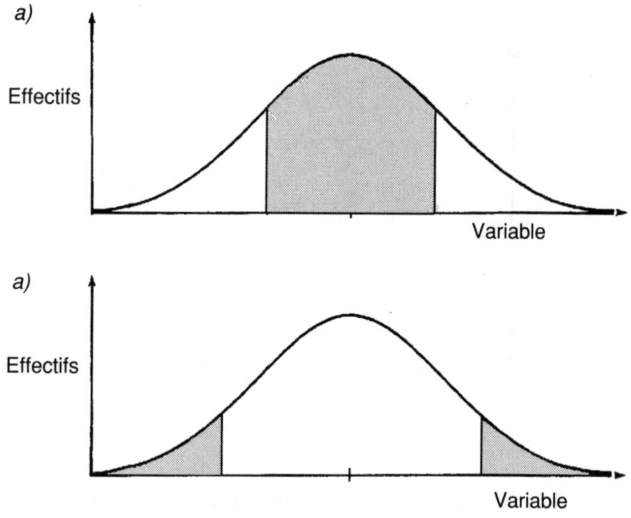

Figure 1.3.
Types modal (a) *et polaires* (b) *définis à partir d'une dimension continue (distribution univariée)*

Ces définitions s'appliquent également lorsque les sujets sont décrits selon plusieurs dimensions (figure 1.4).

a)

Variable 2

10										
9							2	2	1	
8					1	2	2	4	1	
7				1	2	4	4	2	2	
6			1	2	5	5	4	2		
5			2	4	4	5	2	2		
4		2	2	4	4	2	1			
3		2	4	2	2	1				
2		1	2	2						
1										
	1	2	3	4	5	6	7	8	9	10

Variable 1

b)

Variable 2

10										
9							2	2	1	
8					1	2	2	4	1	
7				1	2	4	4	2	2	
6			1	2	5	5	4	2		
5			2	4	4	5	2	2		
4		2	2	4	4	2	1			
3		2	4	2	2	1				
2		1	2	2						
1										
	1	2	3	4	5	6	7	8	9	10

Variable 1

Les diagrammes de corrélation représentent la distribution des sujets sur les variables 1 et 2 (distribution bivariée). Ces deux variables sont en corrélation positive (r = .75). On peut définir un type modal qui regroupe les sujets ayant les scores 5 ou 6 sur la variable 1 et les scores 5 ou 6 également sur la variable 2 (*a*). On peut aussi définir deux types polaires : les sujets ayant 3 ou moins sur chacune des variables, et les sujets ayant 8 ou plus sur chacune des variables (*b*).

Figure 1.4.
*Types modal (*a*) et polaires (*b*) définis à partir de la distribution continue de deux variables*

Établir des types de cette manière revient à partitionner conventionnellement des distributions continues. Si la distribution est unimodale la description typologique n'apporte rien à la description au moyen de dimensions, elle l'appauvrit même. Il n'en va pas ainsi lorsque l'on établit des types à partir de distributions nettement plurimodales. À partir de la distribution bimodale de la figure 1.5 on peut définir deux types, centrés chacun sur l'un des modes.

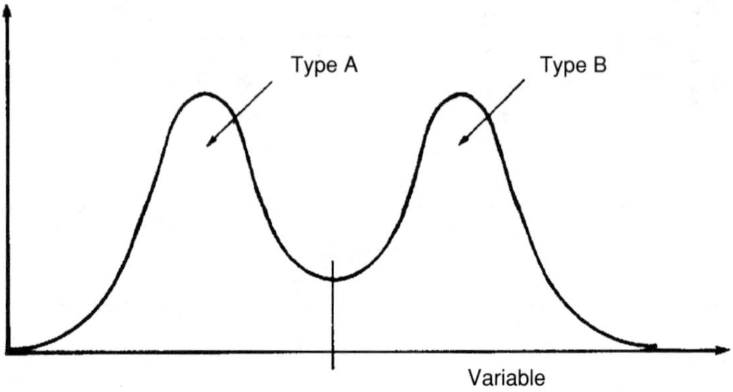

Figure 1.5.
Distribution bimodale d'une variable permettant de définir deux types modaux, A et B

De la même manière on peut définir des types à partir des regroupements de sujets qui apparaissent sur un diagramme de corrélation. Les sujets sont alors regroupés en fonction de la similarité de leur profil (figure 1.6, p. 37). Ces types sont d'autant plus intéressants que les sujets qui les constituent sont homogènes et distincts des autres sujets.

La description des individus dans le cadre des caractérologies d'inspiration médicale et philosophique ou dans le cadre de la psychologie populaire (les signes du Zodiaque par exemple) a quasiment toujours pris la forme de typologies. On a souvent reproché à ces descriptions d'être beaucoup trop caricaturales et de ne pas reposer sur des observations précises et systématiques. Aussi l'approche typologique a-t-elle connu un certain discrédit. Il est cependant tout à fait légitime, pourvu que des précautions minimales soient prises, de chercher à regrouper les individus à partir de leurs ressemblances.

a) Type A

Variable 2										
10			3							
9		2	6	2						
8		1	4	1						
7										
6										
5								3		
4							4	9	2	
3						1	6	5	3	
2							2	1	1	
1										
	1	2	3	4	5	6	7	8	9	10

Variable 1

Type B

b)

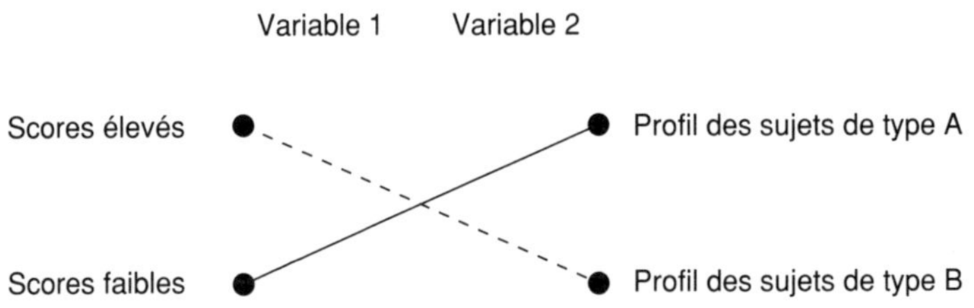

L'examen du diagramme de corrélation (a) fait apparaître deux groupes de sujets. Les sujets d'un groupe sont des scores élevés sur la variable 2 et faibles pour la variable 1 (type A). C'est l'inverse pour les sujets de l'autre groupe (type B).
Les sujets de chacun de ces groupes ont un profil voisin (b).

Figure 1.6.
Types modaux établis à partir d'une distribution bivariée discontinue

LECTURES CONSEILLÉES

CRONBACH, J.-L.,
1958, Les deux disciplines de la psychologie scientifique, *Revue de psychologie appliquée,* 6, 159-187.

DICKES, P., TOURNOIS, J., FLIELLER, A., KOP, J.-L.,
1994, *La psychométrie,* Paris, PUF.

REUCHLIN, M.,
1976*b*, *Précis de statistiques*, Paris, PUF.

REUCHLIN, M.,
1990*a*, *La psychologie différentielle*, Paris, PUF.

Chapitre 2

LES DIFFÉRENCES INDIVIDUELLES DANS LE DOMAINE DE L'INTELLIGENCE

Les conduites que l'on qualifie d'intelligentes peuvent être définies à partir de la nature des opérations qu'elles mettent en œuvre ou à partir de la fonction qu'on leur attribue. Selon le premier point de vue les conduites intelligentes sont celles qui supposent des processus mentaux complexes : raisonnement, représentation, décision, résolution de problèmes, etc. Selon le second point de vue ce sont des conduites qui permettent de s'adapter à des situations nouvelles, de connaître, de comprendre. Ainsi caractérisées les conduites intelligentes sont très diverses et l'on peut légitimement s'interroger sur l'intérêt qu'il y a à les désigner par un terme unique, d'autant plus que dans la vie sociale ce terme est fortement évaluatif. En fait, la psychologie ne traite pas globalement de toutes les conduites qui peuvent être qualifiées d'intelligentes, mais elle définit des classes de conduites ayant une certaine homogénéité et se propose de spécifier leur nature, d'analyser leur déroulement et de rechercher leurs déterminants.

On distingue trois courants dans l'étude de l'intelligence : un courant expérimental général, un courant développemental et le courant différentiel. Dans le courant expérimental général on se propose d'analyser l'activité intellectuelle en termes de traitement de l'information, c'est-à-dire d'applications d'opérations et de transformations de représentations. Dans le courant développemental on décrit l'activité intellectuelle aux différents âges de la vie et l'on cherche à élucider les mécanismes responsables de son évolution. Dans le courant différentiel classique on se préoccupe surtout de mettre en évidence les diverses dimensions de l'activité intellectuelle, de situer les sujets sur ces dimensions, d'étudier leur organisation et d'expliquer l'origine de la variabilité interindividuelle constatée. Certes, il existe de nombreuses liaisons entre ces courants de recherches, comme en témoignent par exemple l'existence d'une psychologie différentielle du traitement de l'information et d'une psychologie différentielle développementale, mais, correspondant à des regards différents sur l'individu, ils continuent cependant à structurer fortement le champ de la recherche et de la réflexion dans le domaine de l'intelligence.

1. LES DIMENSIONS DE L'INTELLIGENCE ET LEUR ORGANISATION

Quelles sont les dimensions de l'intelligence ? ou, en d'autres termes, quels sont les points de vue à partir desquels on peut distinguer les individus ? On répond à cette question en deux temps. Dans un premier temps on recherche, en général au moyen de techniques d'analyse factorielle (*cf.* chapitre 1 paragraphe 2.4., p. 30), des dimensions clairement identifiables et aisément distinguables d'autres dimensions. Ces dimensions sont appelées aptitudes primaires (aptitude est synonyme de compétence ou de capacité, dans l'usage actuel ce terme a perdu ses connotations innéistes et il ne désigne plus le substrat congénital d'une capacité) ou facteurs primaires (en référence à l'analyse factorielle). Dans un second temps on s'interroge sur l'organisation de ces aptitudes primaires. Comme elles ne sont généralement pas indépendantes on est conduit à définir des dimensions d'ordre supérieur.

1.1. Les aptitudes primaires

1.1.1. Les aptitudes primaires de Thurstone

Thurstone, aux États-Unis, dans les années 1930 est le premier à étudier systématiquement les aptitudes primaires, ce qui le conduit à développer les méthodes d'analyse factorielle inventées au début du siècle en Angleterre par Spearman. Thurstone construit des tests papier-crayon constitués d'items homogènes. Chaque test représente un aspect de l'intelligence, déjà présent, ne serait-ce que par quelques items, dans les tests existants, ou imaginé à titre d'hypothèse. Après les avoir appliqués à des groupes de sujets (dans certaines de ses recherches il applique jusqu'à soixante tests) il calcule toutes les corrélations entre les tests pris deux à deux. Puis, à partir de l'examen de ces corrélations il détermine des groupes de tests qui se ressemblent. En fait, il extrait de la matrice des corrélations des facteurs et il regroupe les tests qui sont fortement saturés dans un même facteur. Les regroupements obtenus, et c'est ce qui fait l'intérêt de la méthode, ne correspondent pas toujours à ce qui était attendu (par exemple, Thurstone faisait l'hypothèse d'un seul facteur verbal et il en observe deux). Les facteurs mis en évidence sont définis par les tests qu'ils saturent. Ce sont des facteurs de groupe (ou des facteurs communs à plusieurs tests) qui se distinguent des facteurs généraux (communs à tous les tests) et des facteurs spécifiques (qui saturent un seul test). Thurstone vérifie ensuite que l'on retrouve bien les facteurs mis en évidence sur d'autres groupes de sujets, notamment sur des groupes d'âges différents.

Sept facteurs primaires sont clairement mis en évidence par Thurstone (Thurstone et Thurstone, 1941) :

- vitesse perceptive (*P*) ou capacité à repérer rapidement une configuration perceptive. Exemples de tests saturés dans ce facteur : repérer le plus rapidement possible un nombre dans une série, trouver le plus rapidement possible parmi trois visages schématisés celui qui est différent des deux autres ;
- numérique (*N*) ou capacité à réaliser rapidement des opérations arithmétiques simples : additions, multiplications, trouver dans une liste de nombres ceux qui ont trois unités de plus que le précédent ;
- fluidité verbale (*W*) ou aisance dans la production de réponses verbales : écrire le plus de mots possibles de quatre lettres commençant par un «B», de mots se terminant par «-tion» ;

– verbal (*V*) ou capacité à comprendre des mots ou des énoncés linguistiques et à raisonner sur ces énoncés : définir des mots, trouver des synonymes, compléter des phrases ;

– spatial (*S*) ou capacité à imaginer les mouvements d'un objet dans l'espace : décider si un dessin peut être obtenu ou non par simple rotation d'un modèle (figure 2.1., un autre exemple est présenté au chapitre 5 paragraphe 1.1., p. 229).

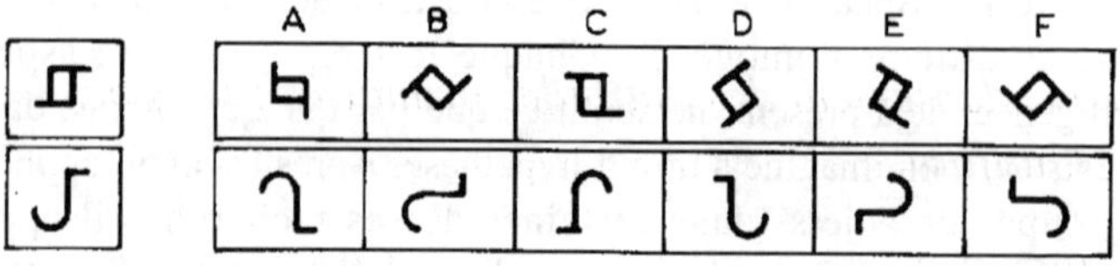

Le sujet doit indiquer les figures qui sont «comme» la première figure à gauche de la rangée.

Figure 2.1.
Exemple d'item d'une épreuve fortement saturée dans le facteur primaire S.
(Thurstone et Thurstone, 1964).

– mémoire (*M*) ou capacité à se rappeler des unités simples d'information : mémorisation d'une liste de mots, de mots associés à des chiffres ;

– raisonnement (*R*) ou capacité à découvrir des règles ou des régularités : découvrir la règle du regroupement de séries de quatre lettres, continuer une série de lettres (exemple : aaabbbcccdd… abcdabceabcfabc…).

Si la plupart des tests sont fortement saturés dans un seul facteur, certains peuvent l'être dans plusieurs. Cela signifie que plusieurs aptitudes primaires doivent être sollicitées pour réussir dans ces épreuves.

1.1.2. Autres aptitudes primaires

À la suite des travaux de Thurstone de nouvelles aptitudes primaires furent découvertes. Pawlik présente une liste de dix-neuf facteurs primaires en 1966, Cattell une liste de vingt et un en 1967 (*cf.* Buss et Poley, 1976 ; Kline, 1991), Ekström, French et Harman une liste de vingt-trois en 1976… En 1989, Horn examine une liste de près de cinquante facteurs primaires et conclut que vingt-deux seulement peuvent être considérés comme bien établis.

Ces recherches ne mettent pas en cause les travaux de Thurstone mais les complètent. En utilisant des échantillons de tests plus variés on se donne la possibilité de faire apparaître de nouvelles aptitudes primaires. C'est ainsi que dans les travaux de Cattell (1971) on voit apparaître les facteurs primaires «habilité ou connaissance mécanique, jugement esthétique, originalité». Alors que Thurstone n'avait mis en évidence qu'un seul facteur de mémoire, Cattell en distingue trois : la mémoire associative (qui correspond au facteur de Thurstone), la mémoire immédiate (répétition de chiffres par exemple) et la mémoire «significative» (mémorisation de relations entre des mots par exemple).

1.1.3. Le classement des aptitudes primaires : le cube de Guilford

En 1967 Guilford a présenté un système de classement des aptitudes primaires («la structure de l'intellect»). Considérant que toute activité mentale consiste à appliquer des *opérations* sur des *contenus* (des informations présentées sous forme particulière) en vue d'une *production* (ou d'un résultat), il distingue cinq types d'opérations, quatre types de contenus et six types de produits. Le croisement de ces trois paramètres conduit à cent vingt combinaisons que l'on représente par un cube (figure 2.2). Chaque combinaison est censée correspondre à une aptitude primaire, déjà existante ou à découvrir).

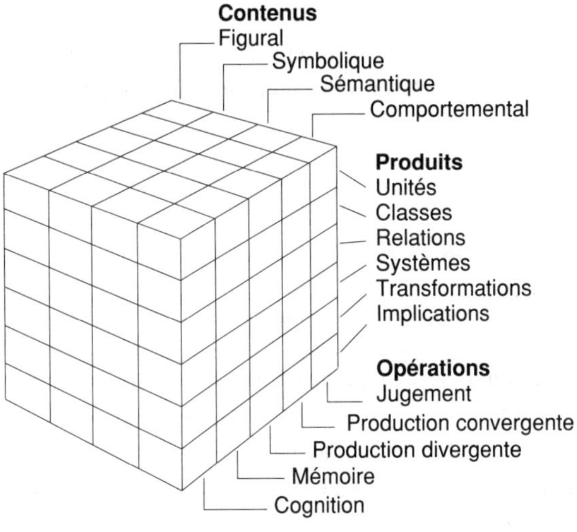

Figure 2.2.
Le cube de Guilford.

Voici comment sont définies les modalités de chacun des trois paramètres du modèle.

■ *Opérations*

– Cognition (*C*) : reconnaissance, compréhension.
– Mémoire (*M*).
– Production divergente (*D*) : production de réponses variées à partir d'une même source.
– Production convergente (*N*) : production de la bonne réponse (problèmes de raisonnement logique).
– Évaluation ou jugement (*E*) : comparaison visant à estimer par exemple l'identité de deux objets ou la cohérence de deux propositions.

■ *Contenus*

– Figural (*F*) : l'information est présentée sous forme imagée, généralement visuelle.
– Symbolique (*S*) : l'information est présentée sous forme de signes dénotatifs n'ayant pas de signification par eux-mêmes (lettres, nombres…).
– Sémantique (*M*) : l'information est présentée sous forme de significations, essentiellement des mots ou des énoncés verbaux.
– Comportemental (*B*) : il s'agit de l'information non verbale qui apparaît dans les interactions sociales (attitudes, mimiques…).

■ *Produits*

– Unité (*U*) : élément d'information isolé.
– Classe (*C*) : groupe d'unités.
– Relation (*R*).
– Système ou ensemble de relations (*S*).
– Transformation (*T*) : changements divers comme des redéfinitions ou des transpositions.
– Implication (*I*).

Les aptitudes primaires peuvent être situées dans ce modèle. Prenons par exemple le facteur primaire vitesse de fermeture (*speed of closure*) qui sature fortement les tests où il faut découvrir rapidement des objets dont il manque une partie (figure 2.3). Ce facteur primaire met en jeu la cognition, sur un matériel figuratif, la réponse attendue est une unité. Il correspond donc à la case *CFU* du cube. Certaines épreuves peuvent être situées facilement dans le modèle. Le test de créativité qui consiste à énumérer tous les usages possibles d'un objet comme une boîte, une brique ou un journal, sollicite l'opération pensée divergente, le matériel est sémantique et le produit est une classe. On est donc dans la case *DSC*. Reste à s'assurer que cette case définit bien une aptitude primaire.

Figure 2.3.
Exemple d'item d'un test fortement saturé dans le facteur vitesse de fermeture.

Le modèle de Guilford n'est que très partiellement validé. Nous avons vu qu'une vingtaine d'aptitudes primaires seulement étaient clairement identifiées. Souvent les corrélations entre tests censés être saturés dans un même facteur (c'est-à-dire construits pour être situés dans une même case de cube) ne sont pas très différentes des corrélations entre ces tests et d'autres tests, censés être saturés dans d'autres facteurs. Malgré ses limites le modèle de Guilford fournit un cadre descriptif des aptitudes primaires intéressant et il montre bien la grande diversité des conduites intelligentes.

1.2. L'organisation des aptitudes

1.2.1. Les corrélations entre les aptitudes primaires et le facteur général d'intelligence

Les aptitudes primaires sont généralement en corrélation positive plus ou moins forte (tableau 2.1 p. 48). Aussi peut-on considérer qu'elles éva-

	N	W	V	S	M	R
W	.330					
V	.348	.422				
S	.124	.270	.380			
M	.028	.130	.078	.080		
R	.237	.318	.422	.426	.103	

Tableau 2.1.
Corrélations entre six aptitudes mentales primaires de Thurstone
(d'après Thurstone et Thurstone, 1941)

luent toutes, en partie et à des degrés divers, un facteur d'ordre supérieur, ce facteur est appelé le facteur général (*g*).

Spearman, au début du siècle, considérait que l'on pouvait rendre compte de l'organisation des aptitudes à partir d'un facteur général commun à tous les tests et d'un facteur spécifique propre à chaque test. Dans le cadre de cette *théorie bi-factorielle* la performance d'un sujet à un test s'explique par la somme de son efficience dans le facteur *g* (qui est la même quel que soit le test) et de son efficience dans le facteur spécifique qui correspond au test (donc qui varie avec chaque test). Ces efficiences sont pondérées afin de tenir compte du fait que les tests sont inégalement saturés en facteur *g* et en facteur spécifique. Spearman (1937) a interprété le facteur *g* comme une capacité à établir et à appliquer des relations. Les tests les plus saturés en facteur *g* sont des tests de raisonnement inductif où il faut découvrir des règles de transformation sur un matériel non figuratif (figure 2.4, p. 49).

Cette représentation de l'organisation des aptitudes n'est pas contradictoire avec celle de Thurstone. Il est possible, nous l'avons noté, de mettre en évidence un facteur général à partir des inter-corrélations entre les facteurs primaires. Si Spearman ne met pas en évidence des facteurs de groupe c'est qu'il évite soigneusement de faire entrer dans ses analyses des tests qui se ressemblent.

Les modèles de l'organisation des aptitudes qui paraissent les plus vraisemblables sont des *modèles hiérarchiques* où le facteur général «coiffe» des facteurs de groupes plus ou moins étendus. Ces modèles sont une synthèse de la théorie bi-factorielle de Spearman et de la théorie multifactorielle de Thurstone (*cf.* Huteau, 1990).

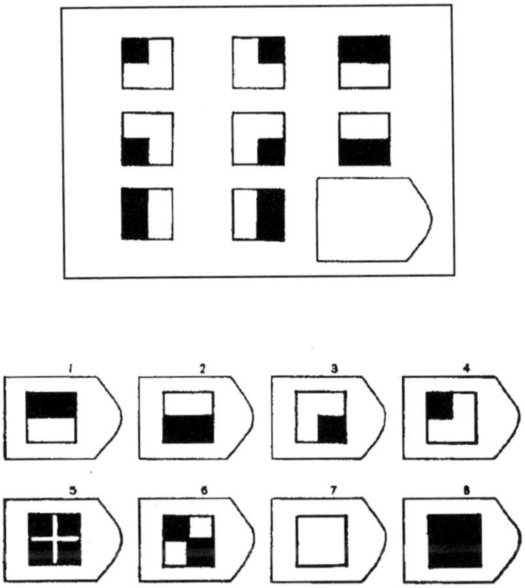

Il faut trouver lequel des huit dessins du bas complète la figure du haut.

Figure 2.4.
Item des tests de Matrices Progressives de Raven-1938.
(Raven, 1981).

1.2.2. Les modèles hiérarchiques

Un des premiers modèles hiérarchiques présentés fut celui de Vernon (1952) (figure 2.5, p. 50). Au sommet de la hiérarchie on trouve le facteur *g*. Puis au-dessous, deux facteurs de groupe larges : un facteur verbal-éducationnel (*v : ed*) et un facteur spatial-moteur (*k : m*). Au niveau suivant on rencontre des facteurs qui correspondent aux aptitudes primaires de Thurstone (*V*, *W*, *N* pour *v : ed* ; *S* pour *k : m*). Au dernier niveau on rencontre les facteurs spécifiques.

Horn et Cattell (1966) ont présenté un modèle hiérarchique plus général que celui de Vernon dans la mesure où il rend compte de l'organisation d'un nombre plus grand d'aptitudes primaires. Au-dessous du facteur *g* on trouve cinq grands facteurs de groupe (ou de second ordre car ils sont extraits à partir des corrélations entre facteurs primaires) :

– l'intelligence fluide (*gf*) : c'est un facteur de raisonnement proche du *g* de Spearman et du *R* de Thurstone ;

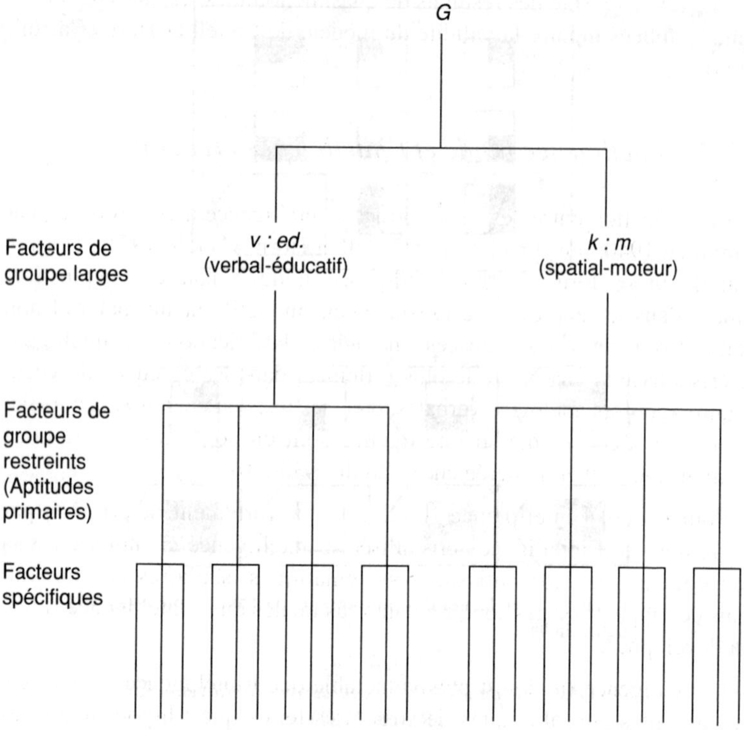

Figure 2.5.
Le modèle hiérarchique de Vernon.

– l'intelligence cristallisée (*gc*) qui sature fortement les tests verbaux ;
– la visualisation qui sature les tests spatiaux ;
– la fluidité verbale, idéationnelle et associative qui témoigne d'une capacité à récupérer rapidement l'information stockée en mémoire à long terme. Elle est souvent appelée créativité ;
– la vitesse cognitive qui sature les épreuves où les exigences en matière de rapidité sont fortes.

Au niveau suivant de la hiérarchie on trouve les aptitudes primaires et à la base les facteurs spécifiques.

Une revue récente des résultats de quasiment toutes les analyses factorielles publiées montre la validité du modèle de Cattell et Horn (Carroll, 1993).

1.2.3. L'intelligence fluide et l'intelligence cristallisée

La distinction entre ces deux formes d'intelligence a été proposée par Cattell en 1940, puis précisée par Cattell et Horn (Cattell, 1971 ; Horn et Cattell, 1966 ; Horn, 1989). L'intelligence fluide se manifeste le plus fortement dans les épreuves de raisonnement inductif sur un matériel non figuratif (lois de séries, matrices, analogies, classifications). L'intelligence cristallisée se manifeste le plus fortement dans les épreuves de vocabulaire, dans les analogies verbales, dans les tests de connaissance mécanique. Ces deux formes d'intelligence sont en corrélation forte chez l'enfant (.60-.70) et modérée chez l'adulte (.30-.40).

Pour Cattell l'intelligence fluide est plus fortement déterminée par l'hérédité que l'intelligence cristallisée. L'intelligence cristallisée est la conséquence des apprentissages systématiques, scolaires notamment, mais ces apprentissages sont d'autant plus faciles que l'intelligence fluide est développée.

L'intelligence fluide est plus vulnérable que l'intelligence cristallisée. Les atteintes neurologiques de structures telles que l'hippocampe, les noyaux amygdaliens, le thalamus ou les lobes temporaux entraînent une baisse de la performance dans les épreuves d'intelligence fluide. Elles ont relativement peu d'effets sur l'intelligence cristallisée. La consommation excessive d'alcool (occasionnelle ou régulière) a aussi un effet négatif plus marqué sur l'intelligence fluide. Enfin, l'intelligence fluide, tend à se détériorer à partir d'une vingtaine d'années alors que l'intelligence cristallisée non seulement ne se détériore pas avec l'âge mais a plutôt tendance à s'améliorer (Cattell, 1971) (figure 2.6, p. 52).

1.2.4. La créativité

La créativité, dans un sens large, désigne le processus conduisant à la réalisation de produits nouveaux et intéressants (une œuvre d'art, une théorie scientifique, une solution originale à un problème). Deux types de recherches sont conduites sur la créativité. Certaines, souvent de style monographique, portent sur des grands créateurs, et se proposent de retracer la genèse de leurs créations en élucidant leurs conditions affectives,

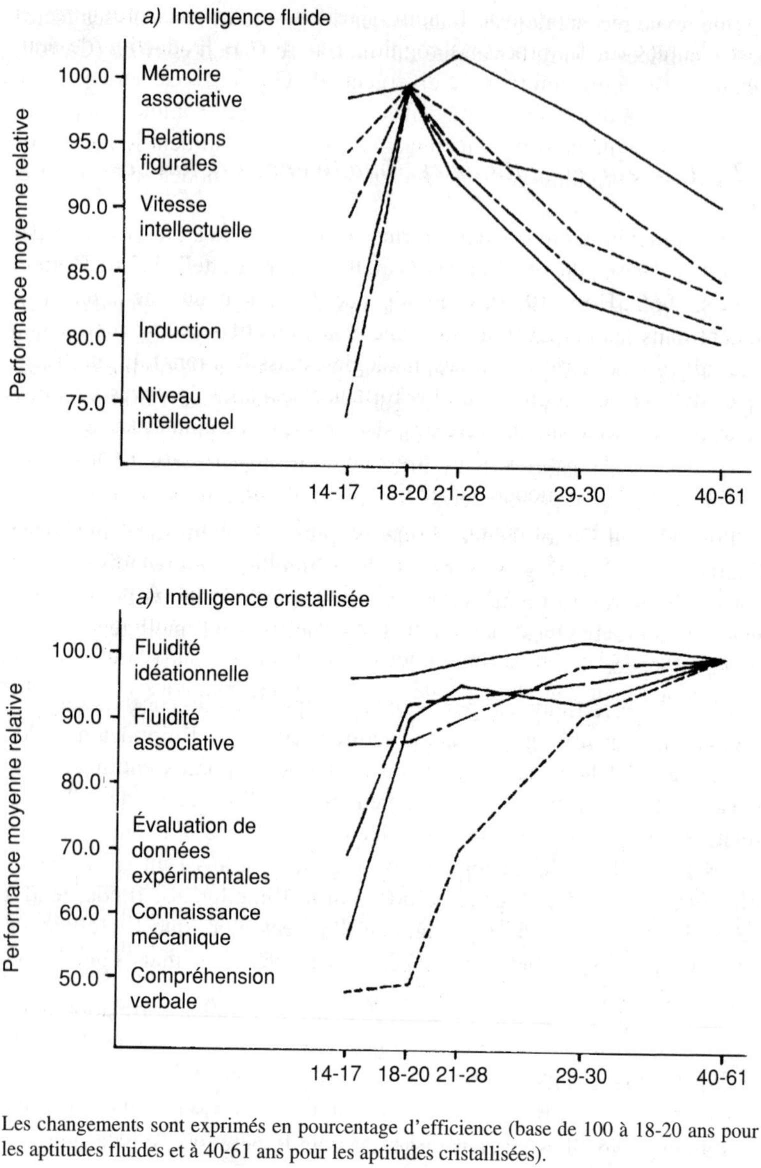

Les changements sont exprimés en pourcentage d'efficience (base de 100 à 18-20 ans pour les aptitudes fluides et à 40-61 ans pour les aptitudes cristallisées).

Figure 2.6

Évolution avec l'âge de cinq aptitudes relatives à l'intelligence fluide et de cinq aptitudes relatives à l'intelligence cristallisée (Cattell, 1971).

cognitives et sociologiques. D'autres portent sur les gens ordinaires et sont centrées sur les processus cognitifs relatifs à la production de nouveauté, à l'imagination (pensée divergente de Guilford). Ce sont ces processus, c'est-à-dire la créativité dans un sens restreint, comme composante de la créativité dans un sens plus général, qui constituent le facteur de second ordre «fluidité verbale et idéationnelle» du modèle de Cattell et Horn.

À la suite de Guilford (1967) et de ses recherches sur la pensée divergente on distingue trois aspects dans la créativité : la fluidité proprement dite ou capacité à fournir de nombreuses réponses, la flexibilité ou capacité à fournir de nombreuses catégories de réponses et l'originalité ou capacité à fournir des réponses peu fréquentes. La fluidité peut se manifester dans le domaine verbal (par exemple trouver le plus de mots possibles commençant par une lettre donnée – c'est l'aptitude primaire *W* de Thurstone), par des associations (trouver des similitudes entre éléments), par des idées (énumérer les conséquences possibles d'un changement, les usages possibles d'un objet), par la facilité d'expression. À partir de ces notions des tests de créativité ont été construits. Les plus intéressants d'entre eux concernent la fluidité idéationnelle et associative qui se manifeste notamment dans la capacité à produire des analogies et des métaphores, ce sont les plus saturés dans le facteur de second ordre de Horn et Cattell.

La créativité est en corrélation assez forte avec les tests d'intelligence qui combinent intelligence fluide et intelligence cristallisée (c'est le cas des tests de quotient intellectuel). Mais cette corrélation n'est pas de même force lorsqu'on la calcule chez des groupes de sujets différents par leur niveau intellectuel, en d'autres termes elle n'est pas linéaire (figure 2.7, p. 54). Chez les sujets ayant un QI inférieur à 120 la corrélation intelligence-créativité est de l'ordre .50-.60 alors qu'elle est seulement .10-.20 chez ceux qui ont un QI supérieur à 120. On interprète ces résultats en considérant que l'intelligence est une condition nécessaire mais non suffisante de la créativité. À partir d'un certain niveau intellectuel la créativité cesse de dépendre de l'intelligence.

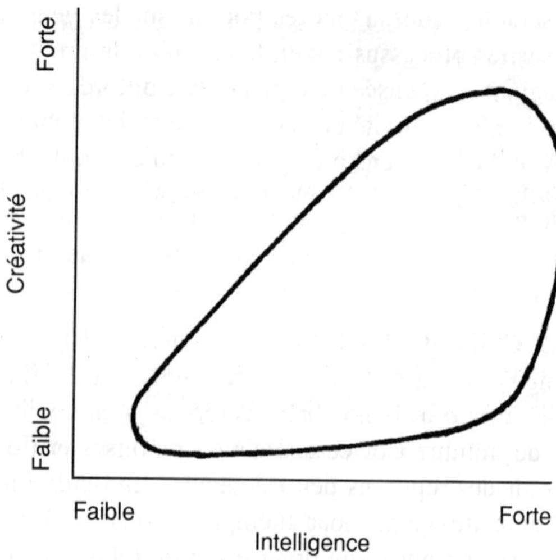

Figure 2.7.
Corrélation entre créativité et intelligence.

1.2.5. Intelligence sociale et intelligence pratique

Les formes d'intelligence qui viennent d'être présentées peuvent être qualifiées, à des titres divers, d'abstraites dans la mesure où elles portent sur la manipulation de signes et de symboles. Il existe d'autres formes d'intelligence, plus concrètes, qui concernent les relations avec autrui (intelligence sociale) et la résolution des problèmes pratiques (intelligence pratique).

L'intelligence sociale se manifeste dans les situations de la vie quotidienne où l'on interagit avec les autres. Elle est constituée d'une série de compétences qui permettent la compréhension d'autrui et l'élaboration de conduites efficaces dans les situations sociales. Les sujets ayant une bonne intelligence sociale sont particulièrement sensibles aux stimuli verbaux et non verbaux susceptibles de renseigner sur les états mentaux, les émotions et les intentions d'autrui. Ils sont aussi capables d'utiliser les informations ainsi recueillies pour agir en tenant compte d'autrui (aider à résoudre des conflits, faire progresser un groupe dans la compréhension d'un problème…) ou sur autrui (exercer une influence, convaincre, manipuler…). Cette intelligence sociale se manifeste le plus souvent dans des contextes spécifiques et l'idée d'une intelligence sociale générale est assez peu fondée. L'intelligence sociale est un savoir-faire rarement explicité (de Bonis et Huteau, 1995).

La mesure de l'intelligence sociale au moyen de tests pose des problèmes délicats. En simulant la situation sociale, au moyen de dessins, de photographies, de films, on risque de lui faire perdre son caractère essentiel, à savoir la présence physique d'autrui. Cette mesure est nécessairement partielle puisqu'elle est relative à la situation et aux processus choisis. Il existe cependant d'assez nombreux tests d'intelligence sociale. On a reproduit figure 2.8 (p. 56) un item de l'un de ces tests où il s'agit de comprendre la signification d'une situation à partir des motivations que l'on peut raisonnablement supposer chez les acteurs.

L'intelligence pratique a deux caractères communs avec l'intelligence sociale. Elle se manifeste dans des classes de situations particulières et non d'une manière très générale. Elle est aussi une intelligence en acte qui, du point de vue du sujet, relève de l'intuition. Les tentatives de définition et d'évaluation de l'intelligence pratique se sont développées dans plusieurs directions. On a cherché à savoir à quel degré les sujets possédaient des compétences utiles dans la vie quotidienne, comme lire une carte, comprendre un mode d'emploi, ou encore utiliser les transports en commun. On a aussi cherché à simuler les situations dans lesquelles se manifestent l'astuce et la débrouillardise du bon bricoleur, ou le sens de l'opportunité et l'esprit de décision du bon manager… La grande diversité de ces exemples montre non seulement que l'intelligence pratique peut prendre des formes très diverses, mais aussi qu'elle repose dans chaque cas sur des connaissances ayant une forte spécificité.

2. LES STYLES COGNITIFS

Au cours des travaux de psychologie générale on a mis en évidence des différences individuelles dans la manière de percevoir, de mémoriser, de résoudre des problèmes. Ces différences sont appelées styles cognitifs (Huteau, 1985*b*). Les styles cognitifs ressemblent aux aptitudes mais s'en distinguent par plusieurs caractères : ils décrivent l'activité mentale par sa forme plutôt que par son contenu, qualitativement plutôt que quantitativement. Ces styles cognitifs permettent aussi de comprendre des diffé-

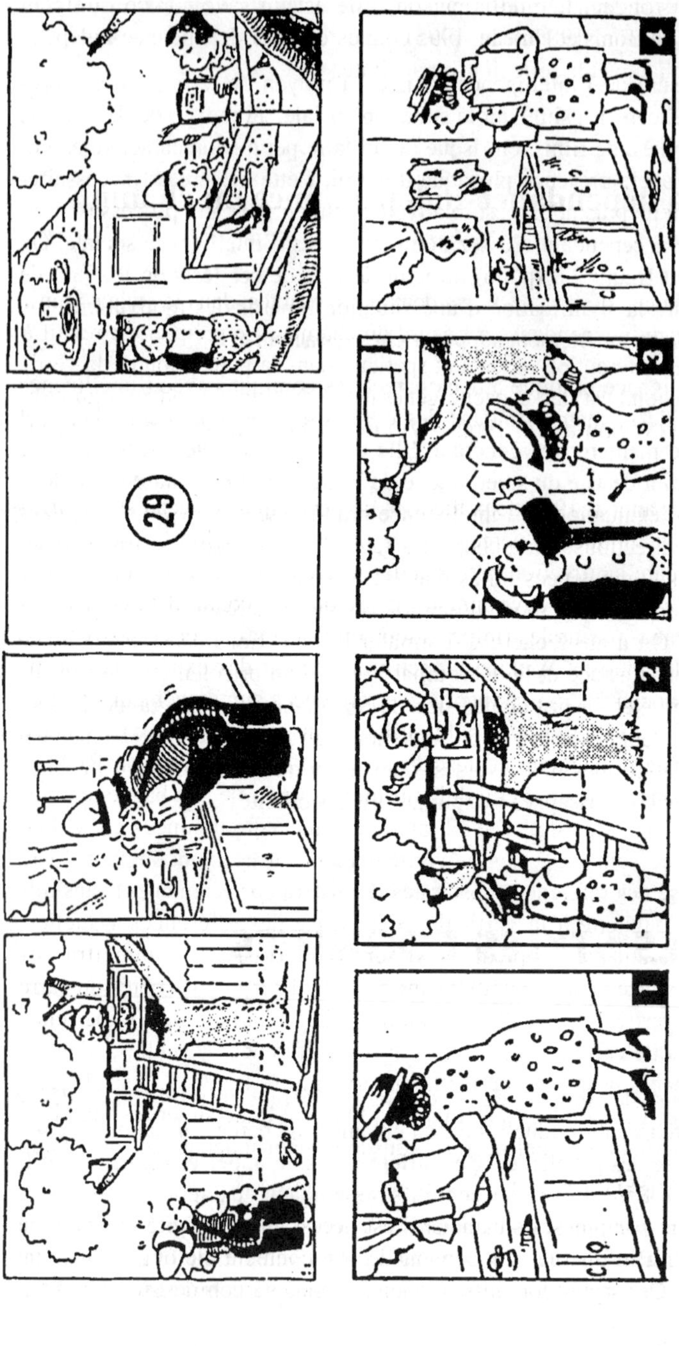

Il faut choisir le dessin manquant parmi les quatre proposés (en dessous). Lorsque le bon dessin est choisi le sens de l'histoire apparaît et les sentiments et pensées des personnages sont appropriés.

Figure 2.8.
Item d'un test d'intelligence sociale (d'après de Mille *et al.*, 1977).

rences dans le domaine de la personnalité. Il existe de nombreux styles cognitifs (Huteau, 1985*a*), les plus connus étant la dépendance-indépendance du champ et la réflexion-impulsivité.

2.1. La dépendance-indépendance du champ

On distingue deux aspects, ou deux composantes, dans le style cognitif «dépendance-indépendance à l'égard du champ». Le premier est relatif à l'usage des référentiels visuels et spatiaux dans la perception de la verticale. Le second est une capacité générale de déstructuration-structuration perceptive (Witkin *et al.*, 1962 ; Witkin et Goodenough, 1981 ; Huteau, 1987).

Dans les années 1940 deux théories proposaient des mécanismes différents pour expliquer la perception de la verticale. Selon la première le sujet compare la direction perçue à des références visuelles (verticales et horizontales de notre environnement). Selon la seconde il la compare à des références posturales (informations proprioceptives et en provenance de l'oreille interne). Witkin et Asch imaginèrent des expériences destinées à dissocier les deux systèmes de références simultanément présents dans les conditions de vie habituelles. Dans une de ces expériences, l'épreuve de la baguette et du cadre (*Rod and Frame Test* ou RFT) le sujet est dans l'obscurité et il doit ajuster à la verticale une baguette lumineuse. La baguette est placée à l'intérieur d'un cadre lumineux carré dont les côtés ne sont pas orientés verticalement ou horizontalement. Si le sujet utilise des références posturales il ajustera correctement et sans difficulté la baguette à la verticale. S'il utilise des références visuelles, celles-ci ayant été supprimées, il sera embarrassé et commettra des erreurs d'ajustement (il aura tendance à considérer que les côtés du carré sont des verticales et des horizontales). Les résultats de l'expérience montrent que certains sujets utilisent des références visuelles, d'autres des références posturales et que la majorité utilise les deux types de références avec des pondérations diverses. On peut donc situer les individus sur un continuum visuel-postural, ou dépendant-indépendant du champ perceptif visuel.

Dans de nombreuses situations il est nécessaire d'adopter une attitude analytique afin d'isoler un élément de son contexte, de déstructurer un ensemble qui apparaît fortement organisé. Certains sujets déstructurent facilement, ce sont aussi ceux qui imposent une structure à un champ perceptif informe, ils sont dits «indépendants du champ perceptif» ; pour d'autres la structure est très prégnante et ils éprouvent des difficultés à la briser, ce sont aussi ceux qui laissent un champ perceptif informe en l'état, ils sont dits «dépendants du champ perceptif». L'ensemble des sujets d'un groupe non sélectionné se distribue régulièrement entre ces deux pôles. Cette dépendance du champ, tout comme celle qui se manifeste dans le perception de la verticale n'est pas limitée à la perception visuelle. L'attitude analytique qui caractérise les sujets indépendants est notamment sollicitée dans les épreuves de figures intriquées *(Embedded Figures Test,* ou EFT) où un dessin géométrique se structure perceptivement de telle sorte que certains de ces éléments ne sont pas perçus (figure 2.9). Ces épreuves sont réussies aisément par les sujets indépendants du champ tandis que les sujets plutôt dépendants ont besoin de davantage de temps et souvent même échouent.

Il faut découvrir dans la figure complexe l'élément simple indiqué au-dessus.

Figure 2.9.
Exemple d'item d'une épreuve de figures intriquées (Witkin *et al.*, 1971).

Les sujets qui utilisent des références visuelles dans la perception de la verticale ont fréquemment de faibles capacités de déstructuration, tandis que ceux qui utilisent des références posturales en ont de bien meilleures. On peut donc considérer qu'une même dimension est sous-jacente aux situations qui viennent d'être évoquées. La dépendance-indépendance du champ est liée à l'intelligence, très faiblement à l'intelligence cristallisée, notablement à l'intelligence fluide. Elle est aussi nettement associée au facteur de visualisation de Cattell et Horn.

Définir dans le domaine perceptif la dépendance-indépendance du champ permet de comprendre de nombreux phénomènes de variabilité dans l'ensemble du domaine cognitif. En voici quelques exemples :

- Dans les apprentissages de listes de mots les sujets indépendants du champ utilisent plus fréquemment la stratégie consistant à grouper les mots en catégories significatives, ceci explique leurs meilleures performances à partir d'un certain niveau de complexité de la tâche.

- Les sujets indépendants du champ utilisent plus fréquemment que les dépendants leurs connaissances antérieures pour structurer le matériel à mémoriser. Spiro et Tirre (1980) présentent à leurs sujets un texte contenant des mots relatifs à la nourriture qui devront être ensuite rappelés. Dans une première situation expérimentale le texte raconte une histoire qui se déroule au restaurant et les items relatifs à la nourriture apparaissent dans l'ordre habituel des menus. Dans une seconde situation on utilise un texte ayant les mêmes propriétés et les mêmes items relatifs à la nourriture dans le même ordre, mais l'histoire se déroule dans un supermarché. La mémorisation est meilleure dans la première situation (utilisation des connaissances relatives à l'ordre des plats, ou au *script* du restaurant), mais ceci est surtout vrai pour les sujets indépendants du champ (figure 2.10, p. 60).

- Dans beaucoup de problèmes d'intelligence pratique où il faut utiliser un objet de manière inhabituelle (utiliser par exemple des boîtes pour faire des étagères ou des tables de logarithmes pour caler un meuble) les sujets indépendants manifestent une plus grande flexibilité mentale.

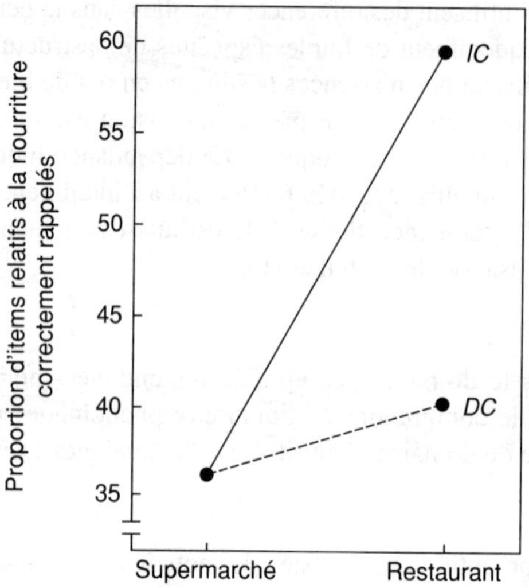

Figure 2.10.
Rappel d'items relatifs à la nourriture en fonction de la dépendance-indépendance du champ (IC et DC) et de la présence (restaurant) ou non (supermarché) d'un contexte (Spiro et Tirre, 1980).

2.2. La réflexion-impulsivité

Lorsque, face à un problème, une décision est à prendre, deux attitudes sont possibles. La première consiste à différer sa réponse afin que celle-ci soit de meilleure qualité, c'est l'attitude réfléchie. La seconde consiste à répondre rapidement, au risque de fournir une réponse médiocre, c'est l'attitude impulsive. L'ensemble des sujets peut être situé, de manière stable, sur un continuum de réflexion-impulsivité (ou de tempo conceptuel) défini par ces deux pôles (Kagan *et al.*, 1964 ; Messer, 1976). Pour objectiver cette dimension on utilise habituellement une épreuve d'exploration perceptive, le test d'appariement des figures perceptives (*Matching Familar Figures Test* ou MFFT). Dans chaque item, le sujet doit décider lequel des six dessins voisins représentant un objet familier est identique à un modèle (figure 2.11). Les conséquences de l'attitude réfléchie sont

Figure 2.11.
Exemple d'item du MFFT.

un temps de réponse long et un nombre d'erreurs faibles, celles de l'attitude impulsive un temps de réponse bref et un nombre d'erreurs élevé. On observe en fait des corrélations de l'ordre de -.60 entre la vitesse et la précision (ce sont en général les plus lents qui sont les plus précis). Les scores de vitesse et de précision peuvent être combinés en un score unique (par exemple, après normalisation, afin de donner le même poids à chacun d'eux, en soustrayant le score de précision de celui de vitesse). On peut aussi, en choisissant une option typologique, considérer que les sujets impulsifs doivent être à la fois rapides et peu précis et les sujets réfléchis à la fois lents et précis. Dans ce cas, la corrélation vitesse-précision n'étant pas parfaite, une partie de la population échappe à la typologie (les sujets rapides et précis, et les sujets lents et peu précis).

Les différences individuelles mises en évidence dans le domaine perceptif se retrouvent dans de très nombreuses situations où se pose un problème de décision : description d'un objet ambigu, questionnement afin de recueillir des informations, évaluation de sa réussite scolaire, description de soi… Dans les activités intellectuelles les sujets réfléchis utilisent plus fréquemment que les impulsifs des stratégies analytiques et systématiques. Différant leur réponse, ils construisent généralement une représentation plus fine de la situation-problème. Tout ceci les conduits à avoir une efficience cognitive supérieure à celle des sujets plutôt impulsifs et à acquérir plus rapidement des connaissances.

Aux différences de styles cognitifs sont associées des différences de personnalité (*cf.* Huteau, 1985*a*).

3. LES ÉCHELLES D'INTELLIGENCE

Essentiellement à des fins pratiques (diagnostic psychologique) on a construit des échelles destinées à évaluer l'intelligence des enfants et des adultes. Ces échelles sont appliquées individuellement. Les auteurs de ces échelles considèrent généralement que l'intelligence est constituée d'un ensemble de fonctions ou de processus cognitifs qui agissent de manière coordonnée. D'où deux propriétés de leurs échelles :

– elles sont constituées d'épreuves variées visant précisément à couvrir l'ensemble des processus définissant l'intelligence. À partir de chacune de ces épreuves il est possible de caractériser le sujet par un profil ;

– elles permettent de calculer un score unique résumant l'efficience du sujet. (On considère de plus en plus fréquemment que ce score unique est un résumé trop brutal des capacités du sujet et les échelles les plus récentes conduisent à plusieurs scores.)

3.1. L'échelle métrique de l'intelligence de Binet et Simon et ses dérivés

En 1905, Binet et Simon présentent la première version de leur «échelle métrique de l'intelligence» destinée à repérer dans les écoles les élèves échouant pour une insuffisance intellectuelle légère (débilité mentale) et susceptibles de bénéficier d'un enseignement spécial. L'échelle sera remaniée par Binet et Simon en 1908 et 1911, puis par Zazzo *et al.* en 1966 (*Nouvelle Échelle Métrique de l'Intelligence).* Aux États-Unis plusieurs adaptations du Binet-Simon furent réalisées. La plus connue est le *Stanford-Binet* présentée par Lewis Terman en 1916 et révisée à de nombreuses reprises.

Binet fut le premier à rompre avec les tentatives associationnistes de mesure de l'intelligence à partir des processus élémentaires (acuité sensorielle, temps de réaction, etc.). Il considérait que l'intelligence devait être appréhendée à travers des processus supérieurs comme la mémoire, la faculté de comprendre, l'imagination ou les sentiments esthétiques.

Binet caractérise la déficience intellectuelle par un retard de développement. Ceci le conduit à choisir des épreuves représentatives d'un âge, c'est-à-dire réussies par la majorité des enfants à partir de cet âge (voir au tableau 2.2 les épreuves correspondant aux âges de 5 ans et 12 ans de l'échelle de 1908) et à proposer la notion d'âge mental (en 1908). L'âge mental permet de situer les performances d'un enfant en référence aux performances moyennes d'échantillons représentatifs d'enfants d'âges différents. Un enfant de 10 ans qui réussit aussi bien que l'enfant moyen de 12 ans a 12 ans d'âge mental.

5 ans	12 ans
– comparer deux boîtes de poids différents, – copier un carré, – répéter une phrase de 10 syllabes, – compter 4 sous simples, – recomposer un jeu de patience en 2 morceaux.	– répéter 7 chiffres, – trouver 3 rimes, – répéter une phrase de 26 syllabes, – interpréter des gravures.

Tableau 2.2.
Épreuves du Binet-Simon pour 5 ans et 12 ans (Binet, 1908).

Binet, mort en 1911, n'a jamais calculé de quotient intellectuel. La notion de QI a été présentée en 1913 par W. Stern et popularisée par Terman dans l'adaptation américaine du Binet-Simon. Le QI est le rapport entre l'âge mental et l'âge chronologique (multiplié par 100 pour éviter les décimales). L'enfant de 10 ans qui a 12 ans d'âge mental a un QI de (12:10) x 100 = 120. Ainsi défini le QI est un indice de développement qui évalue l'avance et le retard.

La dernière version américaine du Stanford-Binet (1986) ne ressemble plus beaucoup à l'échelle originale mais bien plus aux échelles de Wechsler (*cf.* p. 64 *sq*). Les épreuves ne sont plus représentatives d'un âge, on adopte le QI «standard» et on calcule quatre QI : raisonnement verbal et raisonnement sur données numériques (qui constituent deux aspects de l'intelligence cristallisée), raisonnement sur matériel non verbal et mémoire à court terme (qui constituent deux aspects de l'intelligence fluide).

3.2. Les échelles d'intelligence de Wechsler

Le psychologue américain David Wechsler présente sa première échelle d'intelligence pour adultes en 1939. Celle-ci fut révisée une première fois en 1955, puis une seconde en 1981. C'est la WAIS-R (*Wechsler Adult Intelligence Scale Revised*). Sur les mêmes principes Wechsler a également construit des échelles d'intelligence pour enfants, le WISC *(Wechsler Intelligence Scale for Children)* pour les 5-15 ans (cf. Grégoire, 1992) et le WPPSI (*Wechsler Preschool and Primary Scale of Intelligence*) pour les 3-7 ans.

Comme Binet, Wechsler considère que l'intelligence doit être évaluée par un ensemble de processus, mais son échelle se distingue de celle de Binet et Simon sur deux points importants (Wechsler, 1956) :

- les épreuves ne sont plus représentatives d'un âge mais ce sont des sous-tests constitués d'items de difficulté graduée. Les acquisitions d'un âge à l'autre ne se manifestent plus par l'apparition de nouvelles conduites, mais par des réussites dans des problèmes plus difficiles de même nature ;
- Wechsler abandonne la notion d'âge mental et donne une nouvelle définition du QI. Le QI de type Stern, ou QI de développement présente deux inconvénients : il n'a guère de sens chez des adultes et sa signification varie d'un âge à l'autre dans la mesure où à un même QI peuvent correspondre des classements sensiblement différents (un sujet ayant un QI de 80 peut très bien être classé 95e sur 100 à un âge et 75e sur 100 à un autre âge). Le QI de type Wechsler ou QI Standard, n'a plus rien à voir avec un quotient. Il indique simplement le rang du sujet. On a convenu de donner à l'indice d'efficience générale une distribution gaussienne, de moyenne 100 et d'écart-type 15, et d'appeler cet indice QI. Si un sujet a un QI de 120 cela signifie – quel que soit son âge, qu'il soit enfant ou adulte –, qu'il se situe à 1,33 écart-type au-dessus de la moyenne (20 : 15), ou, en d'autres

termes (et après lecture d'une table de la loi normale réduite), qu'il se classe à peu près dixième sur 100 parmi les sujets de son groupe d'âge.

La WAIS-R est constituée de onze sous-tests : six sous-tests verbaux et cinq sous-tests de performance dans lesquels la réponse n'est pas donnée sous forme verbale (tableau 2.3). On peut calculer un QI verbal, un QI de performance et un QI total.

Échelle verbale	• Information	• Vingt-neuf items portant sur des connaissances générales.
	• Mémoire immédiate	• Le sujet doit répéter des chiffres dans l'ordre de présentation et dans l'ordre inverse (3 à 10 chiffres).
	• Vocabulaire	• Définition de mots (il y en a 35).
	• Arithmétique	• Quatorze petits problèmes pouvant être résolus de tête.
	• Compréhension	• Quinze questions portant sur les comportements qu'il est souhaitable d'adopter dans diverses situations.
	• Similarités	• Indiquer en quoi deux choses se ressemblent (14 items).
Échelle de performance	• Complément d'images	• Le sujet doit indiquer ce qui manque sur des images (20 images).
	• Arrangement d'images	• Chaque item est constitué de six cartes racontant une histoire et présentées en désordre : les cartes doivent être remises dans le bon ordre (10 items).
	• Cubes	• Le sujet dispose de cubes ayant des faces rouges, des faces blanches et des faces rouges d'un côté d'une diagonale et blanches de l'autre. À l'aide de ces cubes il doit reproduire des dessins (9 items).
	• Assemblage d'objets	• Il s'agit de reconstituer des figures découpées à partir de leurs morceaux (3 items).
	• Code	• Le sujet dispose d'un code associant des chiffres et des symboles. Il doit écrire le plus rapidement possible les symboles correspondant à une série de chiffres.

Tableau 2.3.
Les sous-tests de la WAIS-R (Wechsler, 1989).

Les analyses factorielles réalisées sur les matrices de corrélation entre les sous-tests de la WAIS (par exemple, Parker, 1983) ont montré l'existence d'un fort facteur général, ce qui justifie le calcul du QI global (en d'autres termes les corrélations entre les sous-tests sont assez fortes). On observe, par exemple, dans le groupe des 25-34 ans une corrélation de .49 entre le vocabulaire et la mémoire des chiffres, de .53 entre le code et la compréhension, de .48 entre l'arrangement d'images et l'arithmétique. Elles ont aussi montré que si la distinction verbal/performance posée *a priori* avait une certaine validité, il était plus pertinent de distinguer trois grands facteurs de groupes :

- compréhension verbale qui sature fortement vocabulaire, information, compréhension et similarités ;
- organisation perceptive analytique (cubes, assemblage d'objets, complément d'images) ;
- attention (arithmétique, mémoire immédiate).

Les corrélations entre les échelles de Wechsler et le Binet-Simon sont élevées (de l'ordre de .80).

3.3. La batterie de Kaufman

Voulant construire une épreuve destinée aux mêmes usages que le WISC, mais mieux fondée théoriquement, notamment sur des bases neuropsychologiques, Kaufman et Kaufman (1982) construisirent le K.ABC (*Kaufman Assessment Battery for Children).*

Destiné à être appliqué à des enfants de 2 ans et demi à 12 ans et demi le K.ABC comporte seize sous-tests. Ces sous-tests, dont plusieurs sont repris du WISC, sont regroupés en trois classes :

- certains visent à évaluer l'efficience dans le *traitement séquentiel de l'information,* c'est-à-dire lorsque les problèmes doivent être résolus pas à pas, par étapes. Exemples d'épreuves de l'échelle de processus séquentiels : l'enfant doit reproduire une série de positions des mains présentée par l'examinateur, la mémoire immédiate des chiffres. Les processus séquentiels sont principalement pris en charge par l'hémisphère gauche ;
- d'autres sous-tests visent à évaluer l'efficience dans le *traitement simultané de l'information*, c'est-à-dire lorsque des informations différentes doivent être intégrées. Exemples : le sous-test reconnaissance des personnes où l'enfant doit reconnaître dans une photo de groupe un ou deux visages qui lui ont été brièvement présentés auparavant, les matrices progressives. Les processus simultanés sont principalement pris en charge par l'hémisphère droit ;

– d'autres sous-tests enfin portent sur des connaissances (vocabulaire, reconnaissance de personnages ou de lieux significatifs dans la culture du sujet, compréhension de lecture).

Le K.ABC permet de calculer cinq scores (scores normalisés de moyenne 100 et d'écart-type 15) :

– processus séquentiels,
– processus simultanés,
– processus séquentiels et simultanés, ou intelligence fluide,
– connaissances, ou intelligence cristallisée,
– performance (épreuves non verbales).

Au cours de l'histoire des échelles d'intelligence on est passé de conceptions fortement unitaires dans lesquelles l'intelligence tendait à être réduite à une dimension unique, à des conceptions pluralistes où l'on admet le caractère pluridimensionnel de l'intelligence.

4. DIFFÉRENCES INDIVIDUELLES ET CHANGEMENTS

4.1. La différenciation des aptitudes avec l'âge

Lorsque les sujets sont caractérisés simultanément sur plusieurs dimensions on peut définir *le degré de différenciation* de leurs aptitudes. Les sujets qui se situent à peu près de la même manière par rapport aux autres sur les diverses dimensions sont dits peu différenciés. En d'autres termes le profil de leurs aptitudes est à peu près plat, ou encore la variabilité intra-individuelle de leurs performances est faible. Dans le cas contraire, les sujets qui se situent sensiblement différemment sur les diverses dimensions sont dits bien différenciés.

De nombreuses théories psychologiques décrivent le développement comme un processus de différenciation intra-individuelle, ou de spécialisation. Chez les jeunes enfants les réussites dans les divers secteurs de l'intelligence seraient fortement associées. Puis, vers la fin de l'enfance et à l'adolescence, elles le seraient moins et il deviendrait alors possible de caractériser le sujet par des points forts et des points faibles. (Plus tard, au moment de la vieillesse, il y aurait à nouveau une relative indifférenciation.) S'il en va bien ainsi on doit observer une diminution de la force moyenne des corrélations entre aptitudes différentes, et donc une diminution du poids du facteur général, lorsque l'âge augmente.

On observe généralement un tel phénomène (Baltes *et al.*, 1970). Le fait que la corrélation entre l'intelligence fluide et l'intelligence cristallisée soit plus forte chez les enfants que chez les adultes témoigne de cette différenciation.

Mais la différenciation n'est pas un processus continu. Les phases de différenciation, qui conduisent à une augmentation de la variabilité intra-individuelle, sont suivies de phases d'intégration qui, elles, conduisent souvent à une réduction de cette variabilité. L'intégration peut prendre la forme d'une détermination des performances par une seule aptitude ou celle d'une coordination étroite de plusieurs aptitudes. Aussi, observe-t-on parfois, lorsque les différences d'âge sont faibles, une moindre différenciation chez les sujets plus âgés. Anh Nguyen Xuan (1969), par exemple, applique une batterie de quinze tests correspondant aux aptitudes primaires à des élèves de collèges, elle observe une corrélation moyenne entre les épreuves de .28 en cinquième, .24 en quatrième et .30 en troisième.

4.2. La stabilité des différences individuelles

L'efficience cognitive augmente avec l'âge au cours de l'enfance et de l'adolescence. Par la suite, nous l'avons noté (*cf.* paragraphe 1.2.3., p. 51), elle reste stable ou continue à s'élever légèrement pour certaines aptitudes, tandis qu'elle diminue pour d'autres. Est-ce que, au cours de ces changements, les différences entre individus se maintiennent ?

Pour répondre à cette question on doit appliquer les mêmes épreuves (ou des épreuves parallèles) aux mêmes sujets à des moments différents. C. Chiland (1971) a appliqué le Binet-Simon à 59 élèves de cours préparatoire, puis, cinq ans plus tard, la NEMI alors que ces mêmes élèves étaient au CM2. À chaque passation chaque élève est caractérisé par un QI (de développement). De l'examen de ses résultats on peut tirer deux conclusions qui valent pour toutes les études de ce type :

- d'une passation à l'autre il y a des écarts de QI sensibles : pour 9 élèves l'écart entre les deux passations est supérieur à 15 points, pour 29 il est compris entre 6 et 15 points, pour 21 il est inférieur à 6 points ;
- la corrélation entre les deux passations est élevée : .79.

Ces deux conclusions ne sont pas contradictoires : les écarts de performance relevés sont tout à fait compatibles avec une assez bonne stabilité des classements.

Cette stabilité relative de l'efficience intellectuelle se met en place progressivement. Pendant les deux premières années les mesures de précocité ou de retard du développement (il s'agit alors essentiellement du développement psychomoteur) sont peu stables au-delà de quelques mois. Si les mesures réalisées entre 1 et 3 mois corrèlent à .52 avec celles réalisées entre 4 et 6 mois, elles ne corrèlent plus qu'à .29, .08 et -.04 avec celles réalisées à 7-12 mois, 13-18 mois et 19-24 mois (Mc Call *et al.*, 1979). Par contre elles deviennent stables par la suite (coefficients de l'ordre de .80 à partir de 4-5 ans). Dans une étude longitudinale entreprise en 1928, N. Bayley a observé un groupe d'enfants à trente-huit reprises entre 0 et 18 ans. Quelques uns d'entre eux furent à nouveau

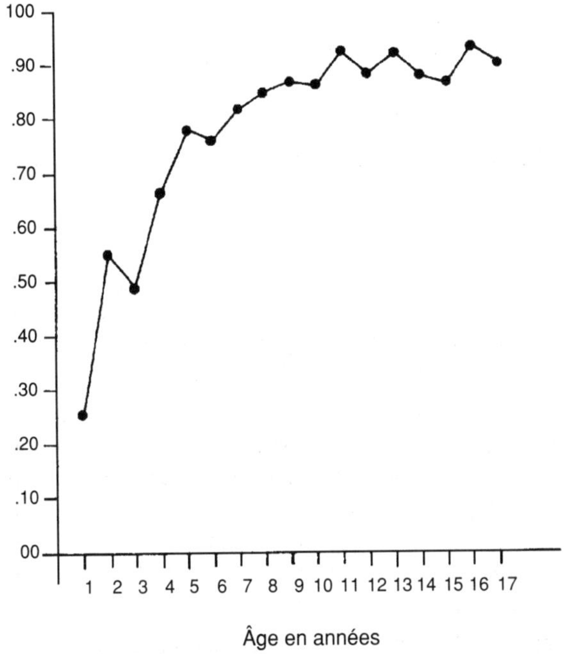

Figure 2.12.
Corrélations entre les QI obtenus à 18 ans et les QI obtenus à divers âges de l'enfance et de l'adolescence (d'après Bayley, 1970).

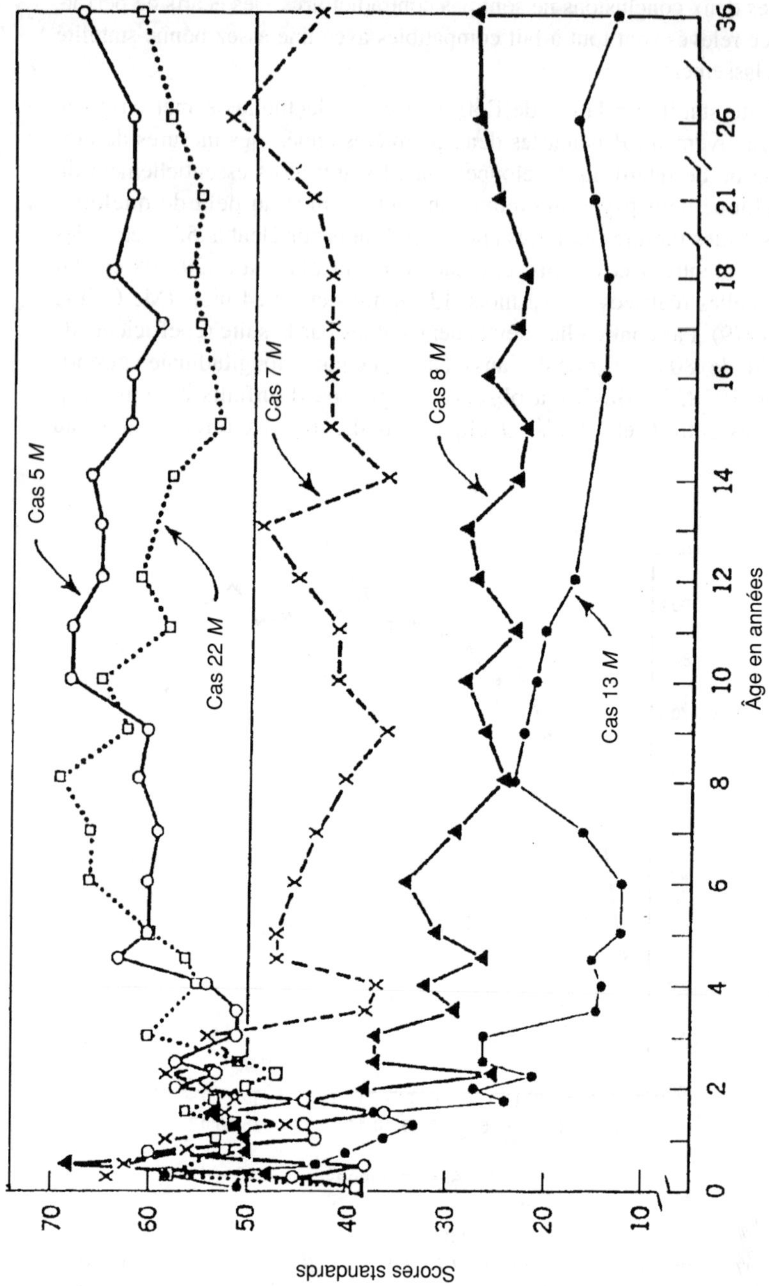

Les QI ont été transformés en scores standards de moyenne 50 et d'écart-type 10.

Figure 2.12

observés entre 18 et 36 ans. Dés 4-5 ans on observe une corrélation élevée (.66 et .78) entre le QI alors observé et celui qui sera observé à 18 ans (figure 2.12, p. 69). Cette stabilité apparaît bien sur les cinq courbes de développement individuelles représentées sur la figure 2.13 (p. 70). Sur ces courbes on voit que la position des sujets à 21, 26 et 36 ans est à peu près ce qu'elle était à 18 ans.

La bonne stabilité des classements au niveau du groupe n'est pas incompatible avec des profils d'évolution de forme variable. McCall *et al.* (1973) ont mis en évidence cinq types de profils d'évolution entre 3 et 17 ans. Ces profils traduisent des différences dans le rythme du développement (figure 2.14). Les sujets ayant le profil 1 voient leur QI s'élever légèrement ; ceux ayant le profil 2 ont un QI qui baisse jusqu'à 6 ans, remonte ensuite et baisse à nouveau à partir de 14 ans ; ceux ayant le profil 3 ont un QI qui baisse jusqu'à 6 ans, se stabilise et remonte à partir de 14 ans ; ceux qui ont le profil 4, et c'est vrai aussi à un moindre degré pour le profil 5, voient leur QI s'élever jusqu'à 10-11 ans pour baisser ensuite.

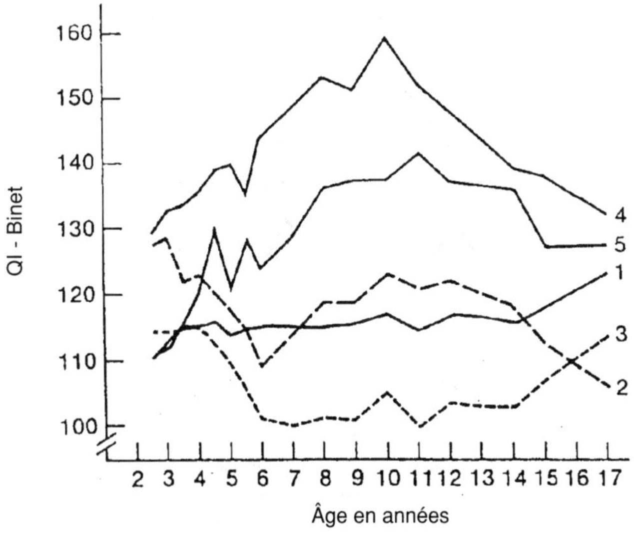

Les QI ont été transformés afin que la moyenne soit la même à tous les âges.

Figure 2.14.
Patrons d'évolution du QI (QI-développement) de 2 à 17 ans
(McCall *et al.*, 1973).

4.3. Les effets de génération

Dans la plupart des pays industrialisés on procède à des applications de tests sur des échantillons représentatifs de la population depuis plus de cinquante ans. On dispose donc de données permettant l'étude de l'évolution du niveau moyen des performances intellectuelles.

En 1944, lors d'une enquête nationale, un test d'intelligence, le test mosaïque de Gille, a été appliqué à un échantillon représentatif des écoliers français (exemples d'item du test : indiquer sur des dessins des objets nommés, regrouper des objets qui vont ensemble, repérer la partie manquante dans un objet, remettre dans l'ordre des images racontant une

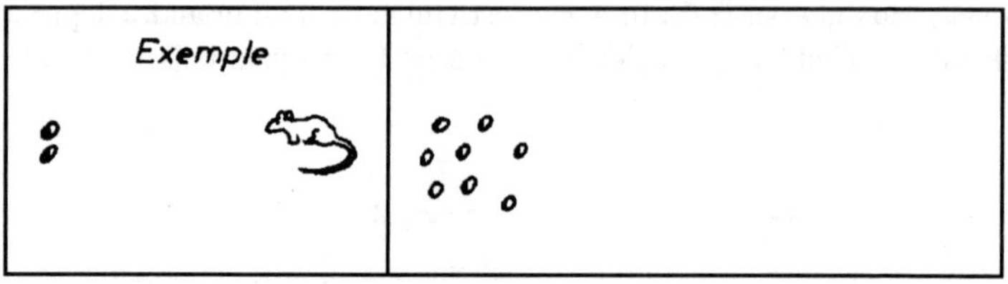

Item 41 : Une souris mange deux grains de blé. Combien faudra-t-il de souris pour manger les grains de blé représentés ?
– pourcentage de bonnes réponses en 1944 : 27,7 ;
– pourcentage de bonnes réponses en 1984 : 50,2.

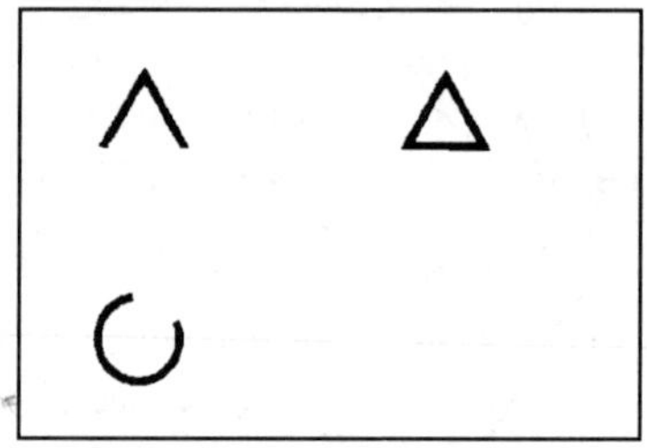

Item 60 : En regardant la rangée du haut il faut trouver ce qui manque dans la rangée du bas et le dessiner (dernier item d'une série de quatre de difficulté croissante).
– pourcentage de bonnes réponses en 1944 : 10,5 ;
– pourcentage de bonnes réponses en 1984 : 67,8.

Figure 2.15.
Deux items du test mosaïque de Gille.

histoire). Le même test a été appliqué à des écoliers de 8 ans en 1984 (Flieller, 1986). Les écoliers de 1984 réussissent nettement mieux : l'enfant de 8 ans de 1984 réussit en moyenne comme l'enfant de 12 ans de 1944 ; 5 % seulement des enfants de 1944 dépassent la moyenne de ceux de 1984. Cette progression est plus marquée lorsque les problèmes posés sont éloignés des exercices scolaires. Deux items du test sont présentés figure 2.15 (p. 72) avec le pourcentage de bonnes réponses en 1944 et en 1984.

Les applications régulières de tests aux conscrits montrent également un progrès très marqué des performances. Dans un test de matrices 89 % des conscrits dépassent en 1974 le score dépassé par seulement 3 % d'entre eux en 1947 ; ils ne sont plus que 3,5 % en 1974 à ne pas atteindre le score que n'atteignait pas 30 % des conscrits en 1947. Bien que plus faible ; la progression observée est également très nette dans des épreuves verbale, de raisonnement mathématique et d'attention (Baudelot et Establet, 1988).

Des résultats de ce type sont très régulièrement observés. Dans une synthèse portant sur les données disponibles dans quatorze pays, Flynn (1987) estime que le gain par génération est de 4 à 25 points de QI.

Ces changements s'expliquent pour une part par des changements dans le mode de vie : amélioration des conditions d'existence, urbanisation, progrès de la préscolarisation et de la scolarisation (pour les adolescents et les adultes), amélioration de la qualité de l'enseignement, généralisation de pratiques éducatives familiales favorables au développement intellectuel (Flieller *et al.*, 1994). Mais ils ne témoignent pas de progrès dans l'efficience cognitive aussi forts qu'il y paraît. En effet, les petits problèmes posés dans les tests sont beaucoup moins nouveaux aujourd'hui qu'ils l'étaient il y a quelques décennies. Avec l'évolution des méthodes pédagogiques et le développement du marché des jeux éducatifs les problèmes de matrices, par exemple, sont devenus beaucoup plus familiers aux écoliers. Ainsi, pour une part, les progrès constatés ne correspondent pas à des progrès dans une capacité générale à résoudre des problèmes variés mais aux développements de capacités spécifiques à résoudre ces problèmes particuliers que sont les items des tests.

Ces données ont des conséquences directes pour l'étude de l'évolution des aptitudes en fonction de l'âge. Si l'on s'intéresse aux changements dans l'efficience cognitive entre 30 et 60 ans, on peut procéder à une comparaison transversale qui consiste à comparer des sujets aujourd'hui âgés de 30 ans à des sujets aujourd'hui âgés de 60 ans. Cette comparaison est ambiguë. Si l'on observe que les sujets de 60 ans réussissent moins bien, est-ce parce qu'ils ont 30 ans de plus (vieillissement biologique), ou est-ce parce qu'ils sont nés 30 ans avant, c'est-à-dire à une époque où le niveau moyen de performance était plus faible (effet de génération) ? Comme il n'est pas possible d'observer au même moment des sujets d'âges différents qui seraient nés la même année (!), il est nécessaire de procéder à des comparaisons longitudinales, c'est-à-dire de comparer les mêmes individus à des âges différents.

En procédant à de telles comparaisons on montre que les effets de l'âge sont modérés et que le déclin de l'efficience cognitive globalement évaluée (combinaison de l'intelligence fluide et de l'intelligence cristallisée) est graduel à partir d'une cinquantaine d'années.

5. LA PSYCHOLOGIE DIFFÉRENTIELLE DU TRAITEMENT DE L'INFORMATION

La psychologie du traitement de l'information se propose de décrire l'activité mentale par une séquence d'opérations s'appliquant sur des représentations afin d'atteindre le but recherché (le plus souvent la résolution d'un problème). Elle utilise abondamment la métaphore de l'ordinateur. Les modèles élaborés dans le cadre de la théorie du traitement de l'information peuvent être généraux, ils s'appliquent alors à la conduite de tous les individus, ou à celle d'un individu considéré comme moyen. Ils peuvent aussi être différentiels : les individus ne mettent pas nécessairement en œuvre les mêmes opérations dans le même ordre pour atteindre un même but ; si tel est cependant le cas, ils peuvent néanmoins différer par la rapidité et l'efficacité avec laquelle les opérations sollicitées sont appliquées. L'approche différentielle dans la psychologie du traitement de l'information sera illustrée à partir du raisonnement inductif et de la lecture.

5.1. Le raisonnement inductif

Nous avons vu que le raisonnement inductif, qui consiste à découvrir et appliquer des relations, caractérise l'intelligence fluide. Que se passe-t-il entre le moment où le sujet est mis en présence des éléments entre lesquels il doit découvrir une relation et celui où il formule sa réponse ?

Pour répondre à cette question, Robert Sternberg (1977) demande à ses sujets de résoudre des analogies du type de celles représentées figure 2.16. Ils doivent indiquer si la relation entre C et D est ou non la même que la relation entre A et B. Les sujets ont appris que les figurines pouvaient être décrites par quatre attributs à deux modalités : taille (grand-petit), corpulence (gros-mince), couleur (noir-blanc), genre (masculin-féminin). La première analogie est exacte, la seconde ne l'est pas.

Figure 2.16.
Exemples des analogies utilisées pour l'étude du raisonnement inductif (Sternberg, 1977).

Pour traiter ce genre de problèmes diverses opérations doivent *a priori* être mises en œuvre :

– encodage : analyse et mémorisation de l'information présentée (repérer par exemple, que dans la première analogie de la figure 2.16 la figurine est un homme, mince, grand et noir) ;
– inférence : découvrir la relation entre A et B (dans la première analogie de la figure 2.16. il y a changement pour le genre et la couleur, permanence pour la taille et la corpulence) ;
– homologie : examen de C à partir des attributs de A ;
– application : vérification de l'existence de la même relation entre C et D et entre A et B ;
– exécution de la réponse.

Sternberg construit *a priori* plusieurs modèles de résolution où sont spécifiées les opérations nécessaires (l'homologie n'est pas présente dans tous les modèles) et leur ordre d'apparition, et où il est indiqué si à chaque étape le sujet traite à la suite les quatre attributs, ou s'il traite seulement un attribut, passe aux étapes suivantes, puis revient ensuite en arrière pour traiter les autres attributs. La plausibilité de chacun de ces modèles est éprouvée (*cf.* Huteau, 1985*c*) et un même modèle décrit l'activité de tous les sujets observés. Celui-ci est représenté figure 2.17. Le sujet encode A, B, établit la relation entre A et B (inférence) et encode C. Jusqu'ici le traitement est exhaustif : à chaque étape tous les attributs ont été pris en considération. Par la suite les attributs vont être pris en compte successivement. Le sujet considère un attribut de C correspondant à un attribut de A (homologie) et vérifie si la relation observée entre A et B est transposable entre C et D. Si elle ne l'est pas, l'analogie est fausse. Si elle l'est, l'analogie est peut-être exacte. Le sujet examine alors un nouvel attribut de A, recherche sa correspondance avec C, et vérifie à nouveau si la relation A → B est transposable, etc. Si l'analogie n'a pas été déclarée fausse à l'issue de l'examen de tous les attributs, elle est exacte.

Dans ce type de problèmes, et plus généralement dans les analogies, qu'elles portent sur un matériel verbal ou sur un matériel géométrique, les sujets consacrent une part importante du temps de résolution à l'encodage. Environ 1,5 seconde est nécessaire, en moyenne, à la résolution des analogies du type de celles de la figure 2.16, 39 % de cette durée est consacré à l'encodage. Pour les analogies géométriques ce pourcentage dépasse 50 % pour une durée moyenne de résolution de 2,5 seconde. (Pour évaluer les durées nécessaires à la mise en œuvre des opérations on utilise une «méthode sousctractive» : on présentera par exemple l'analogie sous sa forme complète et l'analogie après encodage de A ; la différence des temps de résolution est la durée nécessaire à l'encodage de A.)

On observe généralement assez peu d'erreurs (pratiquement aucune avec les analogies de la figure 2.16 où les règles de l'encodage sont rapidement apprises) mais les sujets se différencient nettement pour la durée

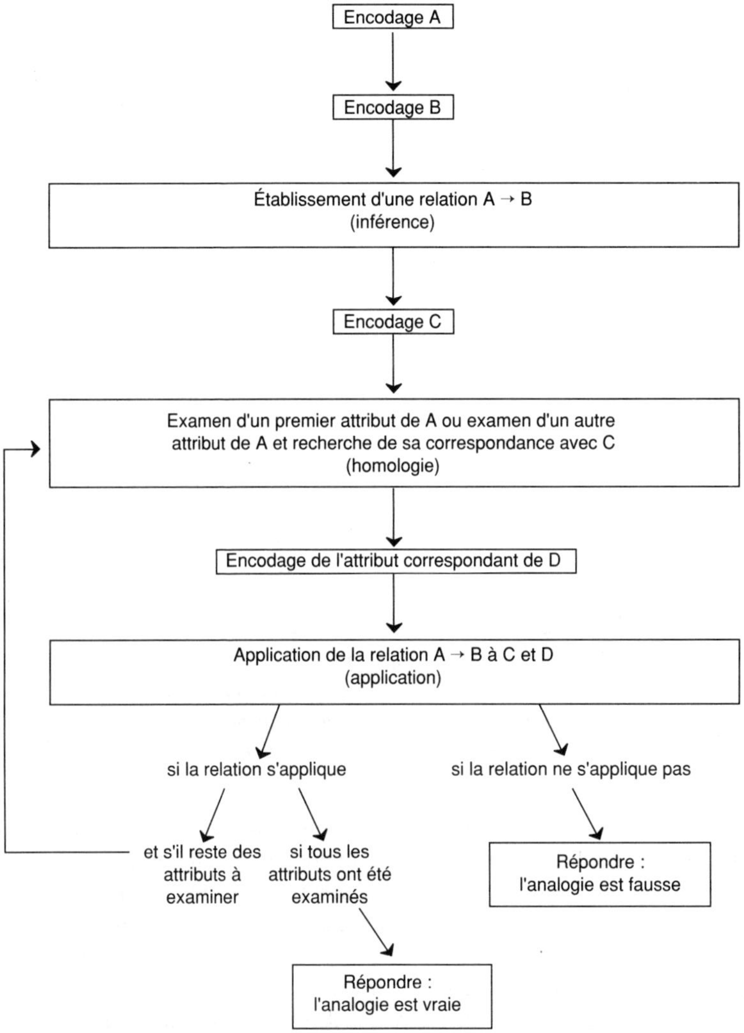

Figure 2.17.
Mode de résolution des analogies (d'après Sternberg, 1977).

nécessaire à l'exécution des opérations. Certains sont globalement plus rapides que d'autres. Mais le plus intéressant est l'absence d'un facteur général de rapidité. Les plus rapides pour l'encodage, ne le sont pas nécessairement pour les autres opérations (corrélations faibles entre les durées de l'exécution), ce sont même eux qui sont les plus lents pour l'opération exécution de la réponse (corrélation négative forte).

Quelle relation y a-t-il entre l'efficience globale en matière de raisonnement et la rapidité d'exécution des opérations élémentaires ? Les corrélations entre cette rapidité estimée dans des analogies verbales et l'efficience dans un facteur de raisonnement correspondant à l'intelligence fluide sont indiquées au tableau 2.4. Les sujets les plus efficaces en raisonnement sont ceux qui sont les plus lents en encodage. Par contre les sujets les plus efficaces en raisonnement sont les plus rapides pour toutes les autres opérations. On peut noter qu'il n'y a pas de relations marquées entre l'efficience dans le facteur vitesse de perception et la rapidité d'exécution des opérations élémentaires dans des tâches de raisonnement.

	Facteur vitesse de perception	Facteur de raisonnement
Encodage	-.10	.63
Inférence	-.11	- .48
Homologie	.04	- .40
Application	-.21	-.14
Exécution de la réponse	.01	-.77

Tableau 2.4.
Corrélations entre l'efficience dans les facteurs raisonnement et vitesse de perception et la rapidité d'exécution des opérations élémentaires dans les analogies verbales (d'après Sternberg, 1977).

L'approche qui vient d'être présentée est souvent dite composantielle (ou componentielle) car elle découpe l'activité mentale en composantes (*components*, en anglais) qui sont réalisées plus ou moins rapidement ou plus ou moins précisément selon les individus. Elle est généralement complétée par une approche moins analytique où l'activité mentale est analysée en termes de stratégies (ou méta-composantes) qui permettent la sélection des opérations élémentaires, la distribution des ressources attentionnelles (par exemple, le choix dans les épreuves de raisonnement de passer beaucoup de temps à l'analyse de la situation), le choix des modalités de codage (verbal ou imagé) et la régulation de l'activité.

5.2. La lecture

La lecture est certainement une des acquisitions les plus importantes réalisées au cours du développement dans la mesure où elle permet l'accès à un ensemble étendu de connaissances, aussi a-t-elle été abondamment étudiée (*cf.* par exemple Fayol *et al.*, 1992 ; Chauveau et Chauveau, 1994). Or, on observe d'importantes différences individuelles tant dans la capacité à apprendre à lire que dans la capacité à lire. Ces différences proviennent à la fois de facteurs motivationnels (pour lire, il faut avoir envie de lire) et de facteurs cognitifs (la lecture suppose des prises d'information et des attributions de signification). Pour mettre en évidence ces facteurs cognitifs on recherche des caractéristiques des sujets relatives au traitement de l'information susceptibles d'être à l'origine des différences d'efficience en lecture et permettant de prédire ou de distinguer bons et mauvais lecteurs.

5.2.1. Style et performance

À performances équivalentes tous les sujets n'ont pas les mêmes stratégies de lecture. Treiman (1984) a constaté qu'après plusieurs années de scolarité primaire, certains élèves, pour lire oralement, avaient tendance à appliquer les règles de correspondances entre graphèmes et phonèmes (ou entre signes graphiques et sons), tandis que d'autres tendaient plutôt à associer directement la prononciation du mot à sa présentation écrite. Les premiers ont été qualifiés de «phéniciens» et les seconds de «chinois». Cette distinction entre des stratégies holistiques ou globales et des stratégies analytiques se retrouve dans de nombreux secteurs du fonctionnement cognitif.

Toutes les différences dans la manière de lire ne conduisent pas à des performances équivalentes. Au cours de l'apprentissage de la lecture des élèves qui utilisent le contexte pour identifier des mots par ailleurs connus, plutôt que d'analyser les graphèmes du mot, sont généralement de mauvais lecteurs. Cette utilisation du contexte est à distinguer de celle qui consiste à extraire la signification d'un mot inconnu du contexte et qui est familière aux bons lecteurs.

Mais ce sont les différences dans les performances des apprentis lecteurs et des lecteurs qui sont les plus frappantes. Le niveau de lecture peut être évalué globalement. On applique alors plusieurs épreuves dont on somme les scores. Inizan (1983), par exemple, ajoute les scores à une épreuve d'orthographe, une épreuve de compréhension (lecture silencieuse) et une épreuve de lecture orale (les corrélations entre ces trois épreuves sont fortes : de .60 à .78). Le niveau de lecture peut être évalué de manière plus analytique. On distingue fréquemment vitesse de lecture et compréhension de lecture. Les corrélations entre vitesse et compréhension sont faibles, souvent négatives. Aubret de Blanchard (1985) demandent à des élèves de sixième de lire deux petits textes. Ils mesurent la vitesse de la lecture de ces textes et évaluent, à partir d'un questionnaire, leur compréhension. La corrélation entre les scores de vitesse à chacun des textes est nettement plus élevée que la corrélation entre les scores de compréhension (.79 et .30). La corrélation entre vitesse et compréhension et .14 pour un texte et -.20 pour l'autre.

5.2.2. Quelques facteurs cognitifs contribuant à l'efficience en lecture

De nombreux processus cognitifs sont à l'œuvre dans l'acte de lire. Certains concernent l'analyse des mots, d'autres l'analyse des phrases. Certains font appel à l'attention et à la perception, d'autres à la mémoire et à la compréhension.

La capacité à mobiliser sélectivement son attention est un facteur favorable à l'acquisition de la lecture. Cette capacité est mise en évidence dans des tâches très simples. On peut demander, par exemple, à un enfant laquelle de deux lignes verticales de longueur voisine est la plus longue, ou encore lui demander de détecter les différences entre deux dessins très ressemblants. Ceux qui répondent le plus rapidement dans ce genre de situation (et sans se tromper) sont en général de meilleurs lecteurs (Whyte *et al.,* 1985).

Retenir l'information relative aux mots sous une forme auditive (ou mettre en œuvre un codage phonétique) est aussi un facteur favorable à la lecture. On met en évidence un tel codage en analysant la nature des erreurs dans des épreuves de rappel libre. Les mots que le sujet s'imagine à tort avoir appris sont proches phonétiquement des mots effectivement appris lorsque le codage est phonétique. Il en va de même dans les épreuves de reconnaissance : les fausses reconnaissances sont plus fréquemment des mots phonétiquement proches des mots effectivement appris lorsque le codage est phonétique (Olson *et al.*, 1984).

Lire suppose non seulement que l'information relative à la langue, et notamment les correspondances graphèmes-phonèmes-significations, soit stockée en mémoire à long terme mais aussi qu'elle soit facilement accessible. Cette facilité d'accès peut être évaluée à partir de la durée nécessaire à la dénomination des lettres après apprentissage. On constate effectivement que les sujets qui accèdent le plus aisément aux connaissances emmagasinées sont de meilleurs lecteurs (Jackson et Myers, 1982). On a également montré que la capacité et la rapidité de fonctionnement de la mémoire à court terme contribuaient aux performances en lecture.

5.2.3. Les facteurs métacognitifs de l'efficience en lecture

Si l'efficience en lecture est sous la dépendance de compétences cognitives, linguistiques et non linguistiques, elle est aussi sous la dépendance de compétences métacognitives. Parmi celles-ci, les plus importantes pour l'acquisition de la lecture sont des compétences métalinguistiques relatives à la connaissance que le sujet a de la langue parlée (on parle de «conscience phonologique») et notamment à sa représentation de cette langue. Pour certains sujets la langue n'a pas de structure (ils sont dans la situation où nous sommes lorsque nous entendons une langue étrangère pour la première fois). Pour d'autres, ceux qui ont une bonne conscience phonologique, la langue est segmentée et constituée d'unités phonologiques telles les syllabes.

V. Mann (1989) a montré comment cette conscience phonologique permettrait non seulement de prédire l'efficience en lecture, mais en était une condition. Elle applique à soixante-dix élèves de jardin d'enfants, parmi d'autres épreuves, deux tests de conscience phonologique. La première épreuve (syllabes) se présente comme un jeu où il faut compter le nombre de syllabes des mots. Deux notations sont possibles : le nombre de syllabes identifiées (dénombrement), la capacité à donner cinq réponses consécutives correctes (réussite). Dans la seconde épreuve (orthographe imaginaire), les enfants doivent inventer des orthographes pour des mots familiers. Un score est calculé en fonction de la qualité de la transcription phonologique. Les enfants sont revus lorsqu'ils sont en première année d'école primaire et un test de lecture (comportant des mots et des pseudo-mots) est appliqué à deux reprises, à l'automne et au printemps. Les corrélations entre les scores de conscience phonologique et l'efficience en lecture sont présentées au tableau 2.5 (p. 82). On peut constater que les élèves dont la conscience phonologique est la plus marquée au jardin d'enfants sont ceux qui lisent le mieux à l'école primaire.

Il s'agit bien de conscience phonologique et non d'une capacité générale de structuration. V Mann a construit des épreuves parallèles aux tests de conscience phonologique, aussi exigeantes en matière d'attention, mais ne portant pas sur la langue parlée. Ces épreuves sont des prédicteurs nettement moins bons de l'efficience de lecture (corrélations de l'ordre de .20 -.30).

	Automne	Printemps
Conscience phonologique : syllabes dénombrement	.50	55
Réussite	.47	.59
Conscience phonologique : orthographe inventée	.71	.49

Tableau 2.5
Corrélations entre les capacités phonologiques au jardin d'enfants et l'efficience en lecture en première année de l'école primaire (d'après Mann, 1989).

6. LA PSYCHOLOGIE DIFFÉRENTIELLE DU DÉVELOPPEMENT COGNITIF

Les différences individuelles sont manifestes tout au long du développement et on les observe dès le plus jeune âge (Tourrette, 1991). On se limitera à examiner les différences individuelles qui apparaissent lors de l'acquisition du langage et des premières opérations logiques.

6.1. L'acquisition du langage

6.1.1. Vitesse de développement

L'observation courante révèle de grosses différences entre les individus pour l'apparition du langage. Des observations systématiques permettent de préciser la nature de ces différences et leur ampleur. Certaines portent sur des groupes d'enfants de même âge (observations transversales), d'autres sur des enfants que l'on observe à plusieurs moments au cours de leur développement (observations longitudinales).

Les études longitudinales permettent d'établir des courbes de développement et de montrer qu'il existe une stabilité relative des différences entre les individus. Brown (1973) observe trois enfants, Ève, Adam et Sarah entre 18 et 44 mois. Plusieurs fois par mois il enregistre à domicile les conversations des enfants avec leur mère et il mesure la longueur moyenne des énoncés linguistiques émis (nombre de mots). Les résultats sont présentés figure 2.18 (p. 84). Tous les enfants passent par les mêmes stades définis à partir de la longueur des énoncés. Mais on note une plus grande précocité pour Ève. (Brown explique ce résultat en évoquant à la fois un milieu familial stimulant et une compétence particulière d'Ève à abstraire des formes linguistiques du langage entendu.)

Des résultats de ce type ont fréquemment été rapportés pour divers aspects du langage : nombre de mots appartenant à une même catégorie conceptuelle (Rescola, 1980), usage du complément d'objet ou mention d'une circonstance (Malrieu, 1973).

6.1.2. Les styles d'acquisition du langage

Si les enfants commencent à parler à des moments différents et se développent à des rythmes différents ils utilisent aussi des cheminements différents. Deux grandes voies d'acquisition du langage ont été mises en évidence.

K. Nelson (1973) analyse les cinquante premiers mots acquis par les enfants et classe ces mots en plusieurs catégories. Il apparaît que certains enfants apprennent principalement des mots se rapportant à des choses (noms d'objets, adjectifs) tandis que d'autres apprennent principalement des mots se rapportant à des personnes, eux-mêmes ou d'autres personnes (pronoms, formules fonctionnelles comme «arrête» ou «va-t-en»). Les premiers sont dits «référentiels», les seconds «expressifs». Ces termes ne désignent pas deux types qui permettraient de distinguer nettement deux groupes d'enfants parfaitement homogènes. Ils désignent plutôt des types idéaux auxquels chaque enfant ressemble plus ou moins, ou encore les deux pôles d'une dimension. Aux différences dans les acquisitions lexicales correspondent aussi des différences dans les fonctions du langage privilégiées. Les «référentiels» utilisent surtout le langage pour

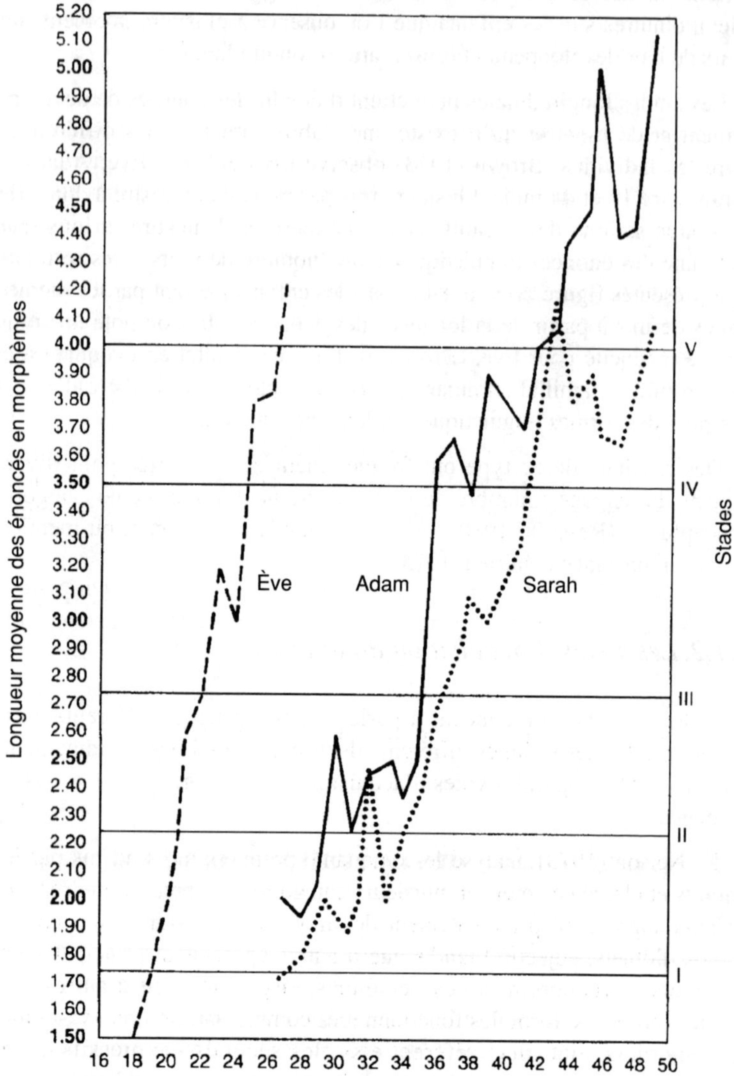

Figure 2.18.
Évolution de la longueur moyenne des énoncés chez trois enfants
(d'après Brown, 1973).

nommer et décrire les objets (on les qualifie aussi de «nominaux»), les «expressifs» utilisent plutôt le langage pour évoquer leurs propres actions et leurs interactions avec autrui (ce qui implique l'usage de pronoms, les «expressifs» sont aussi désignés comme «pronominaux»).

Les référentiels apprennent plutôt des mots isolés, ils accordent une priorité au lexique et à la sémantique. Les expressifs apprennent fréquemment d'emblée des phrases simples, ils accordent une priorité à la syntaxe. La construction de la phrase obéit à des principes différents chez les uns et les autres. Les référentiels ont tendance à juxtaposer des substantifs, comme dans le langage télégraphique, tandis que les expressifs utilisent des catégories linguistiques beaucoup plus générales. Pour indiquer où se trouve un objet, par exemple, les référentiels juxtaposeront le nom de l'objet et le nom du lieu où il se trouve tandis que les expressifs désigneront l'objet et le lieu où il se trouve, non par des noms, mais par des expressions comme «celui-ci» pour désigner l'objet et «ici» pour désigner le lieu. Les propos des sujets expressifs dépendent davantage du contexte que ceux des sujets référentiels (Bloom, 1970). Le mode d'approche du langage est plutôt analytique chez les référentiels, plutôt global chez les expressifs.

Ces différences entre enfants disparaissent vers 2-3 ans. On peut se demander si elles ne correspondent pas à des différences de personnalité qui réapparaîtraient plus tard, sous d'autres formes.

On trouvera dans Reuchlin (1987) et Espéret (1990) des informations sur d'autres aspects de la psychologie différentielle au langage.

6.2. L'acquisition des opérations logiques

6.2.1. Vitesse du développement

Le développement intellectuel est plus ou moins rapide selon les enfants. Ce constat banal peut être précisé par des observations systématiques. Nous avons vu que le QI est, pour une catégorie de tâches, une mesure de la vitesse de ce développement. Lorsque le développement est décrit au moyen d'une échelle de stades généraux, caractérisés par un ensemble coordonné de possibilités logiques et devant être parcourus dans le même ordre par tous, comme dans la théorie piagétienne, on observe une forte variabilité interindividuelle. François Longeot (1967), au moyen de cinq épreuves directement inspirées de la théorie et des situations expérimentales de Piaget distingue les sujets selon qu'ils ont atteint le stade des opérations concrètes (maîtrise de la sériation et de la classification logiques, acquisition des principales conservations), le stade des opérations formelles (capacité à réaliser des combinatoires, à coordonner la réversibilité par négation et par réciprocité, à mettre en œuvre des raisonnements hypothético-déductifs…), ou un stade intermédiaire. Il constate bien un progrès d'âge en âge : les enfants sont de moins en moins fréquemment au stade concret et de plus en plus fréquemment au stade formel (tableau 2.6). mais on constate aussi que de 10 ans à 15-16 ans (âge des sujets les plus âgés examinés) on trouve à chaque âge des sujets de chaque stade.

	Stade atteint		
	concret	intermédiaire	formel
9 ans	26	4	0
10 ans	17	12	1
11 ans	13	11	6
12 ans	11	15	4
13 ans	8	14	8
14 ans	8	10	12
15-16 ans	4	15	11

Tableau 2.6
*Niveau de développement opératoire en fonction de l'âge (*N = *30 par groupe d'âge* (d'après Longeot, 1967).

La variabilité mise en évidence avec l'échelle des stades piagétiens est de même nature que celle repérée par les épreuves classiques de QI et l'on observe de fortes corrélations entre le QI et la performance dans les épreuves piagétiennes. Humphreys (1980), par exemple, observe, à âge constant, des corrélations de l'ordre de .80 entre le score moyen obtenu à vingt-sept épreuves piagétiennes et le QI standard obtenu au moyen de l'épreuve d'intelligence pour enfants de Wechsler (QI verbal et QI performance). On peut d'ailleurs noter que la débilité mentale a été définie, en termes de retard de développement dans ces deux perspectives.

6.2.2. Les styles d'acquisition des opérations logiques

Pour situer un sujet sur une échelle de stades généraux, on le place dans diverses situations et l'on s'attend à ce que ses réponses dans chacune d'elles témoignent qu'il a atteint tel ou tel stade. Si l'on se propose par exemple de déterminer si un sujet a atteint le stade des opérations concrètes on pourra appliquer une ou plusieurs épreuves de sériation afin de contrôler sa maîtrise de la transitivité, une ou plusieurs épreuves de classification afin de vérifier s'il met en œuvre des relations d'inclusion, une ou plusieurs épreuves de conservation. Si dans toutes ces situations le sujet manifeste les conduites qui définissent le stade des opérations concrètes (acquisition de la transitivité des relations, de l'inclusion des classes, des conservations) on peut dire sans ambiguïté qu'il a atteint le stade des opérations concrètes. En d'autres termes on pourra dire qu'il se développe à la même vitesse dans les secteurs de la conduite considérés, ou encore que la variabilité intra-individuelle de son développement est nulle.

Mais on se trouve rarement dans un telle situation. Le plus souvent le sujet ne se situe pas exactement au même stade dans les divers secteurs de la conduite considéré (il y a hétérochronie du développement, ou variabilité intra-individuelle non nulle). Observons par exemple les résultats de Longeot (1967) pour les enfants de 10 ans et pour deux épreuves, une épreuve dite «quantification de probabilités» où le sujet doit comparer des rapports et une épreuve dite «courbes mécaniques» où il doit coordonner mentalement plusieurs mouvements (des translations et des rotations). Seuls quatorze élèves sur les trente examinés se situent au même stade dans les deux épreuves (onze sont au stade concret, un au stade intermédiaire et deux au stade formel). Treize élèves se situent à un stade dans une épreuve et au stade supérieur dans l'autre ; trois élèves se situent au stade formel dans une épreuve et au stade concret dans l'autre. En considérant plus de deux épreuves ces cas de désaccord deviennent bien sûr plus nombreux. Lorsque la variabilité intra-individuelle est faible on peut considérer que le niveau du sujet est le niveau le plus fréquemment observé. Lorsqu'elle est forte on peut toujours, certes, calculer une moyenne, et attribuer au sujet un stade de développement général. Mais il paraît alors plus opportun de le caractériser par un profil indiquant les domaines où il est relativement en avance et relativement en retard. L'examen de ces profils suggère l'existence de plusieurs voies de développement.

Deux de ces voies ont été identifiées. Elles correspondent aux domaines des «opérations logico-mathématiques» et «infra-logiques». Les opérations logico-mathématiques portent sur des objets discrets. Elles sont par exemple sollicitées lorsqu'on demande au sujet de procéder à une intersection de classes, les classes étant clairement définies et comprenant des ensembles d'objets bien identifiés (reconnaître par exemple, qu'une pomme rouge appartient à la fois à la classe des fruits et à celle des objets rouges). Les opérations infra-logiques portent sur une réalité continue, les parties ou les propriétés d'un même objet. Elles sont par exemple à l'œuvre dans les épreuves de conservation où le sujet doit envisager diverses propriétés de l'objet (forme, poids...) et comprendre que la variation de certaines de ces propriétés n'est pas nécessairement associée à la variation d'autres propriétés. On a montré que certains sujets tendaient à être en avance dans l'ensemble des épreuves du domaine logico-mathématiques et en retard dans l'ensemble des épreuves du domaine infra-logique, tandis que d'autres présentaient un profil inverse (Lautrey *et al.*, 1986).

Pour rendre compte de ce type de phénomènes, Jacques Lautrey (1990) a proposé une théorie du développement qui repose sur deux grandes catégories de processus : des processus permettant le traitement des représentations analogiques et des processus permettant le traitement des représentations propositionnelles. Une représentation est dite analogique lorsqu'elle reste relativement concrète, ressemble à son objet et a un caractère global (l'image mentale d'un objet, la représentation d'une catégorie à partir des exemplaires les plus typiques de cette catégorie sont des représentations analogiques). Une représentation est dite propositionnelle lorsqu'elle est plus abstraite, ne ressemble plus à son objet et a un caractère analytique (la représentation d'un secteur de la réalité au moyen d'un emboîtement de classes logiques est un exemple de représentation propositionnelle). Les opérations à l'œuvre dans le domaine infra-logique traitent des représentations analogiques. Celles qui sont à l'œuvre dans le domaine logico-mathématique, des représentations propositionnelles. Les processus, ou les modes de traitement, correspondant à ces deux types de représentation sont en interaction. Le traitement propositionnel est très précis mais il demande une forte mobilisation de l'attention, aussi, ne pouvant être mis en œuvre systématiquement, il est orienté, guidé, par le traitement analogique (dans certains cas, par exemple, il est appliqué dans des domaines préalablement identifiés par le traitement analogique). Réciproquement, le traitement propositionnel a aussi un effet sur le traitement analogique dans la mesure où il modifie, organise et structure les représentations analogiques initiales. Comme l'écrit J. Lautrey, «un des processus guide l'autre, qui lui-même le contrôle, tous deux formant ainsi une boucle auto-organisatrice» (1990, p. 204). Ces processus peuvent se combiner, avec des pondérations diverses, et sont plus ou moins sollicités par les propriétés des situations. Si l'on admet qu'ils sont plus ou moins disponibles chez des individus différents et qu'ils peuvent dans d'assez nombreux cas se substituer l'un à l'autre, ou en d'autres termes qu'ils sont vicariants (Reuchlin, 1978), on comprend alors qu'à certains moments du développement des sujets soient plus en avance pour les traitements analogiques que pour les traitements propositionnels, et que pour d'autres sujets ce soit l'inverse. Appliquée aux acquisitions cognitives correspondant au stade des opérations concrètes cette théorie permet de comprendre pourquoi certains sujets sont plus en avance dans le domaine infra-logique et d'autres dans le domaine logico-mathématique.

LECTURES CONSEILLÉES

DRÉVILLON J., HUTEAU M., LONGEOT F., MOSCATO M., OHLMANN T., 1985, *Fonctionnement cognitif et individualité*, Bruxelles, Mardaga.

LAUTREY, J. (éd.), 1995, *Universel et différentiel en psychologie,* Paris, PUF.

REUCHLIN M., BACHER F., 1989, *Les différences individuelles dans le développement cognitif de l'enfant*, Paris, PUF.

REUCHLIN M., 1991, *Les différences individuelles à l'école*, Paris, PUF.

REUCHLIN M., LAUTREY J., MARANDAZ C., OHLMANN T., 1990, *Cognition, l'individuel et l'universel*, Paris, PUF.

Chapitre 3

LES DIFFÉRENCES INDIVIDUELLES DANS LE DOMAINE DE LA PERSONNALITÉ

Chacun d'entre nous a une manière habituelle de se comporter que l'on peut repérer dans des classes de situations particulières. Si l'on considère par exemple les situations incitant à des interactions sociales on remarque que certaines personnes ont plutôt dans ces situations des attitudes de repli (ceux qui hésitent à prendre la parole en public sont souvent aussi ceux qui n'engagent pas facilement une conversation avec un inconnu), tandis que d'autres, au contraire, recherchent les contacts avec autrui. On peut donc dégager dans l'ensemble de nos conduites des noyaux cohérents (c'est-à-dire des conduites ayant tendance à être associées, à apparaître chez les mêmes personnes), relativement stables et permettant de distinguer les individus les uns des autres. Les études descriptives de la personnalité visent à identifier ces noyaux de cohérence et à en préciser les contours. Les diverses théories de la personnalité expliquent cette cohérence en invoquant des variables motivationnelles, des variables cognitives, des apprentissages sociaux, ou encore des propriétés biologiques de l'organisme.

1. LES MÉTHODES D'OBSERVATION DE LA PERSONNALITÉ

1.1. Les approches cliniques

Si l'approche clinique peut être utilisée à des fins de recherche, telle qu'elle est habituellement pratiquée, elle n'a pas pour objectif principal la description ou l'explication de la personnalité pour elles-mêmes (voir par exemple Pedinielli, 1994). Sa visée est davantage pragmatique : elle se propose de comprendre les difficultés psychologiques rencontrées par un sujet dans la vie quotidienne afin de l'aider par des conseils ou des indications thérapeutiques. Bien qu'ils se recouvrent fréquemment ces deux objectifs (décrire et expliquer d'une part, comprendre et aider de l'autre) doivent être distingués. S'il est vrai que les difficultés rencontrées par des sujets ne peuvent souvent être comprises qu'à partir de l'organisation de leur personnalité, et donc qu'une investigation de l'ensemble de la personnalité est un préalable à l'élucidation des difficultés rencontrées, il est vrai également que ces difficultés, et les théories comportementalistes insistent fortement sur ce point, peuvent s'expliquer par des apprentissages spécifiques, et donc ne pas concerner la personnalité telle qu'elle vient d'être définie.

Bien qu'elle puisse faire appel à des formes d'observation standardisée, comme les tests ou les questionnaires, l'approche clinique privilégie les formes d'observation libres, qu'il s'agisse de l'entretien ou de l'observation du comportement proprement dite. L'entretien clinique n'a rien à voir avec un questionnaire présenté oralement. Il peut être non directif ou semi-directif, c'est-à-dire centré sur des thèmes, il n'est jamais directif. S'il arrive au psychologue qui conduit l'entretien de poser des questions afin d'attirer l'attention de son interlocuteur sur un aspect de sa situation ou de vérifier certaines interprétations, ses interventions ont pour fonction principale de faciliter l'expression du sujet afin que celui-ci produise un discours aussi riche que possible sur les difficultés qu'il rencontre, leurs sources éventuelles, ou encore ses modes de réaction. Ce discours sera interprété au cours même de l'entretien ou à son issue. Les phases de diagnostic et d'intervention sont fortement associées dans le premier cas, nettement dissociées dans le second. Lorsque la communication avec le sujet est aisée l'observation du comportement accompagne et complète l'entretien. Lorsque cette communication est difficile (jeunes enfants, sujets communiquant peu) elle prend une place prépondérante. Cette observation ne suppose pas une définition de la situation comme dans le test, c'est le comportement spontané, dans la situation telle qu'elle se présente, qui est l'objet d'observation. De la même manière que le psychologue intervient au cours de l'entretien pour faciliter l'expression, il peut intervenir au cours de l'observation pour faciliter, voire susciter, le déroulement de la conduite.

L'approche clinique a deux caractéristiques essentielles qui l'éloignent des méthodes classiquement utilisées en psychologie différentielle. Alors que celles-ci adoptent généralement un point de vue analytique et comparatif (en situant les individus sur des dimensions), l'approche clinique se propose de saisir le sujet dans sa totalité et dans sa singularité (on la définit souvent comme l'étude approfondie de cas individuels). Elle conduit donc à des descriptions synthétiques de cas particuliers dans lesquelles on met fortement l'accent sur la solidarité des divers éléments des conduites considérées et sur l'unicité de leur configuration et où la comparaison avec d'autres cas particuliers est, sinon absente (peut-on décrire un individu sans aucune référence à d'autres individus ?), du moins largement implicite. Malgré cette opposition tout à fait réelle il existe suffisamment de connexions entre les approches cliniques et différentielles de la personnalité pour qu'elles puissent être considérées comme complémentaires. Très souvent l'approche clinique se nourrit de l'approche différentielle (intégration d'informations recueillies au moyen de modalités d'observation standardisée). Très souvent également l'approche différentielle se greffe sur une approche clinique, en utilisant le jugement clinique pour définir des dimensions, ou en regroupant les descriptions de cas individuels dans des typologies.

1.2. L'observation du comportement et les tests de personnalité

Dans les approches mettant en œuvre des modalités d'observation contrôlées (observation du comportement, tests, questionnaires) le sujet est généralement situé sur une série de traits de personnalité et il est décrit au moyen d'un profil (*cf.* chapitre 1 paragraphe 2.5, p. 34).

L'observation du comportement peut être réalisée dans les milieux de vie du sujet et au cours de ses activités habituelles. Des observateurs, qui participent ou non à ces activités, sont chargés de relever l'apparition, la fréquence ou l'intensité de comportements relevant d'un trait. En 1929, par exemple, Newcomb et ses collaborateurs (cité par Shweder, 1975) observent quotidiennement pendant vingt-quatre jours un groupe de garçons participant à un camp de vacances. Pour les observations relatives à l'extraversion ils notent la fréquence d'apparition de vingt-six comportements comme «parle avec confiance de ses capacités» ou «organise des jeux de sa propre initiative».

L'observation du comportement peut aussi être réalisée dans des situations spécialement aménagées à cet effet. Dans une étude classique sur le caractère moral chez les écoliers, Hartshorne et May (1928) se proposent notamment de situer les élèves sur une dimension individualisme-coopération. À cette fin ils organisent dans des classes des compétitions entre individus et entre groupes et observent dans quel type de compétitions les écoliers préfèrent s'engager, ils repèrent les individus qui sont plus efficaces lorsqu'ils travaillent individuellement et ceux qui sont plus efficaces lorsqu'ils travaillent en groupe, ils distribuent des crayons de couleur à quelques élèves seulement et distinguent ceux qui partagent ces crayons avec leurs camarades et ceux qui les gardent pour eux. De telles situations ressemblent beaucoup à des tests et on les désigne parfois comme tels bien qu'il soit préférable de réserver le terme test pour des situations plus faciles à mettre en œuvre.

Deux types de tests sont utilisés dans l'étude de la personnalité : les tests objectifs et les tests projectifs (Pichot, 1954). Si l'on convient de définir l'objectivité par l'accord entre les observateurs, tous les tests sont objectifs par construction ! En parlant de test «objectif» de personnalité on désigne en fait des épreuves dont la finalité n'est pas évidente pour celui qui les passe. Le plus souvent il s'agit d'épreuves d'efficience, motrice ou cognitive, dont on tire des indications quant à la manière de se comporter. Citons, par exemple, des tests permettant d'évaluer le contrôle de l'impulsivité (à partir de la réussite ou de l'échec dans des labyrinthes), ou encore certains tests dits de rigidité mentale (rapidité d'énonciation de la couleur de l'encre avec laquelle on a écrit certains noms de couleurs…, degré de déformation nécessaire pour que l'on s'aperçoive qu'un objet est devenu un autre objet).

Dans les tests projectifs le sujet est mis en présence d'une situation ambiguë qu'il doit interpréter (donner une signification à des taches d'encre dans le test de Rorschach, interpréter des scènes ambiguës dans le *Thematic Apperception Test* de Murray). La théorie postule que les interprétations proposées témoignent de la personnalité du sujet : en interprétant il projetterait les tendances profondes de sa personnalité. L'exploitation d'un test projectif se fait généralement en deux temps. On procède d'abord à une cotation objective des réponses (dans le Rorschach on comptera par exemple le nombre de fois où le sujet a fondé son interprétation sur la couleur, ou sur un détail de la tache d'encre). Les indices objectifs ainsi élaborés peuvent recevoir une signification psychologique. Si l'on en restait là le test projectif serait un test objectif. Mais on procède ensuite à des interprétations plus globales de l'ensemble des réponses, généralement à partir d'une symbolique inspirée de la psychanalyse. C'est à ce second niveau d'analyse que le test est véritablement projectif.

On peut rapprocher de l'observation du comportement les méthodes où l'on demande à des personnes connaissant bien les sujets de les décrire. Cette description est faite le plus souvent au moyen d'échelles d'estimation. On demandera par exemple à des enseignants de situer chacun de leurs élèves sur des échelles en cinq points selon qu'ils sont plus ou moins timides, plus ou moins polis, plus ou moins anxieux... Ces méthodes ne sont pas à proprement parler des méthodes d'observation. L'«observateur» ne rend pas compte d'un comportement qui viendrait de se dérouler sous ses yeux. On lui demande en fait d'intégrer, sans lui indiquer comment, de très nombreuses observations qu'il a pu réaliser sur le sujet, et, sur cette base, d'énoncer un jugement. Les jugements ainsi recueillis sont fréquemment biaisés par l'antipathie ou la sympathie que peut éprouver à l'égard du sujet celui qui les énonce (effet de halo).

1.3. Les questionnaires

1.3.1. Généralités

La méthode des questionnaires est la méthode d'observation la plus utilisée dans l'étude de la personnalité. Le sujet est invité à répondre à de nombreuses questions qui peuvent porter sur ses comportements, ses attitudes, ses opinions, ses émotions ou ses sentiments. Comme dans les sondages d'opinion le sujet n'a pas à construire une réponse mais simplement à choisir celle qui lui convient le mieux parmi plusieurs proposées (questions «fermées» ou questions «à choix multiple»). Le succès de la méthode des questionnaires s'explique davantage par sa commodité que par ses qualités intrinsèques. Si les questionnaires permettent de recueillir rapidement de nombreuses informations sur beaucoup d'individus, ces informations ne sont pas toujours dépourvues d'ambiguïté. Faisant appel à l'introspection, les questionnaires ne fournissent pas toujours des informations exactes sur les conduites effectives du sujet. Par contre, ils permettent une bonne appréhension de l'image que l'individu se fait de lui-même. Dans la mesure où il est difficile de supprimer toute équivoque dans la formulation des questions celles-ci peuvent être comprises différemment. Lorsqu'on demande à quelqu'un s'il se fait facilement des amis, «facilement» et «amis» peuvent prendre des sens sensiblement différents d'un sujet à l'autre. On peut noter aussi que les adverbes indiquant des fréquences n'ont pas la même signification pour tout le monde :

pour certains «fréquemment» voudra dire dans 50 % des cas, pour d'autres, dans 80 %. On voit qu'il ne faut pas attendre des questionnaires une discrimination trop fine des sujets.

1.3.2. Tendance à l'acquiescement et désirabilité sociale

Dans la construction des questionnaires on cherche à contrôler les tendances qu'ont de nombreux sujets à fournir des réponses biaisées. Deux de ces tendances de réponses ont particulièrement retenu l'attention : la tendance à l'acquiescement et la tendance à donner des réponses socialement désirables.

La tendance à l'acquiescement est la tendance à répondre oui plutôt que non, vrai plutôt que faux, d'accord plutôt que pas d'accord. Elle se manifeste plus fréquemment que la tendance inverse. Elle est particulièrement forte lorsque des questions sont ambiguës ou font appel à l'imagination. Considérons par exemple un questionnaire destiné à évaluer la force des attitudes autoritaires dans lequel le sujet doit indiquer son degré d'accord avec une série de propositions (Adorno *et al.,* 1950). Si toutes les questions sont formulées de telle sorte que la réponse «tout à fait d'accord» corresponde à une attitude autoritaire on risque de prendre la tendance à l'acquiescement pour une manifestation d'autoritarisme. Ce risque est bien réel. Si l'on modifie la formulation des questions afin que la réponse «tout à fait d'accord» corresponde à une attitude anti-autoritaire on devrait observer (en l'absence de tendance à l'acquiescement) une forte corrélation négative entre les réponses à ces nouvelles questions et les réponses aux questions antérieures (ceux qui sont d'accord avec des propositions traduisant l'autoritarisme devraient être en désaccord avec des propositions manifestant l'anti-autoritarisme). Or, on est loin d'observer systématiquement la forte corrélation négative attendue. Il est relativement aisé de neutraliser cette tendance à l'acquiescement. Il suffit de veiller à ce que les réponses «oui» et les réponses «non» contribuent également à la définition de chacun des deux pôles de la dimension. Dans l'exemple cité on a finalement construit un questionnaire où il y avait autant de réponses «tout à fait d'accord» manifestant l'autoritarisme que de réponses «tout à fait d'accord» manifestant l'anti-autoritarisme.

La tendance à donner des réponses socialement désirables consiste à fournir des réponses biaisées dans le sens d'une valorisation de l'image de soi. Si l'on excepte le cas des situations de sélection où le sujet, tout à fait délibérément, peut chercher à donner de lui-même une image positive ou négative, selon qu'il souhaite ou non être retenu, la tendance à donner des réponses socialement désirables est inconsciente. Cette tendance peut se manifester car les descriptions de la personnalité sont fréquemment évaluatives. Certes, il n'y a pas de bonnes et de mauvaises réponses dans les questionnaires de personnalité, mais les réponses ne sont pas pour autant également valorisées dans le milieu culturel auquel appartient le sujet. Edwards (1957) a recensé 2 824 propositions décrivant la personnalité, dont beaucoup correspondent à des items de questionnaires, et a demandé à des étudiants de les estimer quant à leur désirabilité sociale sur une échelle en neuf points (1 : hautement indésirable… 9 : hautement désirable). Les résultats indiquent nettement que les propositions neutres sont les moins fréquentes (figure 3.1).

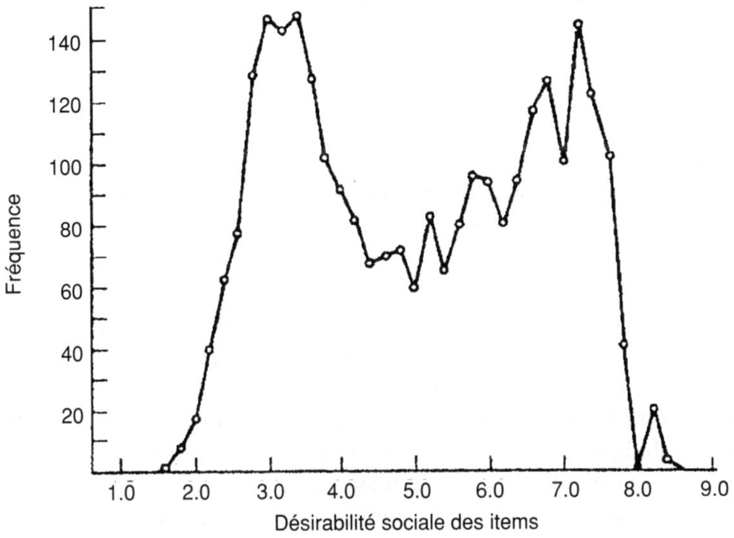

Figure 3.1.
Distribution des estimations de la désirabilité sociale de 2824 descripteurs de la personnalité (Edwards, 1957).

Plusieurs faits montrent la réalité de cette tendance de réponse. On observe une forte corrélation positive entre la désirabilité sociale d'un item et la fréquence avec laquelle il est jugé être un descripteur satisfaisant de la personnalité (Edwards, 1953). Sur le graphique de la figure 3.2 (p. 100), où les points représentent des items (il y en a cent quarante), on remarque effectivement que plus l'item est socialement désirable (axe des abscisses), nettement plus nombreux sont les sujets jugeant qu'ils sont bien décrits par cet item (axe des ordonnées). Le diagramme de la

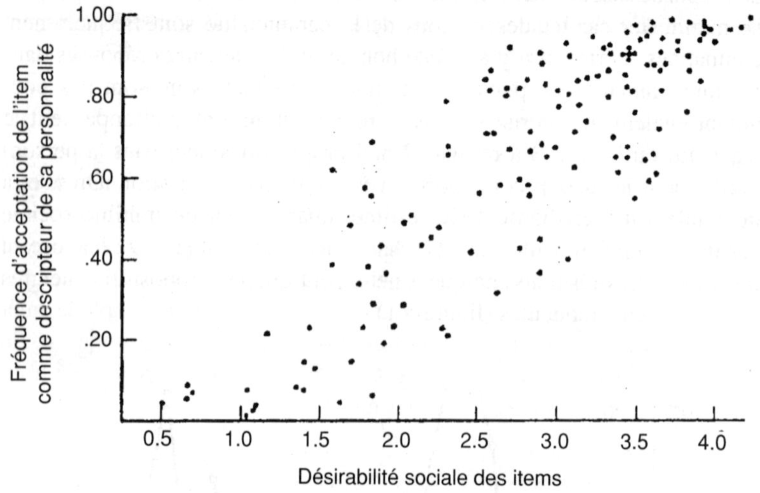

Figure 3.2.
Corrélation entre la fréquence de choix d'un item comme descripteur de la personnalité et sa désirabilité sociale (Edwards, 1953).

figure 3.2 correspond à une corrélation de .87. On observe aussi que des corrélations entre ensembles d'items peuvent s'expliquer uniquement par la désirabilité sociale sans que le contenu des items y soit nécessairement pour quelque chose. Prenons l'exemple de l'anxiété qui, dans notre culture, est peu valorisée. On peut se demander dans quelle mesure le sujet qui témoigne d'une faible anxiété n'est pas un sujet qui cherche à donner de lui-même une image positive. Si l'on étudie la corrélation entre les réponses à un questionnaire d'anxiété et les réponses à un questionnaire constitué d'items hétéroclites, n'ayant rien à voir avec l'anxiété, mais ayant la même désirabilité sociale que les items du questionnaire d'anxiété, on observe entre les deux questionnaires une corrélation substantielle.

Deux méthodes sont couramment utilisées pour contrôler la tendance à donner des réponses socialement désirables. La première consiste à évaluer sa force et à considérer qu'au-delà d'un certain seuil les réponses des sujets sont vraisemblablement fortement contaminées par cette tendance et donc invalides. Pour évaluer la force de la tendance on construit des échelles (dénommées parfois assez improprement «échelles de mensonge») constituées de propositions relativement peu désirables, mais qui, en l'absence de la tendance, devraient être néanmoins acceptées par chacun comme des descripteurs de la personnalité. Plus le sujet considère que ces propositions ne le décrivent pas, plus il manifeste la tendance à donner des réponses socialement désirables. (Quasiment tout le monde devrait répondre oui à la question «vous arrive-t-il parfois de vous vanter un peu ?» et non à la question «dites-vous toujours la vérité ?» On admet que ceux qui ne répondent pas ainsi sont portés à donner des réponses socialement désirables.) La seconde méthode consiste à construire le questionnaire de telle sorte que la tendance ne puisse se manifester, en utilisant la technique du «choix forcé». Dans le cas le plus simple le sujet doit choisir entre deux propositions dont on a vérifié au préalable l'égale désirabilité sociale, l'une indiquant que l'on est proche du pôle d'un trait, l'autre que l'on est proche du pôle d'un autre trait.

Les tendances de réponses viennent d'être considérées comme des sources d'erreurs, des biais à éviter. On peut aussi envisager la tendance de réponse (indépendamment du contenu des items) comme une manifestation de la personnalité du sujet. Vu sous cet angle le questionnaire de personnalité devient un test objectif de personnalité : il existe tout un courant de recherche où l'on montre que la tendance à fournir des réponses socialement désirables résulte d'un besoin d'être approuvé par autrui (Crowne et Marlowe, 1964).

1.3.3. Le Q-sort et le différenciateur sémantique

Nous présenterons dans le prochain paragraphe plusieurs questionnaires couramment utilisés dans la pratique psychologique. D'autres questionnaires sont plutôt des outils de recherche. C'est le cas des Q-sorts et du différenciateur sémantique.

Un Q-sort est constitué d'une série de descripteurs de la personnalité (souvent une centaine) dont le contenu est fonction des objectifs de la recherche. Le sujet doit indiquer si ces descripteurs le décrivent plus ou moins bien. On impose un nombre d'échelons. Le nombre de descripteurs devant être présents à chaque échelon est également imposé. Prenons par exemple un Q-sort de cent items avec neuf échelons (1. cette proposition ne me décrit absolument pas… 9. cette proposition me décrit très exactement) où l'on impose une forme gaussienne à la description, le sujet devra choisir quatre descripteurs pour l'échelon 1, sept descripteurs pour l'échelon 2, etc. (tableau 3.1, p. 102). Ces contraintes ont pour fonction essentielle l'élimination des tendances de réponses. Elles permettent aussi de formaliser la comparaison de descriptions de la personnalité. La ressemblance entre deux descriptions ainsi recueillies peut être mesurée par un coefficient de corrélation. Reprenons notre exemple. Chaque descripteur se voit attribuer un score de 1 à 9 dans la première description et un score de 1 à 9 dans la seconde. Nous sommes donc en présence de cent couples de mesures. Dans le cas d'une ressemblance parfaite chaque descripteur aura le même score dans les deux descriptions et la corrélation entre les deux descriptions sera 1.00. Plus on s'éloignera de cette situation idéale, plus la corrélation s'atténuera. À titre d'exemple d'utilisation des Q-sorts on peut citer certains travaux portant sur l'efficacité des psychothérapies. Afin de vérifier l'hypothèse selon laquelle la psychothérapie réduit l'écart entre le moi perçu et le moi idéal, Rogers (1972) applique à un patient, avant la thérapie, le même Q-sort avec deux consignes différentes : se décrire tel qu'on se perçoit, se décrire tel que l'on voudrait être. La corrélation entre les deux Q-sorts est .21. Rogers réitère cette procédure à l'issue de la thérapie et sept mois après, il observe des corrélations de .69 et .71. Chez le patient examiné la thérapie a donc effectivement réduit l'écart entre le moi perçu et le moi idéal et cet effet est stable.

Échelon	1	2	3	4	5	6	7	8	9
Nombre de descripteurs	4	7	12	17	20	17	12	7	4

Tableau 3.1.
Exemple de répartition des descripteurs dans un Q-sort

Le différenciateur sémantique est issu des recherches sur la signification conduites par Osgood (1952). Il permet de caractériser la connotation des mots, phrases ou objets, selon trois dimensions. Pour mettre en évidence ces trois dimensions on présente au sujet de nombreuses échelles (généralement en sept points) dont les pôles sont des adjectifs antonymes (chaud-froid, lourd-léger…) et il doit situer de nombreux mots sur ces échelles (indiquer par exemple si «cheval» évoque plutôt le pôle chaud ou le pôle froid, le pôle lourd ou le pôle léger). En analysant les réponses d'un groupe important de sujets au moyen des techniques de l'analyse factorielle Osgood a montré que les échelles pouvaient être regroupées en trois classes qui correspondent à trois dimensions de la connotation : l'évaluation, la force et l'activité. Les échelles définissant l'évaluation corrèlent fortement avec l'échelle bon-mauvais, celles qui définissent la force avec l'échelle fort-faible, et celles qui définissent l'activité avec l'échelle actif-passif. Ces trois dimensions étant orthogonales, chaque mot peut être représenté dans un espace tridimensionnel. Si l'on choisit des mots ayant une forte signification pour le sujet, leur position dans l'espace des trois dimensions nous renseignera sur sa personnalité. L'intérêt de ce mode de questionnement est bien mis en évidence par Osgood et Luria (1954) à propos d'un cas de triple personnalité. Ce patient doit situer sur les échelles d'Osgood des mots comme «moi», «amour», « père»… (*cf.* figure 3.3, p. 104). L'épreuve est appliquée à des moments différents correspondant aux manifestations des diverses personnalités du patient. On peut constater sur la figure 3.3 (la boule noire représente l'origine des échelles) que les mots retenus ne se situent pas de la même manière dans l'espace selon la personnalité activée. Lorsque les résultats sont présentés à des psychologues ne connaissant pas le patient, ils les décrivent comme s'ils concernaient des personnes différentes. La description de la personnalité qu'ils fournissent dans chaque cas est proche de celle que donne le thérapeute qui connaît le patient. Elle est uniquement fondée sur la position occupée par les mots dans l'espace des dimensions de la connotation. On considère par exemple qu'avec la personnalité 2 le sujet a davantage confiance en lui car «moi» est plus proche de pôle «bon» dans la personnalité 2 que dans la personnalité 1.

2. LA DESCRIPTION DE LA PERSONNALITÉ AU MOYEN DE TRAITS

2.1. Le modèle en cinq facteurs et l'organisation hiérarchique de traits

Quelles sont les grandes dimensions de la personnalité ? Cette question est relative aux manières d'être et de se comporter des individus et est de même nature que celle qui portait sur l'intelligence et qui concernait les capacités à résoudre des problèmes (*cf.* chapitre 2 paragraphe 1, p. 42). Pour analyser la structure de nos conduites il est nécessaire de disposer au préalable d'un échantillon représentatif de ces conduites. Afin d'obtenir un tel échantillon on peut établir la liste des traits déjà étudiés

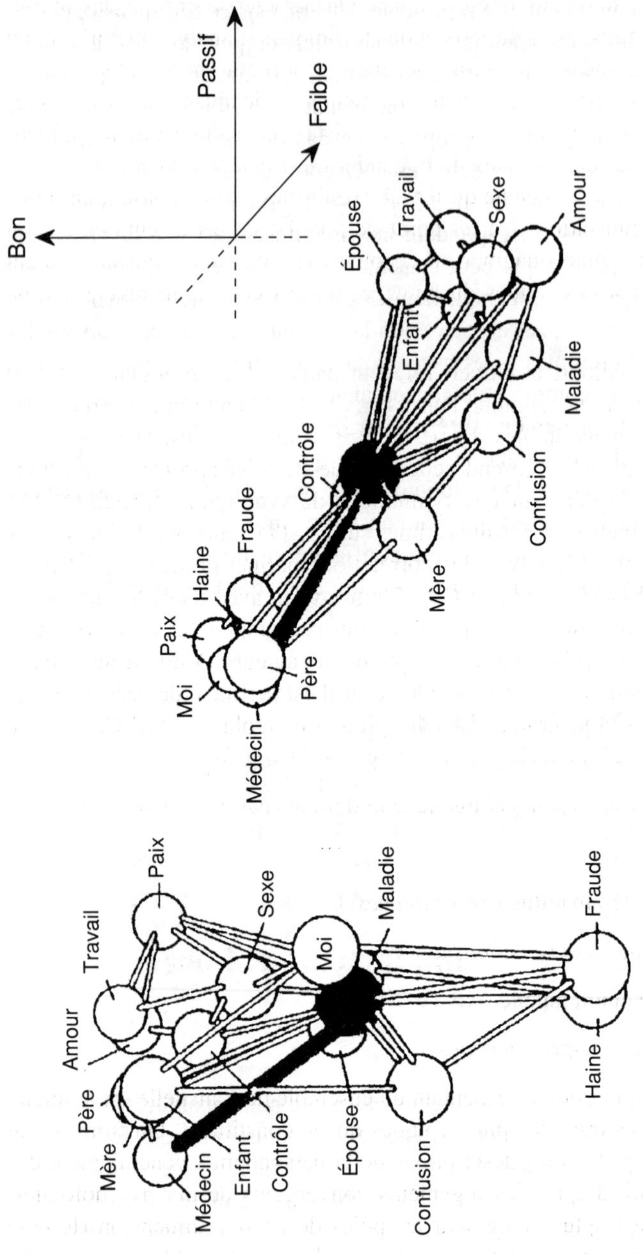

Figure 3.3.
Résultats de l'application du différenciateur sémantique à un patient ayant des personnalités multiples (d'après Osgood et Luria, 1954).

et lui ajouter des traits hypothétiques. On caractérise ensuite des individus sur ces traits, puis, au moyen des techniques d'analyse factorielle, on dégage les grands axes autour desquels se structurent les observations recueillies. Si certains chercheurs ont bien procédé ainsi, d'autres ont préféré l'«approche lexicale». Celle-ci consiste à considérer que le meilleur échantillon des descriptions de la conduite est contenu dans la langue et que c'est donc de la langue qu'il faut extraire les traits de base dont on va étudier l'organisation. Un tel point de vue est certes discutable car on pourrait sans doute imaginer ou découvrir des conduites qui ne seraient pas codées par des termes du langage. Il s'est cependant révélé heuristique.

En 1936, Allport et Odbert relèvent dans la langue anglaise 18 000 termes décrivant la conduite. Parmi ceux-ci 4 500 environ concernent des traits relativement stables. En 1943, R.B. Cattell, qui est le pionnier de l'approche lexicale, reprend cette liste de traits et après condensations successives fondées sur des estimations de synonymie la réduit à 171 items. Des sujets sont ensuite estimés sur ces 171 traits par des personnes les connaissant. L'analyse des corrélations permet de dégager 12 traits non indépendants, traits que Cattell retrouvera, avec quelques autres, en utilisant des questionnaires (*cf.* ci-dessous paragraphe 2.2.1., p. 109). Ces travaux furent repris et poursuivis par divers auteurs. Aujourd'hui il existe un large consensus pour considérer qu'il est pertinent de décrire la personnalité par cinq grands facteurs bipolaires (John, 1990). Ce modèle d'organisation fut appelé par Goldberg (1981) «*the big five*».

Ces dimensions sont habituellement définies par un de leur pôle:

– extraversion,

– agréabilité-amabilité (*agreeableness*),

– conscience (*conscientiousness*),

– stabilité émotionnelle,

– ouverture d'esprit (*openness*).

Chaque dimension représentant un ensemble de traits, elle est le mieux décrite par les traits les plus typiques qui la constituent. On trouvera au tableau 3.2 (p. 106) les descriptions de la personnalité, généralement des adjectifs, qui, d'après les jugements convergents de dix psychologues, caractérisent le plus clairement les pôles de chaque dimension (le pôle indiqué comme positif est neutre ou socialement désirable, le pôle indiqué comme négatif est neutre ou socialement indésirable).

	Pôle négatif	Pôle positif
Extraversion	• tranquille • réservé • calme	• bavard • assuré • actif
Agréabilité	• suspicieux • froid • inamical	• sympathique • gentil • apprécié
Conscience	• insouciant • désordonné • irresponsable	• organisé • minutieux • efficace
Stabilité émotionnelle	• tendu • anxieux • nerveux	• stable • calme • contrôlé
Ouverture	• banal • intérêts étroits • simple	• intérêts larges • imaginatif • original

Tableau 3.2.
Descriptions de la personnalité caractérisant les pôles des traits du modèle d'organisation en cinq facteurs (d'après John, 1990).

Ces cinq grands traits ne sont pas totalement indépendants. Leurs inter-corrélations calculées sur un groupe de deux cent quatre-vingt-cinq sujets, essentiellement des sujets féminins, étudiantes en sciences humaines, figurent au tableau 3.3 (Rolland, 1994).

	1	2	3	4	5
1. Introversion					
2. Agréabilité	-.034				
3. Conscience	.279	154			
4. Stabilité émotionnelle	.275	.222	-.027		
5. Ouverture	-.306	·.200	.123	.073	

Tableau 3.3.
Inter-corrélations des traits du modèle d'organisation en cinq facteurs (Rolland, 1994).

Chaque trait est organisé hiérarchiquement, c'est-à-dire constitué de traits de niveau inférieur (ayant une moindre généralité), parfois appelés «facettes». Costa et McCrae (1992) ont construit un questionnaire dans lequel chaque trait comporte six facettes (tableau 3.4).

Extraversion	• cordialité • grégarité • assurance, • activité • recherche de sensations • émotions positives
Agréabilité	• confiance • loyauté • altruisme • acquiescement, • modestie • attention
Conscience	• compétence • ordre • sens du devoir • aspiration à la réussite • autodiscipline • réflexion
Instabilité émotionnelle	• anxiété, agressivité • dépression • centration sur soi, • impulsivité, • vulnérabilité
Ouverture	• fantaisie • ouverture dans le domaine esthétique • ouverture dans le domaine des sentiments • ouverture dans le domaine de l'action, • ouverture dans le domaine des idées • ouverture dans le domaine des valeurs.

Tableau 3.4
Facettes des traits du modèle d'organisation en cinq facteurs
(d'après Costa et McCrae, 1992).

L'organisation hiérarchique des traits peut présenter plusieurs niveaux. Eysenck (1970) par exemple a proposé une organisation hiérarchique du trait extraversion comportant quatre niveaux (figure 3.4, p. 108).

2.2. Trois questionnaires de personnalité classiques

Il existe de très nombreux questionnaires de personnalité. On se limitera à en présenter trois : le 16 PF issu de l'approche lexicale de Cattell,

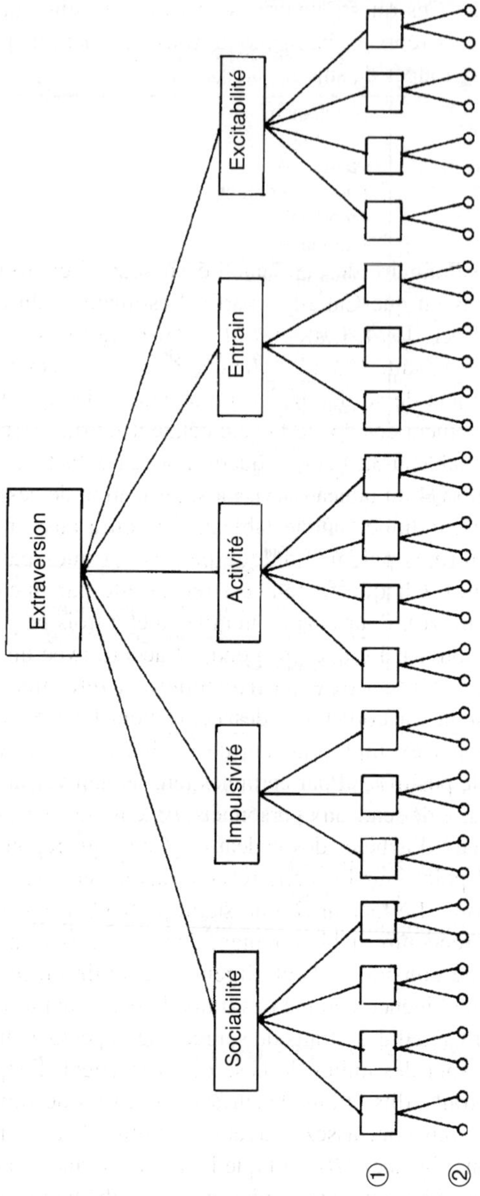

① Niveau des réponses habituelles ; ② Niveau des réponses spécifiques

Figure 3.4
Organisation hiérarchique du trait extraversion (d'après Eysenck, 1970).

le MMPI élaboré principalement pour les besoins du diagnostic en psychopathologie, et le MBTI qui présente l'originalité de situer les sujets dans une typologie. Ces questionnaires sont assez anciens, mais ils ont été révisés à plusieurs reprises. Nous montrerons comment ils permettent de différencier des groupes de sujets.

2.2.1. Le 16 PF

Le 16 PF (questionnaire de personnalité en seize facteurs) est dû à Cattell. Nous avons vu que Cattell, à partir d'estimations du comportement, (Cattell et Eber, 1974; Cattell *et al.*, 1980) avait mis en évidence douze facteurs. Par la suite Cattell a cherché à retrouver ces facteurs en demandant aux sujets de se décrire en répondant à des questions. Il a montré qu'effectivement ces douze facteurs étaient retrouvés (ce sont les facteurs A à O du tableau 3.5) et que quatre nouveaux facteurs apparaissaient (facteur Q1 à Q4 du tableau 3.5). La signification de ces seize facteurs bipolaires est indiquée sur le tableau 3.5 (on a aussi noté, entre parenthèses, les termes parfois quelque peu ésotériques par lesquels Cattell les désigne). Chaque facteur est représenté par une douzaine d'items (de dix à treize). Pour chaque item le sujet a trois possibilités de réponses, le plus souvent l'une correspond à l'accord avec une proposition, une autre au désaccord et la troisième est intermédiaire. Les réponses manifestant l'accord ou le désaccord contribuent au score du sujet. Examinons par exemple un item de l'échelle A (réservé-ouvert, ouvert étant le pôle positif) : «Pour certaines fêtes et anniversaires importants : *a*) j'aime faire des cadeaux personnels, *b*) je ne sais pas, *c*) je trouve un peu ennuyeux d'acheter des cadeaux.» Ceux qui répondent a) se voient attribuer 2 points sur l'échelle réservé-ouvert, et ceux qui répondent *b*) ou *c*) 0 point. Le facteur *B* a un statut particulier et est constitué d'items que l'on rencontre habituellement dans les tests d'intelligence. (Rien n'interdit de considérer l'intelligence générale ou les diverses dimensions de l'intelligence comme des traits de personnalité.) Les seize facteurs sont pour Cattell des «traits de source» de la personnalité. Il veut dire par là qu'ils sont des unités de base qui permettent d'expliquer de nombreux autres traits, dits «traits de surface», qui sont de simples résumés de caractères qui vont assez souvent ensemble. C'est ainsi que le trait de source «intelligence» (*B*) explique le trait de surface constitué des trois variables associées suivantes : réussite en mathématiques, étendue du vocabulaire et tact dans les relations sociales. Cattell a proposé pour

Facteurs	Notes basses sur l'échelle (-)	Notes élevées sur l'échelle (+)
A	Réservé, détaché, critique, distant, rigide. (Sizothymie.)	Ouvert, chaleureux, facile à vivre, coopérant. (Affectothymie.)
B	Lenteur d'esprit Niveau intellectuel bas.	Esprit brillant. Niveau intellectuel élevé.
C	Émotif, tourmenté, versatile. (Faiblesse du moi.)	Stable, émotionnellement mûr, calme, fait face à la réalité. (Force du moi.)
E	Modeste, doux, cède facilement docile, accommodant. (Soumission.)	Autoritaire, agressif, esprit de rivalité, entêté. (Domination.)
F	Posé, silencieux, sérieux. (Désurgence.)	Insouciant, enthousiaste. (Surgence.)
G	Opportuniste, qui esquive les lois. (Faiblesse du surmoi.)	Consciencieux, tenace, moraliste, posé. (Force du surmoi.)
H	Timide, méfiant. (Threctia.)	Audacieux, spontané, sociable (Parmia.)
I	Dur, satisfait de soi, réaliste. (Harria.)	Tendre, sensible, dépendant. (Premsia.)
L	Confiant, accommodant. (Alaxia.)	Soupçonneux, difficilement dupe. (Protension.)
M	Pratique, soumis aux contingences. (Praxernia.)	Imaginatif, bohème, distrait. (Autia.)
N	Direct, sans prétention, sincère, mais maladroit en société. (Naïveté.)	Rusé, policé, socialement averti (Clairvoyance.)
O	Confiant, placide, sans anxiété, optimiste, serein. (Harmonie tranquille.)	Anxieux, sentiment de culpabilité, inquiet, tourmenté. (Tendance à se culpabiliser.)
*Q*1	Conservateur, respectueux de la tradition. (Conservatisme.)	Innovateur, libéral. (Radicalisme.)
*Q*2	Dépendant du groupe, «suiveur», adepte convaincu. (Attachement au groupe.)	Se suffisant à lui-même, plein de ressources, résolu. (Indépendance personnelle.)
*Q*3	Incontrôlé, en conflit avec lui-même, négligent, soumis à ses impulsions, peu soucieux des convenances (Faible intégration.)	Contrôlé, exigeant, formaliste soucieux de son image. (Forte maîtrise de soi.)
*Q*4	Détendu, tranquille, nonchalant, calme. (Faible tension ergétique.)	Tendu, frustré, surmené. (Haute tension ergétique.)

Tableau 3.5
Les traits du 16 PF (d'après Cattell et Eber, 1974)

plusieurs de ses facteurs primaires des interprétations inspirées de la psychanalyse : c'est ainsi que *G* est assimilé au surmoi et *C* au contrôle des pulsions exercé par le moi.

Plusieurs facteurs de Cattell sont corrélés. Les sujets ayant des scores élevés en *A* (ouvert) ont tendance à avoir également des scores élevés en *F* (insouciant) et *H* (audacieux) et des scores faibles en *Q*2 (dépendant du groupe). Les analyses factorielles réalisées sur les facteurs primaires ont mis en évidence quatre principaux facteurs de second ordre : introversion-extraversion (*A*+, *F*+, *H*+, *Q*2-: les sujets introvertis sont ceux qui ont des scores élevés en *A*, *F* et *H* et faibles en *Q*2), adaptation-anxiété (*C*-, *L*+, *O*+, *Q*4+), émotivité-dynamisme (*A*-, *I*-, *M*-), soumission-indépendance (*E*+, *M*+, *Q*1+). On peut noter que ces quatre facteurs secondaires correspondent à quatre dimensions du modèle d'organisation de la personnalité en cinq facteurs (extraversion, stabilité émotionnelle, agréabilité, ouverture). Un cinquième facteur secondaire de Cattell, force du surmoi (*G*+, *Q*3+) correspond à conscience.

De nombreux groupes de sujets peuvent être caractérisés par leur profil au 16 PF. On a représenté figure 3.5 (p. 112) les profils moyens d'un groupe de 89 écrivains et d'un groupe de 360 pilotes de lignes. On peut constater par exemple que les pilotes apparaissent plus consciencieux (*G*), moins imaginatifs (*M*) et moins tendus (*Q*4). Pour ce qui est des facteurs de second ordre, les pilotes sont plus extravertis, moins anxieux et moins indépendants.

2.2.2. Le MMPI

La première version de l'Inventaire multiphasique de personnalité du Minnesota (Minnesota Multiphasic Personality Inventory ou MMPI) a été élaborée dans les années 1940 à l'université du Minnesota (Hathaway et McKinlay, 1940 ; 1966). La dernière version américaine est de 1989. Il vise à situer la personnalité des sujets par rapport à des personnalités pathologiques. Le questionnaire est constitué de cinq cent cinquante items couvrant des domaines très divers (état de santé, habitudes, vie familiale, affectivité, comportement social, etc.). Les items sont généralement présentés sous une forme individuelle : chaque item est inscrit sur une carte que le sujet doit classer différemment selon qu'il estime que la proposition imprimée est vraie, fausse, ou qu'il ne sait pas. Il existe aussi des formes collectives papier-crayon.

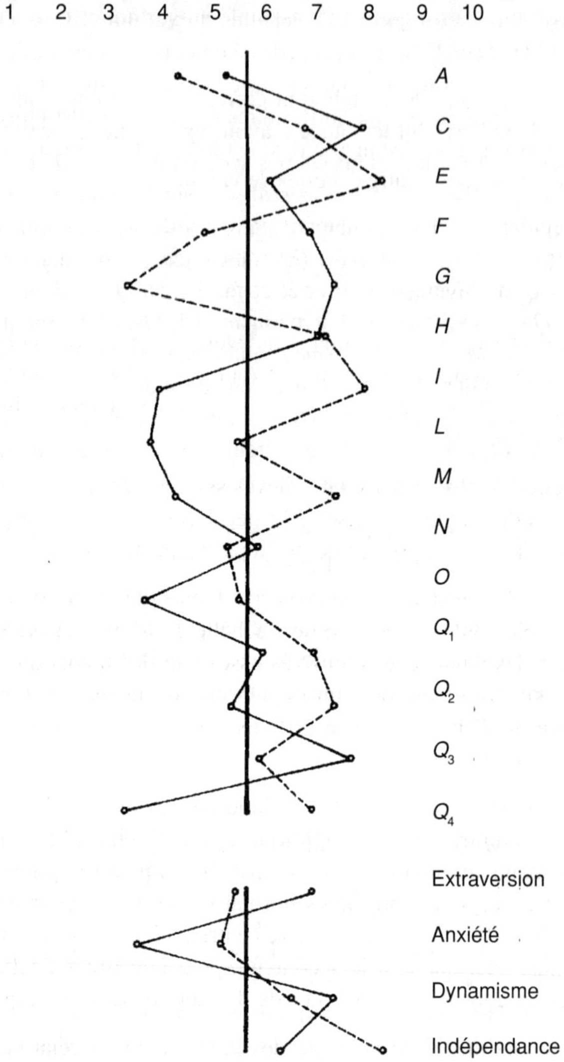

Les moyennes des sujets sont situées sur un étalonnage en dix catégories normalisées (d'après Cattell *et al.*, 1980).

Figure 3.5
Profils moyens au 16 PF d'écrivains (en pointillés) et de pilotes de ligne (en traits continus).

Le MMPI permet de situer les sujets sur quatre échelles de validité et sur neuf échelles cliniques. Les échelles de validité visent à évaluer les tendances de réponses et à fournir des éléments permettant de juger de la signification des scores obtenus sur les échelles cliniques. Ces échelles de validité sont particulièrement utiles dans le cas du MMPI puisque le sujet est caractérisé par sa distance à des syndromes pathologiques, donc peu désirables. Voici les quatre échelles de validité :

- échelle *?* : c'est le nombre d'items placés dans la catégorie «je ne sais pas». Si ce nombre est trop élevé les scores sur les échelles cliniques sont invalides ;
- échelle *L* (de *to lie* : mentir) : elle évalue la tendance délibérée et systématique à apparaître sous un jour favorable. Un score élevé sur cette échelle indique que les scores sur les échelles cliniques sont sous-estimés ;
- échelle *F* (*false*) : des scores élevés sur cette échelle indiquent que le sujet a donné des réponses très peu fréquentes et qu'il est probable qu'il n'a pas compris les items ou pas respecté la consigne ;
- échelle *K* : évaluant la tendance à donner des réponses socialement désirables, elle est proche de l'échelle *L*. Mais elle prétend évaluer plutôt des tendances défensives assez subtiles tandis que l'échelle L correspondrait plutôt à un déni brutal de la réalité. Les scores de l'échelle *K* peuvent être utilisés pour «corriger» les scores des échelles cliniques.

Les échelles cliniques ont été élaborées au moyen d'une procédure totalement empirique. On a appliqué le même ensemble d'items à des patients ayant les mêmes troubles psychiatriques (diagnostic psychiatrique) et à des sujets présumés normaux. Les items pour lesquels on a observé des différences significatives entre patients et sujets normaux ont été retenus, quel que soit leur contenu, pour constituer l'échelle relative aux troubles considérés. Voici la liste des neuf échelles cliniques :

– hypocondrie (*Hs*) : intensité des préoccupations relatives à la santé avec manifestations de souffrances corporelles assez vagues et sans bases organiques ;

– dépression (*D*) : profondeur des symptômes dépressifs ;

– hystérie (*Hy*) : degré de ressemblance du sujet avec les patients présentant les symptômes de l'hystérie de conversion (paralysie, crampes, troubles gastriques…) ;

– déviation psychopathique (*Pd*) : proximité aux sujets éprouvant peu d'émotions et indifférents à autrui ;

– masculinité-féminité (*Mf*) : degré d'identité au sexe opposé ;

– paranoïa (*Pa*) : degré de méfiance, avec sentiments de persécution, vis-à-vis d'autrui ;

– psychasthénie (*Pt*) : degré de ressemblance avec les personnes ayant des phobies et des conduites compulsionnelles (activités répétées, obsessions) ;

– schizophrénie (*Sc*) : proximité avec les sujets coupés de la réalité et ayant des pensées et des comportements bizarres ;

– hypomanie (*Ma*) : degré d'hyperactivité physique ou mentale.

À partir des items du MMPI on a construit de nombreuses «échelles additionnelles» permettant de mesurer des traits de personnalité comme l'anxiété ou la dominance. Parmi ces échelles, la plus usitée (elle figure fréquemment sur les profils standards) est l'échelle d'introversion sociale (*Si*) qui évalue le degré d'évitement des contacts sociaux. Ces échelles ont surtout été développées en vue d'un usage du questionnaire autre que l'aide au diagnostic des troubles mentaux.

Les résultats au MMPI sont généralement présentés sous forme de profils où les scores d'échelles (nombre de réponses indiquant la proximité au pôle) sont transformés en scores *T* (scores normalisés de moyenne 50 et d'écart-type 10). On a représenté sur la figure 3.6 (p. 115) les profils d'un adulte normal (profil peu différencié se situant autour de la moyenne) et d'un patient considéré comme psychotique (il se situe à environ trois écarts-types de la moyenne pour les échelles *Hs*, *D*, *Pa*, *Pt*, et *Sc*). Les très nombreux travaux réalisés sur le MMPI ont montré que les scores sur les échelles n'étaient pas d'aussi bons prédicteurs des symptômes psychiatriques correspondants qu'on aurait pu l'imaginer. Par contre l'examen de la forme du profil, c'est-à-dire la prise en compte de l'ensemble des échelles, s'est révélé utile pour le diagnostic psychiatrique.

2.2.3. Le MBTI

Comme le MMPI, l'Inventaire Typologique de Myers-Briggs (*Myers-Briggs Type Indicator* ou MBTI) a été élaboré dans les années 1940, mais ce n'est que beaucoup plus tardivement, dans les années 1970, que son usage s'est répandu (Briggs-Myers et Mc Caulley, 1987 ; Huteau, 1989). Ce questionnaire est issu de la typologie du psychanalyste C.G. Jung (1950). Pour Jung la personnalité est structurée selon deux grandes atti-

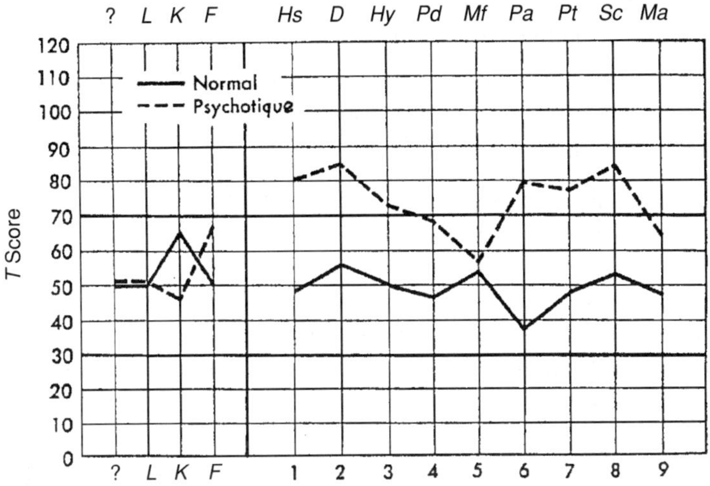

Figure 3.6
Profils d'un adulte normal et d'un psychotique au MMPI (d'après Weider, 1953, in Anastasi, 1966).

tudes qui caractérisent «la direction de l'intérêt, le mouvement de la libido», et incitent à agir dans une direction particulière. Avec l'attitude extravertie (*E*) l'intérêt va vers le dehors, le monde objectif; avec l'attitude introvertie (*I*) il va vers le dedans, le monde subjectif. Ces deux attitudes sont présentes chez chaque individu, mais l'une est dominante. Ces attitudes se manifestent dans le mode d'exercice d'une fonction cognitive. On distingue des fonctions relatives à la perception (activités inconscientes) et des fonctions relatives au jugement (activités conscientes). Il y a dominance d'un groupe de fonctions sur l'autre. La perception (*P*) peut se manifester sous la forme de sensation (*S*, *sensing)* ou d'intuition (*N*, *intuition*). La sensation est un mode de perception élémentaire, l'intuition un mode d'appréhension subjectif et immédiat de la réalité. Le jugement peut se manifester par la pensée (*T*, *thinking)* ou par le sentiment (*F*, *feeling)*. La pensée désigne des procédures logiques, le sentiment des procédures d'évaluation. Il y a également des relations de dominance au sein de chaque groupe de fonctions. Selon Jung (1964), les quatre fonctions correspondent «aux quatre moyens grâce auxquels notre conscience parvient à s'orienter par rapport à l'expérience. La sensation (c'est-à-dire la perception sensorielle) vous révèle que quelque chose existe. La pensée vous révèle ce que c'est. Le sentiment vous dit si elle est agréable ou non. Et l'intuition vous révèle d'où parvient la chose et vers quoi elle tend».

Le croisement des dichotomies qui viennent d'être présentées conduit à seize types. Le sujet est d'abord caractérisé par son attitude, puis par sa préférence pour le jugement ou la perception. Il sera ensuite caractérisé par une fonction de perception qui sera la fonction dominante s'il a préféré la perception ou la fonction auxiliaire s'il a préféré le jugement, puis par une fonction de jugement, qui sera dominante s'il a préféré le jugement à la perception et auxiliaire dans le cas inverse. On nomme les types au moyen d'un sigle de quatre lettres qui indiquent, dans l'ordre, l'attitude (*E* ou *I*), la préférence quant à la perception (*S* ou *N*), la préférence quant au jugement (T ou F), la dominance jugement-perception (*J* ou *P*). Les sujets appartenant par exemple au type *ESTP* sont des sujets extravertis qui préfèrent la perception au jugement, la fonction dominante est donc *S* et la fonction auxiliaire *T*. On considère également que la fonction dominante se manifeste dans l'orientation privilégiée par l'attitude et la fonction auxiliaire dans l'autre orientation. Avec le type *ESTP*, la fonction dominante *S* se manifeste dans la modalité extravertie et la fonction auxiliaire *T*, dans la modalité introvertie.

Le MBTI opérationnalise ces notions au moyen d'un questionnaire constitué de quatre échelles qui indiquent la préférence entre extraversion et introversion, entre jugement ou perception, entre sensation ou intuition et entre pensée ou sentiment. Chaque échelle est constituée d'une vingtaine d'items. La plupart des items présentent deux propositions et le sujet doit indiquer celle qui correspond le mieux à sa manière habituelle de sentir ou d'agir. (Pour certains items on présente simplement deux mots et le sujet doit indiquer celui qui l'attire le plus – choix forcé.) Dans l'échelle extraversion-introversion, par exemple, une proposition correspond à une manifestation d'extraversion et l'autre à une manifestation d'introversion. Les autres échelles sont construites sur le même principe.

Le sujet est classé introverti si son score d'introversion (nombre de réponses témoignant de l'introversion) est supérieur à son score d'extraversion (nombre de réponses témoignant de l'extraversion). On procède de la même manière pour caractériser le sujet sur les autres échelles.

Les quatre échelles ne sont pas totalement indépendantes. On observe généralement une association entre *JP* et *SN* : ceux qui préfèrent le jugement à la perception préfèrent aussi la sensation à l'intuition, et une association entre *JP* et *TF* : ceux qui préfèrent le jugement à la perception préfèrent aussi la pensée au sentiment.

Le MBTI permet généralement de bien distinguer des groupes de sujets. À titre d'exemple on a représenté au tableau 3.6 la distribution des types chez les étudiants français en psychologie (à l'université) et en gestion (en école de commerce). On peut constater entre ces distributions des différences sensibles. Les types *INTJ* et *INTP* sont nettement plus fréquents chez les étudiants en psychologie et les types *ESTP*, *ESTJ* et *ENTJ* nettement plus fréquents chez les étudiants en gestion. Ces trois derniers types sont présents chez 10,8 % des étudiants en psychologie et chez 62,7 % des étudiants en gestion. Relativement aux étudiants en gestion les étudiants en psychologie sont plus fréquemment introvertis (78,6 % contre 18,7 %), préfèrent la perception au jugement (64,3 % contre 36,3 %) et l'intuition à la sensation (70,3 % contre 42,6 %).

		Sensation		Intuition	
		Pensée	Sentiment	Sentiment	Pensée
Introversion	Jugement	*ISTJ* % 11,9	*ISFJ* 1,2	*INFJ* 1,2	*INTJ* 14,3
	Perception	*ISTP* 7,1	*ISFP* 1,2	*INFP* 6,0	*INTP* 35,7
Extraversion	Perception	*ESTP* 3,6	*ESFP* 0	*ENFP* 3,6	*ENTP* 7,1
	Jugement	*ESTJ* 4,8	*ESFJ* 0	*ENFJ* 0	*ENTJ* 2,4

Étudiants en psychologie

		Sensation		Intuition	
		Pensée	Sentiment	Sentiment	Pensée
Introversion	Jugement	*ISTJ* % 7,4	*ISFJ* 0,5	*INFJ* 0,5	*INTJ* 3,9
	Perception	*ISTP* 2,0	*ISFP* 1,0	*INFP* 0	*INTP* 3,4
Extraversion	Perception	*ESTP* 13,2	*ESFP* 2,0	*ENFP* 4,4	*ENTP* 10,3
	Jugement	*ESTJ* 30,9	*ESFJ* 0,5	*ENFJ* 1,5	*ENTJ* 18,6

Étudiants en gestion

Tableau 3.6.

*Distributions des types MBTI dans un groupe d'étudiants en psychologie (*N = *84) et dans un groupe d'étudiants en gestion (*N = *204)* (d'après Briggs-Myers, 1987 ; et Huteau, 1988).

2.3. La stabilité des descriptions de la personnalité

Les traits que nous venons de présenter sont assez stables (ou fidèles relativement aux sources de variation associées au moment de l'observation). Voici, par exemple, les corrélations test-retest relatives aux traits du modèle en cinq facteurs , avec un intervalle de sept ans entre le test et le retest (Costa et McCrae (1992) :

- extraversion : .81
- agréabilité : .63
- conscience : .78
- stabilité émotionnelle : .67
- ouverture : .84

Shuerger *et al.*, (1989) ont collationné les résultats de cent dix études sur la stabilité des traits évalués par huit questionnaires de personnalité (dont les trois qui viennent d'être présentés). Leurs conclusions apparaissent dans la figure 3.7. On voit que la stabilité décroît au fur et à mesure que l'intervalle entre le test et le retest augmente. Cette décroissance est d'abord rapide (les coefficients de stabilité passent de .80-.90 avec des intervalles de quelques mois à .60-.70 avec un intervalle de quinze mois) puis elle s'atténue (avec un intervalle de seize ans entre le test et le retest les coefficients de stabilité sont encore d'environ .55). On peut noter aussi, ce qui apparaissait également dans les résultats de Costa et McCrae, que la stabilité est plus forte pour le trait extraversion que pour le trait anxiété. On observe aussi que la stabilité est meilleure chez les sujets âgés que chez les sujets jeunes et chez les sujets normaux plutôt que chez les sujets souffrant de troubles pathologiques.

On a montré que des observations du comportement réalisées à l'âge préscolaire permettaient une prédiction des conduites au moment de l'adolescence. W. Mischel *et al.* (1988) évaluent le contrôle de l'impulsivité chez des enfants de 4 ans et demi. Pour cela ils présentent à l'enfant deux objets inégalement désirables. L'enfant peut prendre quand il veut l'objet le moins désirable mais il doit attendre (15 minutes au maximum) pour avoir l'objet le plus désirable. La plupart des enfants «craquent», et après un temps plus ou moins long (le délai de gratification) prennent l'objet le moins désirable. Dix ans plus tard on demande aux parents de ces mêmes enfants ($N = 87$) d'indiquer (échelles en sept points) leur réussite scolaire, leur aisance sociale, la fréquence et la gravité des problèmes

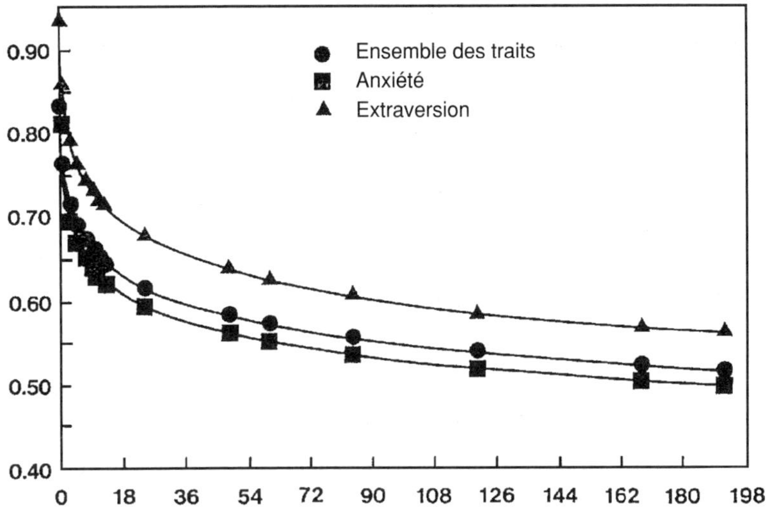

En ordonnée : coefficients de stabilité test-retest. En abscisse intervalles entre le test et le retest en mois.

Figure 3.7
Stabilité des traits de personnalité évalués par des questionnaires de personnalité (Shuerger *et al.*, 1989).

qu'ils rencontrent et leur capacité à faire face aux difficultés. On observe des corrélations positives (assez faibles mais néanmoins significatives) entre le délai de gratification à 4 ans et demi et la réussite scolaire (r = .27), l'aisance sociale (r = .39) et la capacité à faire face aux difficultés (r = .23). Mischel et ses collègues demandent aussi aux parents de décrire leurs enfants-adolescents au moyen d'un Q-sort (*cf.* dans ce chapitre paragraphe 1.3.3., p. 109). Les enfants qui maîtrisaient bien leur impulsivité sont notamment jugés capables de bien exprimer leurs idées (r = .48) et d'être attentif et de se concentrer (r = .46), ceux qui maîtrisaient mal leur impulsivité sont jugés perdre leurs moyens devant les difficultés (r = –.47) et avoir une mauvaise image d'eux-mêmes (r = -.43).

J. Block (1971) a étudié la stabilité de la personnalité entre le début de l'adolescence et 30 ans. Des psychologues cliniciens connaissant bien les sujets les décrivent au moyen de Q-sorts à ces deux âges. Dans une première série d'analyses on se demande si les propositions jugées bien décrire les sujets au premier moment les décrivent bien aussi au second.

Les corrélations observées sont d'environ .50. Dans une seconde série d'analyses on évalue pour chaque individu la ressemblance entre sa personnalité au début de l'adolescence et sa personnalité à 30 ans. Nous avons vu que la technique du Q-sort permettait d'exprimer le degré de ressemblance entre deux descriptions de la personnalité par un coefficient de corrélation. Le coefficient de ressemblance moyen est .55. Mais le fait important est la grande variabilité des coefficients autour de cette moyenne : ils vont de -.40 à .99. Il n'est donc pas très satisfaisant de dire qu'il y a une stabilité modérée de la personnalité de l'adolescence à 30 ans. Il est bien plus exact de dire que pour certains individus il y a une bonne ou une excellente stabilité (ils sont majoritaires) tandis que pour d'autres il n'y a aucune stabilité. À la stabilité correspond un développement continu, à l'instabilité correspondent des types de développement discontinu qui ont cependant leur logique et leur cohérence.

La stabilité de la personnalité a été examinée à l'âge adulte par Maas et Kuiper (1974) qui ont confronté des données recueillies sur les mêmes sujets à 30 ans et à 70 ans. Leurs conclusions sont à peu près les mêmes que celles de Block pour la période qui va de l'adolescence à 30 ans et elles sont également de même forme que celles qui concernent la stabilité de l'efficience intellectuelle (*cf.* chapitre 2 paragraphe 4.2., p. 68).

3. LA QUESTION DE LA COHÉRENCE DE LA CONDUITE

3.1. Dispositions et situations

Les traits sont des dispositions internes qui permettent d'expliquer la conduite dans de nombreuses situations. Pour préciser ce pouvoir explicatif des traits on doit s'interroger sur la nature et l'étendue des classes de situations où se manifestent des conduites dont le trait rend compte. En d'autres termes, on doit s'interroger sur le degré de cohérence de nos conduites. Cette interrogation paraît d'autant plus nécessaire que si l'on a bien le sentiment d'une certaine unité de nos comportements, donc de l'existence de dispositions internes, on a aussi le sentiment que nos conduites sont flexibles et souvent bien adaptées au caractère particulier des situations, donc qu'elles sont déterminées par les situations. À partir de 1968, à la suite de la publication d'un ouvrage de Walter Mischel, *Personality and Assessment,* mettant fortement en cause la cohérence de la conduite, une vive controverse a opposé ceux qui considéraient que la conduite s'explique principalement par des dispositions internes (les «personnologistes») et ceux qui considéraient qu'elle s'explique principalement par les propriétés spécifiques des situations (les «situationnistes») (*cf.* Huteau, 1985*a*). La critique des traits repose sur deux arguments principaux : la faible cohérence des comportements lorsque les modalités d'observation sont précisées, la surestimation de cette cohérence lorsqu'elles ne le sont pas.

Les comportements censés relever d'un même trait et se manifestant dans des situations différentes sont-ils fortement associés ? Si tel n'est pas le cas la notion de trait devient équivoque. Si ceux qui sont agressifs sur un terrain de football n'ont pas également tendance à être agressif dans les relations familiales, peut-on encore parler du trait «agressivité» ? Si ceux qui sont ponctuels lorsqu'ils vont au cinéma ne le sont pas nécessairement lorsqu'ils vont assister à des cours de psychologie, peut-on encore parler du trait «ponctualité»? En fait, on observe bien une cohérence entre les conduites dans ces situations diverses, mais, généralement de l'ordre de .30 en termes corrélationnels, elle est plus faible que celle à laquelle on pouvait s'attendre à partir de l'hypothèse de l'existence de traits généraux. Cette cohérence relative de la conduite peut aussi être mise en évidence expérimentalement. Magnusson *et al.* (1968) étudient les traits «capacité à coopérer, confiance en soi et leadership» en observant les sujets au cours d'une série de travaux de groupe. On observe une bonne cohérence de la conduite ($r = .70$) lorsque les sujets sont à peu près dans les mêmes conditions : composition voisine des groupes et tâches à effectuer sensiblement de même nature (dans ce cas ceux qui, par exemple, sont les plus coopératifs dans une situation le sont aussi dans une autre). Cette cohérence est atténuée lorsque l'on fait varier la tâche à accomplir ou la composition du groupe dans lequel le sujet est inséré. Elle l'est encore plus, et devient très faible, lorsque l'on fait varier ces deux facteurs à la fois.

Les données à partir desquelles on définit les traits ne sont pas toujours des observations précises réalisées sur la conduite lors même de son déroulement, mais proviennent souvent d'estimations ou d'auto-estimations dans des situations assez peu spécifiées. Dans ces conditions, les jugements des sujets peuvent très bien être biaisées, et généralement ils le sont, par leurs croyances. Ces croyances prennent le plus souvent la forme de «théories» spontanées, ou implicites, de la personnalité, dans lesquelles on attribue un grand pouvoir explicatif à des traits généraux. Lorsque les conditions de l'observation ne sont pas strictement définies, et c'est assez souvent le cas avec les échelles d'estimation utilisées pour le recueil des jugements d'autrui et avec certains questionnaires, les sujets, en toute bonne foi, privilégient, en les sélectionnant en priorité, les observations qui correspondent aux théories spontanées et interprètent dans le sens de ces théories spontanées les observations ambiguës. En d'autres termes, ils n'observent pas, mais interprètent, ou encore procèdent à des attributions biaisées (*cf.* dans ce chapitre paragraphe 6., p. 154). Ces mécanismes cognitifs de traitement de l'information conduisent à une surestimation de la cohérence de la conduite.

À l'issue de cette controverse qui a duré plus de deux décennies (Mischel, 1990) certains auteurs ont abandonné la notion de trait. Ils pensent (Cantor et Kihlstrom, 1987, par exemple) qu'il existe bien des différences stables entre les individus, mais celles-ci étant de leur point de vue étroitement associées à des situations spécifiques, ils considèrent qu'il n'y a guère de sens à les conceptualiser sous forme de traits inférés à partir de comportements qui covarient. Dans cette perspective, l'unité d'analyse de la personnalité n'est plus le trait mais le bloc formé par les cognitions, affects et activités de la personne qui se manifestent dans une situation particulière. Cette manière de concevoir la personnalité doit beaucoup aux théories socio-cognitives de l'apprentissage (Bandura, 1977). Mais la grande majorité des psychologues travaillant dans le champ de la personnalité n'ont pas abandonné les traits. Considérant que la cohérence de la conduite, bien que faible, était une réalité, réalité dont témoignent des travaux comme ceux de Mischel *et al.* (1988), cités dans le précédent paragraphe, ils ont conservé cette notion mais en la relativisant et en insistant fortement sur les interactions entre dispositions internes et facteurs situationnels.

3.2. La relativisation des traits

Plutôt que d'admettre l'existence de traits très généraux on cherche de plus en plus fréquemment à mettre en évidence des traits relativement à des classes de situations spécifiques. Cette démarche est bien illustrée par les travaux de Endler *et al.* (1991) sur l'anxiété. L'anxiété, nous l'avons vu, est un des traits principaux de la personnalité et de nombreux questionnaires permettent son évaluation. Mais, le trait étant général, on peut aisément montrer que la cohérence entre conduites censées être déterminées par ce trait est faible. Afin de répondre à cette objection Endler a défini quatre types d'anxiété correspondant à quatre classes de situations : des situations où l'on est l'objet d'une évaluation sociale (situations scolaires, de travail, sportives...), des situations dangereuses physiquement, des situations ambiguës, inhabituelles ou inconnues, et des situations de la vie quotidienne qui sans être spécialement anxiogènes peuvent néanmoins donner lieu à des manifestations d'anxiété (s'habiller, lire le journal...). Des échelles permettant d'évaluer chacun de ces types d'anxiété ont été construites (pour chaque type de situation le sujet doit indiquer s'il se sent nerveux, en sécurité, si son cœur bat plus vite dans ces situations, s'il les aime...). Ces échelles sont bien plus homogènes que les échelles d'anxiété générale (c'était l'objectif poursuivi). Elles ne corrèlent entre elles que modérément (tableau 3.7).

	1	2	3	4
1. Évaluation sociale		.37	.43	.16
2. Danger physique	.33		.34	.03
3. Situations ambiguës	.42	.29		.22
4. Situations quotidiennes	.10	-.08	.15	

N = 703 hommes, au-dessus de la diagonale, et 1293 femmes, au-dessous de la diagonale.

Tableau 3.7.
Corrélations entre les échelles d'anxiété du questionnaire de Endler (d'après Endler *et al.* 1991).

Si les traits sont relatifs à des classes de situations ils sont aussi relatifs à des classes de personnes. Constater que certaines personnes sont plus «prévisibles» que d'autres, c'est relever qu'il y a davantage de cohérence dans leurs conduites. Il est donc plus pertinent de caractériser au moyen de traits ces personnes prévisibles que celles que ne le sont pas, ou beaucoup moins. Bem et Allen (1974) étudient le trait bienveillance-gentillesse chez des étudiants. Ils utilisent six indicateurs :

1. auto-estimation : le sujet remplit un questionnaire où il indique ses réactions dans vingt-quatre situations ;
2. estimation par la mère : la mère utilise le même questionnaire pour décrire le comportement de son fils ;
3. estimation par le père : *idem* 2 ;
4. estimation par les pairs : *idem* 2 ;
5. la conduite du sujet est évaluée par un observateur au cours d'une discussion du groupe ;
6. le sujet est observé à son insu dans une salle d'attente où d'autres personnes attendent aussi.

On demande également aux étudiants une estimation globale de la stabilité de leur conduite d'une situation à l'autre. Sur la base de cette estimation on constitue deux groupes de même taille et on calcule les intercorrélations entre les indicateurs dans chaque groupe. Ces corrélations sont indiquées dans le tableau 3.8. La corrélation moyenne est .57 pour les sujets qui se déclarent stables et .27 seulement pour ceux qui se déclarent variables.

	1	2	3	4	5
2	.61 .52				
3	.48 .24	.75 .28			
4	.62 .56	.71 .40	.50 .34		
5	.52 .59	.34 .41	.50 .13	.45 .39	
6	.61 -.06	.46 -.18	.69 -.20	.39 .09	.73 .30

Les corrélations de la ligne supérieure de chaque case de la matrice concernent le groupe des sujets qui se déclarent «stables», celles de la ligne inférieure le groupe des sujets qui se déclarent «variables».

Tableau 3.8
Corrélations entre diverses évaluations de la gentillesse
(d'après Bem et Allen, 1974).

3.3. Points de vue interactionnistes

L'impossibilité d'opter pour des positions strictement personnologiques ou strictement situationnistes a conduit aux développements de points de vue interactionnistes où l'on considère que la conduite résulte à la fois de dispositions et de propriétés des situations en interaction. Selon le type d'interaction envisagé on peut distinguer plusieurs points de vue interactionnistes (Magnusson, 1990).

La manière la plus simple d'envisager cette interaction consiste à raisonner en termes d'effet et à se demander si l'effet du trait sur une conduite est ou non le même selon la situation, ou, ce qui revient au même, si l'effet de la situation est ou non le même selon que l'individu occupe telle ou telle position sur le trait. Aux effets de la disposition et de la situation s'ajoute alors un éventuel effet d'interaction. Dans cette perspective on donne au terme interaction le sens qu'il a en statistique : il y a interaction lorsque l'effet d'une variable varie selon les modalités d'une autre variable. Ce mode d'interaction est parfois qualifié de mécanique. L'effet d'interaction est généralement massif, nettement supérieur aux effets ajoutés des dispositions et des situations.

L'interaction entre dispositions et situations est le plus souvent définie d'une manière plus complexe : on propose des modèles fonctionnels où le processus d'élaboration de la conduite comporte une série de paramètres, certains étant relatifs aux dispositions et d'autres aux situations. Ces modèles sont structuraux dans la mesure où ils ne concernent pas des fonctions isolées mais des ensembles de fonctions dont les relations sont explicitées. Ces modèles sont aussi dynamiques (on parle fréquemment à leur propos d'interaction dynamique) dans la mesure où ils décrivent les échanges entre le sujet et son environnement. Ces échanges sont envisagés dans une dimension temporelle et un rôle important est attribué à l'activité du sujet. Certes, celui-ci subit l'influence des situations, mais il a aussi la possibilité de les modifier, il peut aussi en rechercher certaines et en éviter d'autres. Les caractéristiques retenues de la personne sont essentiellement des cognitions (procédures de traitement de l'information, stratégies, schémas de soi...) et des motivations (buts poursuivis). Elles ne sont pas nécessairement conceptualisées sous forme de traits. Les caractéristiques des situations ne sont généralement pas définies objectivement, d'un point de vue externe, mais on retient plutôt leur signification psychologique pour le sujet. Comme exemple de modèle interactionniste on peut citer le modèle proposé par M. Bruchon-Schweitzer (1994) qui vise à rendre compte, dans le champ de la psychologie de la santé, des stratégies d'adaptation, ou d'«ajustement» (*coping*), au stress. Ce modèle est schématisé figure 3.8. (p. 126). À la suite d'un stress (une maladie par exemple) les sujets développent des stratégies d'ajustement diverses : stratégies d'action qui visent à résoudre les problèmes, stratégies de défense qui visent à contrôler l'émotion engendrée par le stress (intellectualisation, déni...). Ces stratégies peuvent être repérées au moyen de critères somatiques, comportementaux, émotionnels ou cognitifs. Elles peuvent être prédites à partir des événements qui les déclenchent et des antécédents des sujets. Parmi ces antécédents on rencontre des caractéristiques sociales et biologiques et des traits de personnalité : style de vie (type A : ensemble de traits témoignant d'une certaine tension : impatience, hostilité, compétitivité, vigueur des gestes… ; type C : ensemble de traits témoignant de fortes défenses et d'une détresse sous-jacente), traits pathogènes et traits immunogènes. L'effet des déclencheurs et des antécédents varie en fonction de la perception de la situation stressante, du soutien social dont peut bénéficier le sujet et de son état d'anxiété (il s'agit du degré d'anxiété induit par le stress, qui doit être distingué de l'anxiété-trait). Ce modèle

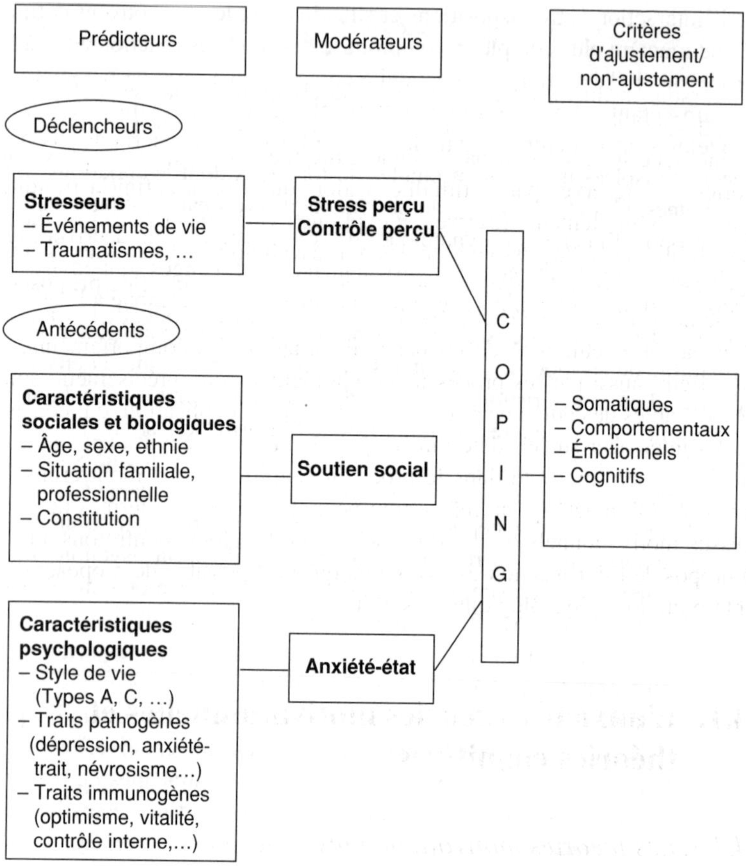

Figure 3.8.
Un modèle interactionniste en psychologie de la santé (Bruchon-Schweitzer, 1994).

peut être rendu plus complexe si l'on tient compte des effets en retour possibles des stratégies d'ajustement, notamment sur la perception de la situation et sur l'anxiété-état.

4. L'EXPLICATION DES DIFFÉRENCES INDIVIDUELLES

Lorsqu'on dit qu'un trait explique la conduite il faut se méfier des pseudo-explications qui consistent à s'imaginer que l'on a expliqué un phénomène lorsqu'on en parle d'une autre manière. Expliquer les comportements réservés par la timidité... alors que l'on a défini la timidité par les comportements réservés, n'explique évidemment rien. Les théories implicites de la personnalité des non-psychologues fournissent généralement des pseudo-explications de ce genre. En fait, elles proposent seulement des cadres descriptifs. Pour être vraiment explicatif le trait ne doit pas être seulement défini par la covariation des comportements, il doit l'être aussi par les processus psychologiques qui, précisément, sont responsables de cette covariation (un autre type d'explication, qui consiste à s'interroger sur les déterminants, héréditaires ou environnementaux, des traits sera présenté dans le prochain chapitre). Nous montrerons, à propos de l'anxiété qu'un même trait peut être analysé en termes de processus motivationnels ou de processus cognitifs. Nous montrerons aussi, à propos de l'introversion-extraversion, qu'il est possible de proposer des interprétations physiologiques des traits.

4.1. L'anxiété : théories motivationnelles et théories cognitives

4.1.1. Les théories motivationnelles

Dans certaines théories l'anxiété est la conséquence d'un conflit de motivations. Dans d'autres elle est une motivation. Pour les psychanalystes, l'anxiété (ils parlent plus fréquemment d'angoisse) résulte d'un conflit inconscient entre les pulsions sexuelles et agressives (pulsions du ça) d'une part, et les pulsions d'auto-conservation (pulsions du moi) et les exigences morales (surmoi) d'autre part. Le conflit risque de conduire à la désorganisation de la personne (le moi) et l'anxiété qui l'accompagne est le signal d'un danger d'origine interne. L'anxiété sera réduite, et les effets négatifs du conflit limités, par la mise en œuvre de divers mécanismes de défense (contre l'anxiété, et plus généralement contre les affects) : intellectualisation (établissement d'une nette séparation entre les idées et les émotions qui habituellement les accompagnent), rationalisation (production d'explications plausibles ne faisant pas intervenir les forces pulsionnelles), déni (refus de prendre en compte ce qui est source d'anxiété), refoulement (rejet dans l'inconscient des sentiments ou des idées associées aux pulsions, celles-ci ne se manifesteront qu'indirectement, à l'insu du sujet), projection (attribution à autrui de nos propres tendances que l'on refuse). Dans les typologies de la personnalité d'inspiration psychanalytique, qui parfois utilisent tout à fait explicitement la notion de trait, les sujets sont souvent distingués à partir de la nature de leur anxiété et des mécanismes de défense qu'ils privilégient (Blum, 1955).

Dans le cadre des théories de l'apprentissage l'anxiété a été conceptualisée comme une force motivationnelle *(drive)*, notamment par Hull et Spence. On considère qu'elle doit être un facteur favorable à la performance (en relation multiplicative avec le facteur entraînement) lorsque les apprentisages sont simples et consistent à établir des liaisons entre stimuli et réponses ou entre items d'information (apprentissages non compétitifs). Lorsque les apprentissages sont plus complexes, et notamment lorsqu'ils impliquent l'inhibition de réponses spontanées (apprentissages compétitifs), on s'attend à un effet moins favorable, plutôt négatif, de l'anxiété. Dans ce cas l'anxiété contribue à l'activation de mauvaises réponses. De nombreux résultats expérimentaux sont compatibles avec cette interprétation de l'anxiété. Spence (1958) a montré que les sujets anxieux acquéraient plus rapidement que les non-anxieux la réaction conditionnelle palpébrale. Les sujets sont distingués à partir de leurs réponses à un questionnaire d'anxiété constitué d'items extraits du MMPI (échelle d'anxiété manifeste de Taylor). La procédure de conditionnement consiste à associer un signal lumineux (stimulus conditionnel) à une excitation de la cornée au moyen d'un jet d'air (stimulus inconditionnel) afin que le signal lumineux seul déclenche le clignement de la paupière (réponse conditionnée). Les résultats de cette expérience sont présentés figure 3.9. On constate que le conditionnement est plus efficace et est établi plus rapidement chez les sujets anxieux. Ceci est vrai avec des stimuli inconditionnels de faible et de forte intensité (le conditionnement est plus efficace dans ce dernier cas).

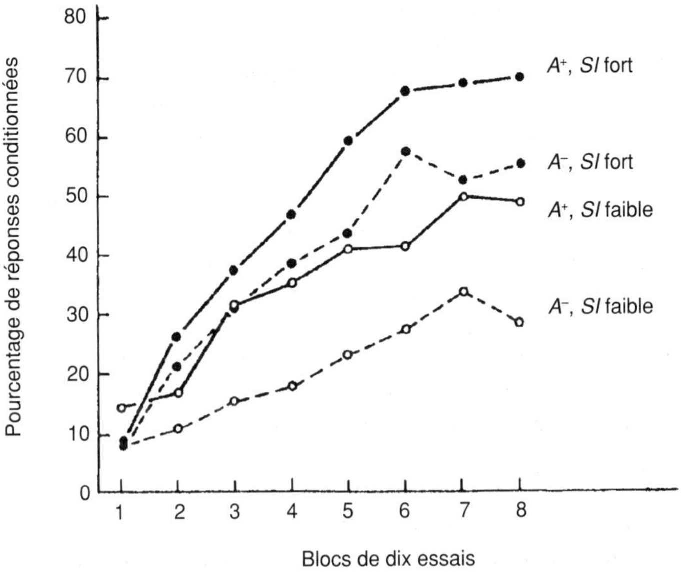

Figure 3.9.
*Conditionnement de la réaction palpébrale chez des sujets anxieux (*A+*) et non anxieux (*A–*) et en fonction de l'intensité du stimulus inconditionnel (*SI*)* (Spence, 1958).

Pour montrer que la relation entre anxiété et efficacité de l'apprentissage change de sens selon que les apprentissages sont compétitifs ou non compétitifs, Spence *et al.* (1956) ont construit des situations expérimentales très proches permettant de distinguer les deux types d'apprentissage. Dans les deux cas il s'agit d'apprentissage de couples de mots, le sujet devant associer un mot particulier à un mot inducteur. Pour les apprentissages non compétitifs, les plus faciles, les mots à associer sont déjà associés dans la langue par des relations de synonymie. Dans ce cas on considère que le niveau d'anxiété (de motivation) doit activer les associations. Pour les apprentissages compétitifs, les plus difficiles, on tend des pièges aux sujets : on leur présente également quelques couples de mots fortement associés dans la langue, comme précédemment, ce qui incite à utiliser les associations habituelles, mais pour la majorité des couples présentés l'association entre les mots est faible et le sujet doit donc apprendre à inhiber ses réponses spontanées. Les sujets anxieux, toujours d'après leurs réponses à un questionnaire, sont les plus efficaces dans les apprentissages non compétitifs (figure 3.10) et les sujets peu anxieux les plus efficaces dans les apprentissages compétitifs (figure 3.11). On peut noter que ces résultats, et nous en présenterons d'autres du même type dans ce paragraphe, fournissent des éléments de validation théorique des questionnaires d'anxiété.

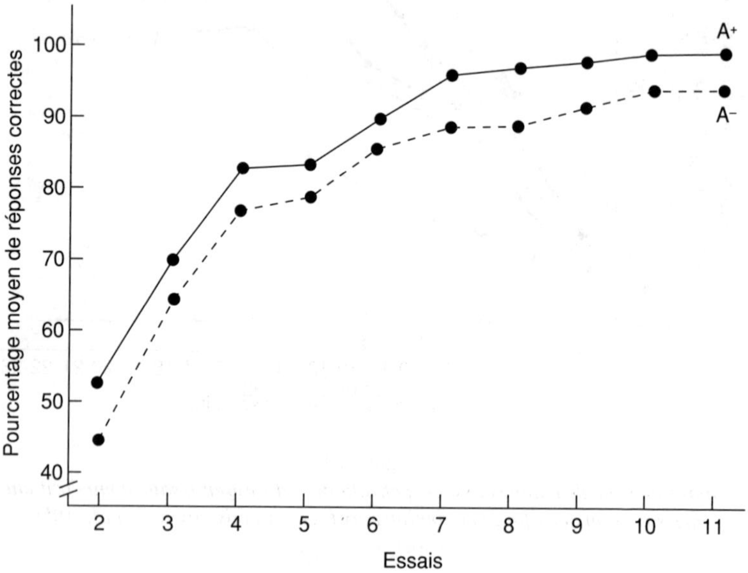

Figure 3.10.
*Apprentissage de couples associés en situation d'apprentissage non compétitif chez des sujets anxieux (*A+*) et non anxieux (*A-*)* (d'après Spence *et al.*, 1956).

Les deux approches théoriques de l'anxiété qui viennent d'être présentées ne se situent pas sur le même plan et ne sont donc pas incompatibles. Dans le premier cas on est en présence d'une théorie à champ large, c'est-à-dire qui se propose de rendre compte de la cohérence de très nombreuses conduites et que l'on cherche à valider au moyen d'observations cliniques. Dans le second cas la théorie est à champ restreint (elle concerne seulement les conduites d'apprentissage) et on la valide au moyen d'arguments expérimentaux.

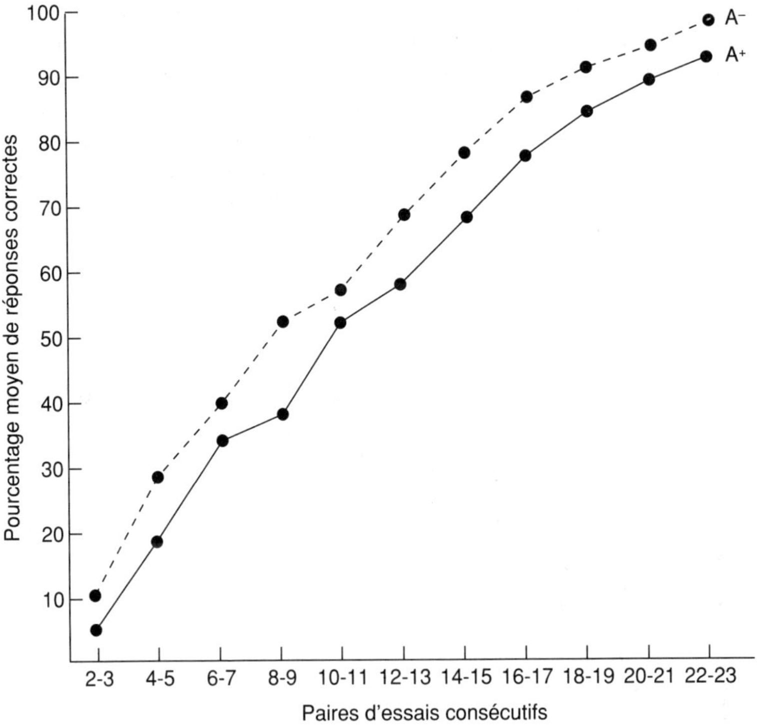

Figure 3.11.
*Apprentissage de couples associés en situation d'apprentissage compétitif chez des sujets anxieux (*A+*) et non anxieux (*A–*)* (d'après Spence *et al.,* 1956).

4.1.2. Les théories cognitives

La première théorie cognitive de l'anxiété est due à Beck (Beck, 1976 ; Freeman et DiTomasso, 1994) et est principalement fondée sur des observations cliniques de sujets souffrant de troubles sévères de l'anxiété : troubles paniques (par exemple, forte peur d'être victime d'une attaque cardiaque), phobies diverses, obsessions, états post-traumatiques, états d'anxiété généralisée. La théorie de Beck se propose de décrire les manifestations cognitives associées à l'anxiété. Elle considère également que toute une série de caractéristiques cognitives constituent un terrain favorable à l'apparition des troubles anxieux. Au cœur de la théorie de Beck on rencontre la notion de schéma (Anderson, 1985). Le schéma est une structure cognitive qui permet la sélection, le codage, l'organisation, le stockage et le rappel de l'information. Selon les schémas dont il dispose le sujet sera plus sensible à un certain type d'information : il le percevra plus facilement, le mémorisera plus facilement. Les thèmes du danger et de la vulnérabilité personnelle sont centraux dans les schémas des sujets anxieux. Ceci conduit, en présence d'une situation stressante (même modérément) à une altération des processus cognitifs entraînant des distorsions perceptives et des interprétations erronées et à la production d'idées négatives. Les sujets anxieux surestiment fortement les relations existantes ou pouvant s'établir entre eux-mêmes et des événements négatifs (personnalisation), leur attention tend à se focaliser sur des détails négatifs extraits de leur contexte (abstraction sélective), ils généralisent abusivement les résultats d'expériences négatives isolées (sur-généralisation). Le sujet est aussi amené à surestimer la probabilité d'apparition et la gravité d'événements négatifs et à sous-estimer ses capacités d'adaptation ou les aides dont il est susceptible de bénéficier. Les idées négatives des sujets anxieux peuvent prendre la forme de pensées automatiques obsédantes et incontrôlables ou de croyances plus générales relatives à soi ou au monde. Beck est également l'auteur d'une théorie cognitive de la dépression qui présente beaucoup de points communs avec sa théorie de l'anxiété.

À partir de ces conceptions théoriques Beck a développé des thérapies cognitives, il est d'ailleurs un des pionniers de ce type de thérapie (Buisson, 1991). Les thérapies cognitives des troubles anxieux sont généralement de courte durée (de cinq à vingt séances). Elles ne visent pas à modifier les schémas qui s'avèrent très résistants mais s'attaquent plutôt à leurs manifestations périphériques, et notamment aux pensées négatives. Dans un premier temps le thérapeute cherche à identifier ces pensées négatives. Pour cela il incite le sujet à analyser ses expériences émotionnelles et le contexte de leur déroulement, à les revivre, à les simuler au cours de jeux de rôles, voire même à s'engager dans de nouvelles expériences. Dans un second temps le thérapeute se fixera pour objectif la modification des pensées négatives. À cette fin il donnera des informations sur les relations entre les pensées et les sentiments, fournira des techniques permettant d'éviter les stimulations anxiogènes, il apprendra au sujet à mieux contrôler sa vie émotionnelle (il lui fera par exemple procéder à des bilans analytiques quotidiens des émotions éprouvées) et l'invitera à entrer dans des situations où il pourra prendre conscience du caractère non fondé de ses croyances négatives.

L'approche de Beck donne une grande place aux représentations et elle concerne principalement l'anxiété pathologique. D'autres approches théoriques, plus récentes, mettent davantage l'accent sur l'analyse fine des processus cognitifs, processus à l'œuvre dans la construction des représentations et plus généralement processus de traitement de toute information nouvelle, et s'intéressent davantage aux sujets présumés normaux. Chez ces sujets l'anxiété n'est pas toujours source de désadaptation, dans la mesure où elle est le signal d'un danger, elle a aussi une valeur adaptative. Parmi ces nouvelles approches théoriques nous présenterons celle de Michael W. Eysenck (M. W. Eysenck est le fils du psychologue anglais Hans J. Eysenck connu notamment pour ses travaux sur la personnalité précédemment évoqués et pour ses prises de positions héréditaristes à propos de l'explication des différences entre individus et entre groupes).

Pour M. W. Eysenck (1992), sujets anxieux et sujets non anxieux se distinguent à la fois par le contenu de l'information stockée en mémoire à long terme et par certaines propriétés de leur fonctionnement cognitif. Pour Beck, nous venons de le voir, les sujets anxieux se caractérisent notamment par des cognitions négatives. Afin d'expliquer ce fait, M. W. Eysenck fait appel à un phénomène découvert par Bower (1981) dans l'étude de la mémoire : la relation entre l'efficacité du rappel et l'humeur au moment de l'apprentissage *(mood state dependant retrieval).* Si, au moment de l'apprentissage on éprouve une émotion congruente avec certains contenus de l'apprentissage, celui-ci sera plus efficace, très vraisemblablement parce que, dans ce cas, l'émotion contribue à l'organisation de l'information à mémoriser. En d'autres termes, on mémorise mieux des choses désagréables lorsqu'on est triste, des choses agréables lorsqu'on est gai. Ce phénomène n'est observé systématiquement que lorsque le sujet perçoit un rapport de cause à effet entre le contenu de ce qu'il doit mémoriser et son état affectif. Il en va généralement ainsi dans la vie quotidienne où, plus souvent à tort qu'à raison, les sujets voient dans le contexte immédiat la cause de leur humeur. Les sujets anxieux éprouvent souvent des émotions négatives comme la tristesse et cela les conduits à mémoriser préférentiellement des informations négatives sur eux-mêmes ou sur le monde. Chez les sujets anxieux l'information négative sur soi est plus disponible. Richards et Wittaker (1990) ont demandé à des sujets anxieux et non anxieux, d'après leurs réponses à un questionnaire, d'évoquer des souvenirs à partir de mots inducteurs positifs (heureux, joyeux...) ou négatifs (difficile, douloureux...). Les sujets anxieux répondent beaucoup plus rapidement lorsque les mots inducteurs sont négatifs. Un tel effet n'est pas observé chez les sujets non anxieux (figure 3.12, p. 134). On voit comment l'anxiété s'auto-entretient : la tristesse facilite l'acquisition d'informations qui vont la justifier.

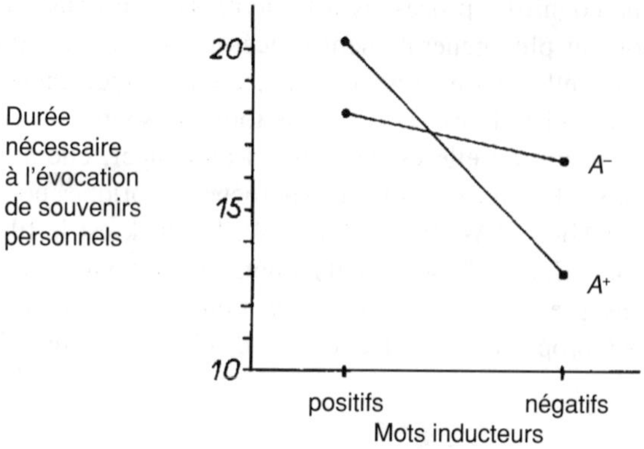

Figure 3.12.
*Rapidité d'évocation de souvenirs personnels chez les sujets anxieux (*A+*) et non anxieux (*A-*) à partir de mots inducteurs positifs et négatifs*
(d'après Richards et Wittaker, 1990).

Pour comprendre pourquoi ces cognitions négatives se mettent en place chez certains et non chez d'autres on peut considérer que certaines caractéristiques cognitives générales jouent un rôle de prédispositions. Les sujets anxieux se caractérisent par une hypervigilance générale et par une hypervigilance spécifique pour tout ce qui concerne les stimuli menaçants, et donc en rapport avec les contenus de la mémoire à long terme. L'hypervigilance se manifeste notamment dans les tâches d'attention par une plus grande sensibilité aux stimuli distractifs. Les sujets anxieux sont distraits plus facilement avec des stimuli neutres, et plus encore avec des stimuli menaçants (termes évoquant le danger physique ou des évaluations sociales négatives chez les sujets normaux, termes en rapport avec les troubles de l'anxiété chez les anxieux pathologiques). Mathews *et al.* (1990) comparent des sujets normaux, des sujets anxieux ayant suivi une thérapie et des sujets anxieux n'en ayant pas suivi. Dans la situation sans distracteurs les sujets doivent localiser le plus rapidement possible un nombre connu qui apparaît sur un écran. Dans la situation avec distracteurs la tâche est la même mais des stimuli parasites neutres (d'autres nombres) sont présents. La durée nécessaire à la localisation de la cible est plus longue dans le second cas que dans le premier. La différence entre les deux durées est une mesure de l'effet de la distraction. On peut constater sur la figure 3.13 que cet effet de la distraction est plus marqué chez les sujets anxieux. On observe des résultats allant dans le même sens lorsque l'on compare, dans une tâche identique, des sujets normaux ayant des scores plus ou moins élevés sur des échelles d'anxiété (Eysenck, 1992).

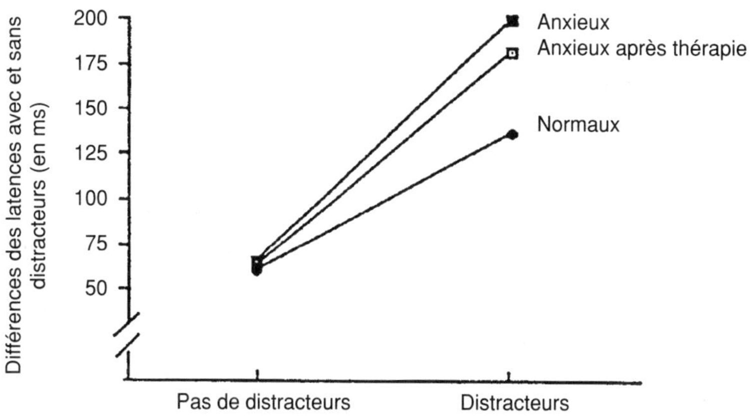

Figure 3.13.
Effet de la distraction en fonction de l'anxiété (Mathews *et al.*, 1990).

Les diverses théories psychologiques de la personnalité qui viennent d'être brièvement exposées concernent l'anxiété-trait considérée comme une disposition interne permanente et non l'anxiété-état induite par une situation particulière qui est une manifestation d'anxiété passagère. Dans les recherches où l'on prend en même temps en compte ces deux types d'anxiété on constate généralement que leurs effets s'ajoutent : les caractéristiques des sujets habituellement anxieux apparaissent plus clairement lorsque ces sujets sont effectivement anxieux. Les théories de l'anxiété sont surtout intéressantes dans la mesure où elles précisent la nature de l'anxiété en mettant en évidence ses composantes motivationnelles et cognitives. Mais leurs propositions quant aux causes de l'anxiété (conflit intra-psychique, état cognitif prédisposant...) ne peuvent être considérées à l'heure actuelle comme solidement acquises.

Nous illustrerons les théories biologiques de la personnalité à propos du trait introversion-extraversion. Notons cependant qu'il existe aussi des théories biologiques de l'anxiété. Pour Gray (1982), il existe un système d'inhibition de la conduite, localisé dans l'hippocampe, structure cérébrale également très impliquée dans la mémoire. Ce système serait activé par des stimuli nouveaux, frustrants ou dangereux. Le degré d'anxiété-trait s'expliquerait par la plus ou moins grande sensibilité de ce système d'inhibition de la conduite. La théorie de Gray est principalement fondée sur des travaux montrant que l'effet des lésions de l'hippocampe est identique à l'effet des drogues supprimant l'anxiété.

4.2. L'introversion-extraversion : un exemple de théorie physiologique

La première théorie physiologique de l'introversion-extraversion fut présentée en 1967 par Hans J. Eysenck. Eysenck reprend les notions d'excitation et d'inhibition corticales développées par Pavlov et Hull. L'excitation (ou l'éveil cortical) est un état latent invoqué théoriquement pour rendre compte des variations de l'excitabilité du cortex cérébral. L'excitation facilite les processus corticaux ; l'inhibition a un effet inverse. Pour Eysenck les variations du niveau d'excitation corticale sont déterminées par les variations de l'activité de la formation réticulée activatrice. Chez les sujets introvertis, l'excitation est forte : les potentiels d'excitation sont forts, s'établissent rapidement et se dissipent lentement ; les potentiels d'inhibition sont faibles, s'établissent lentement et se dissipent rapidement. Chez les sujets extravertis l'excitation est plus faible : les potentiels d'excitation sont faibles, s'établissent lentement et se dissipent rapidement ; les potentiels d'inhibition sont forts, s'établissent rapidement et se dissipent lentement.

De nombreuses données expérimentales sont compatibles avec cette théorie. Citons quelques exemples de travaux où l'on compare des sujets classés introvertis ou extravertis à partir de leurs réponses à des questionnaires élaborés par Eysenck.

- Ayant spontanément un niveau d'activité cortical élevé les sujets introvertis devraient chercher à éviter les stimulations, celles-ci contribuant à l'élévation du niveau d'activation. Inversement, les sujets extravertis devraient rechercher les stimulations afin d'élever leur niveau d'excitation spontané qui est faible. Si l'on examine les préférences des sujets introvertis et extravertis pour différentes intensités de stimulation auditive ou lumineuse, on constate effectivement que les sujets extravertis préfèrent des stimulations plus intenses.
- Dans les tâches de vigilance perceptive on peut s'attendre à ce que les potentiels d'inhibition apparaissent plus fréquemment et plus précocement chez les sujets extravertis. En conséquence ils devraient être moins efficients dans ce genre de tâche. Hogan (1966) présente

des chiffres à la cadence de un par seconde et les sujets doivent les noter par groupe de trois. On observe que l'efficience se dégrade plus rapidement chez les sujets extravertis et qu'elle est d'un niveau moindre (figure 3.14).

– On sait qu'au cours de la mémorisation le niveau d'éveil (ou de motivation) facilite la consolidation des traces mnésiques. Cette facilitation a pour conséquence une inhibition du rappel à court terme et une facilitation du rappel à long terme. Si les sujets introvertis et les sujets extravertis se distinguent par la force de leur potentiel d'excitation on devrait alors observer un meilleur rappel à court terme chez les extravertis (le processus de consolidation généré par l'excitation

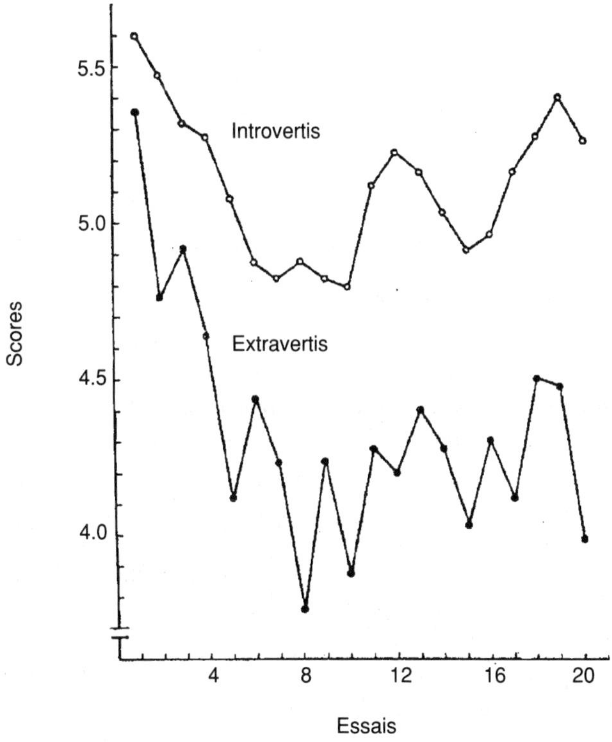

Figure 3.14.
Performance à une tâche de vigilance de sujets introvertis et de sujets extravertis (d'après Hogan, 1966).

est faible et il n'interfère pas avec le rappel) et un meilleur rappel à long terme chez les introvertis (effet du processus de consolidation). Howarth et Eysenck (1968) ont vérifié cette hypothèse en proposant à des sujets introvertis et extravertis des apprentissages de couples associés et en examinant leur performance de rappel après des intervalles variant de quelques minutes à vingt-quatre heures (figure 3.15).

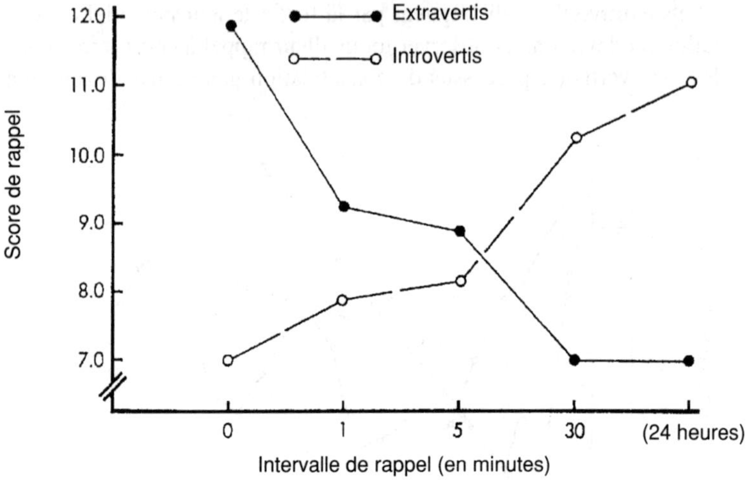

Figure 3.15.
Scores de rappel des sujets introvertis et extravertis après des délais variables
(d'après Howarth et Eysenck, 1968).

Des comparaisons plus directes de l'activité du système nerveux des introvertis et des extravertis au moyen d'indicateurs physiologiques (réactions électrodermales, potentiels évoqués) fournissent également des résultats fréquemment compatibles avec la théorie de Eysenck. De nombreuses recherches portent sur la réaction électrodermale. Cette réaction, enregistrée sur la face dorsale de l'avant-bras ou de la main, est une variation de la résistance électrique de la peau, consécutive à la sécrétion des glandes sudoripares. L'amplitude de la réaction électrodermale évaluée à partir d'un niveau de base, est un indicateur du degré d'activation de l'organisme et elle est fonction de l'intensité des stimulations. (La réponse électrodermale est sous la dépendance, notamment, de la formation réticulée du tronc cérébral et du cortex moteur.) À partir de la théorie d'Eysenck on peut s'attendre à ce que, en réponse à une stimulation, la réponse électrodermale diffère chez les introvertis et chez les extravertis. La sensibilité aux stimuli des sujets introvertis est censée être plus grande pour les stimuli de relativement faible intensité (force de l'excitation). Dans le cas des stimulations faibles la réponse électrodermale devrait donc être plus forte chez les introvertis. Wigglesworth et Smith (1976) vérifient cette hypothèse (figure 3.16). La réaction électrodermale est plus forte avec des stimuli auditifs de 100 décibels qu'avec des stimuli de 80 décibels, mais à 80 décibels elle est plus marquée chez les introvertis (à 100 décibels elle est plus marquée chez les extravertis).

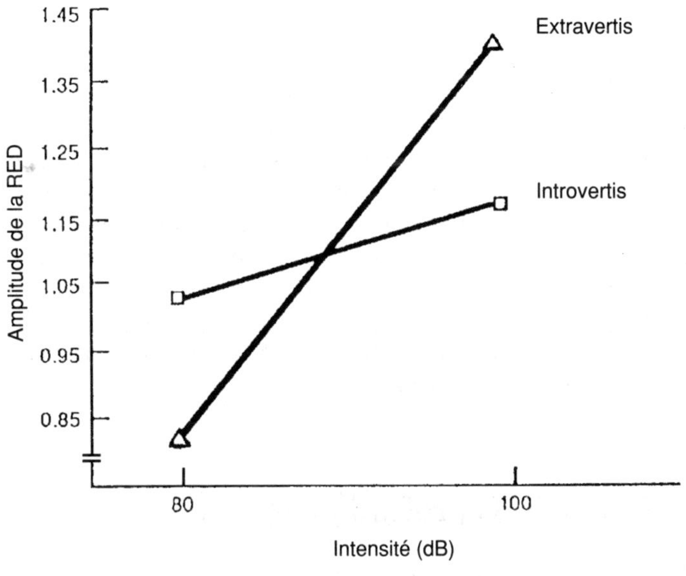

Figure 3.16.
Amplitude de la réaction électrodermale chez les introvertis et les extravertis en fonction du niveau de stimulation (d'après Wigglesworth et Smith, 1976).

Nous venons de présenter une série de faits expérimentaux compatibles avec la théorie de Eysenck. Celle-ci possède donc une certaine validité. Il serait cependant erroné de considérer qu'elle est «vraie» et générale. En effet, les faits que nous avons relevés sont aussi souvent compatibles avec d'autres théories et la théorie d'Eysenck ne rend pas compte de tous les faits connus. Si les synthèses récentes ne valident pas complètement la théorie d'Eysenck, elles font cependant apparaître clairement un fait central postulé par cette théorie : les sujets introvertis sont plus sensibles aux stimulations physiques modérées que les sujets extravertis. Mais on ne sait pas très bien quels sont les rôles respectifs des processus nerveux centraux (au niveau cortical) et des processus périphériques (par exemple au niveau du nerf auditif pour les stimulations auditives) dans l'explication de ce fait (Stilmack et Geen, 1992).

5. LES INTÉRÊTS ET LES VALEURS

Les grandes dimensions du modèle de la personnalité en cinq facteurs (parmi lesquelles on trouve l'anxiété et l'introversion-extraversion) sont des dimensions très générales qui fournissent une vision extrêmement synthétique de l'organisation d'un ensemble très étendu de conduites. Il existe de nombreuses autres dimensions qui pour être beaucoup moins générales ne sont pas pour autant moins intéressants, bien au contraire. Parmi celles-ci nous évoquerons les intérêts et les valeurs (dimensions principalement étudiées dans une perspective d'application) et les dimensions issues des travaux sur les processus d'attribution (principalement étudiées dans une perspective théorique).

5.1. Les intérêts professionnels

On dit qu'un individu manifeste un intérêt pour un objet, une activité, une situation ou une idée lorsqu'il marque une préférence (est «attiré») pour cet objet, cette activité, cette situation ou cette idée. On retrouve dans la notion d'intérêt les deux aspects de la motivation : l'aspect directionnel (notre activité est orientée vers certains buts plutôt que vers d'autres) et l'aspect intensif (l'orientation vers un but est plus ou moins forte). On peut s'intéresser à des choses très diverses : des sports, des productions culturelles, des activités manuelles, des voyages... Mais, pour des raisons pratiques, la très grande majorité des recherches sur les intérêts a porté sur les intérêts pour les professions (Dupont *et al.*, 1979). Il a paru central d'étudier les intérêts professionnels afin de donner aux jeunes et aux adultes des conseils d'orientation pertinents et de les aider à choisir un métier ou à se reconvertir.

Pour caractériser un sujet selon ses intérêts on peut lui demander de se décrire ou l'observer. Si on lui demande de se décrire on peut choisir des procédures systématiques comme les questionnaires (on dira que les intérêts sont inventoriés) ou le laisser s'exprimer librement au cours d'entretiens semi-directifs (intérêts exprimés). Si on observe le sujet, là encore l'observation peut être systématique ou libre. Dans le premier cas on inférera les intérêts de l'efficience dans des catégories de tâches bien définies ou du temps passé sur ces tâches (intérêts testés). Dans le second cas on les inférera des activités spontanées du sujet, par exemple au cours de ses loisirs (intérêts manifestés). L'approche de loin la plus fréquente consiste à évaluer les intérêts aux moyens de questionnaires. On rencontre deux grands types de questionnaires : les questionnaires de type Strong et les questionnaires de type Kuder.

Strong, dès la fin des années 1920, pose environ quatre cents questions (items) à des adultes exerçant des professions diverses. Les sujets doivent indiquer leurs préférences pour des activités pouvant être considérées comme professionnelles, des activités scolaires, des activités de loisirs, des conditions de travail, des personnalités célèbres. Il considère que les items pour lesquels les réponses des individus appartenant à un groupe professionnel particulier diffèrent nettement de celles de l'ensemble de la population sont représentatifs des intérêts de ce groupe professionnel. Ils deviennent les items de l'échelle d'intérêt pour la profession considérée. Si, par exemple, le groupe des comptables marque une préférence marquée, relativement à l'ensemble de la population, pour l'activité «tenir le fichier d'une bibliothèque», cet item sera sélectionné pour l'échelle «intérêt pour le métier de comptable». Les scores de préférences pour chaque item sont sommés afin d'obtenir un score d'échelle. Ce mode de construction des échelles est totalement empirique (a-théorique) et il est identique à celui qui a été utilisé pour les échelles cliniques du MMPI (*cf.* dans ce chapitre paragraphe 2.2.2., p. 111). Lorsqu'on applique à des jeunes des questionnaires ainsi construits on dira par exemple qu'ils ont des intérêts pour le métier de comptable si leurs intérêts ressemblent à ceux des comptables. Ceci n'aura un sens, bien sûr, que si les intérêts des comptables se manifestaient déjà avant leur entrée dans la comptabilité !

Les questionnaires de type Strong comportent de nombreuses échelles puisque l'évaluation de l'intérêt pour une profession particulière nécessite une échelle spécifique. Afin de remédier à cet inconvénient, Kuder, vers la fin des années 1930, construit des questionnaires d'intérêts selon un tout autre principe. Il considère qu'il existe des dimensions des intérêts, de la même manière qu'il existe des dimensions de l'intelligence ou de la personnalité, et pour les mettre en évidence il utilise les méthodes classiques fondées sur l'analyse des corrélations (*cf.* chapitre 1 paragraphes 2.3. et 2.4., p. 28) : proposition d'items (constitués généralement d'activités non professionnelles), relevé du degré de préférence pour chaque item, calcul des corrélations entre items et, à partir de ces corrélations, inférence de dimensions. Les activités proposées ne sont pas professionnelles, mais elles suggèrent des activités professionnelles ou des professions. Aussi, les dimensions des intérêts mises en évidence correspondent-elles à des grands groupes de professions. Kuder a dégagé dix dimensions des intérêts (figure 3.17). Par la suite certaines de ces dimensions ont été regroupées. On a très fréquemment mis en évidence des intérêts plutôt pratiques et concrets, des intérêts intellectuels généralement scientifiques, des intérêts littéraires, des intérêts artistiques, des intérêts pour le plein air et les activités physiques, des intérêts pour les travaux administratifs, des intérêts sociaux-commerciaux et des intérêts

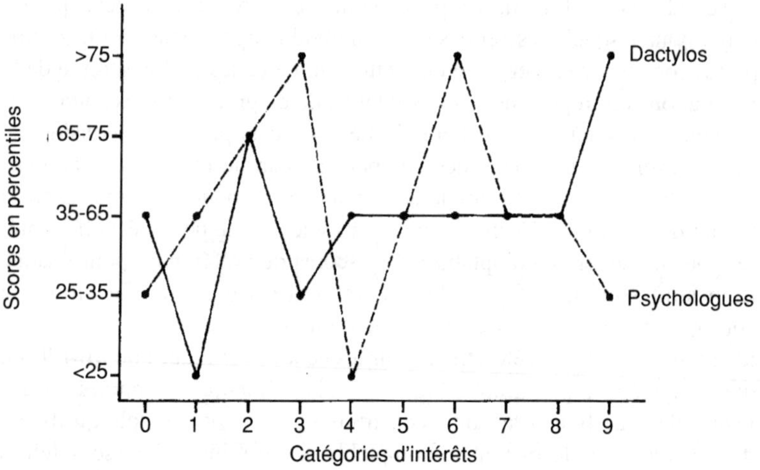

Catégories d'intérêt : 0 : plein air, 1 : mécaniques, 2 : numériques, 3 : scientifiques, 4 : persuasifs (commerciaux), 5 : artistiques, 6 : littéraires, 7 : musicaux, 8 : service social, 9 : travail de bureau.

Figure 3.17.
*Profils moyens d'un groupe de dactylos-hommes (*N = *24) et d'un groupe de psychologues-hommes (*N = *12)* (d'après Descombes, 1965).

sociaux-altruistes. Le questionnaire d'intérêt le plus utilisé aujourd'hui à travers le monde, le Strong-Campbell (Loos et Porot, 1989) combine à la fois l'approche de Strong et celle de Kuder (à l'heure de l'informatique le nombre important d'échelles qu'implique l'approche de Strong n'est plus un inconvénient).

Les intérêts ne se stabilisent que vers la fin de l'adolescence. Entre 15-16 ans et 21-22 ans, on observe, tant pour les échelles de Strong que pour les échelles de Kuder, des coefficients de stabilité d'environ .50.

Les profils d'intérêts permettent de bien distinguer les groupes professionnels. À titre d'exemple on a représenté figure 3.17 les profils d'intérêts moyens d'un groupe de dactylos et d'un groupe de psychologues (sujets masculins) au questionnaire de Kuder.

	Aptitudes			
	Verbal	Numérique	Raisonnement	Spatial
Intérêts				
Mécaniques	.04 .08	.03 .17	.11 .18	.11 .24
Scientifiques	.26 -.01	.14 .11	.25 .00	. 22 -.13
Littéraires	.24 .04	.12 -.08	-.05 -.02	-.03 -.06
Artistiques	-.17 .24	-.27 .12	-.11 .27	.12 .33
Musicaux	-.01 -.11	.08 -.14	. 02 -.17	.08 -.09
Sociaux	-.15 -.07	-.11 -.05	-.12 -.08	-.06 -.20
Persuasifs	-.07 -.06	.03 -.14	-.05 -.06	-.12 -.14
Numériques	.19 -.24	.34 -.03	. 30 -.14	. 21 -.15
De bureau	-.05 -.38	. 14 -.29	-.02 -.25	-.03 -.21

Tableau 3.9
Corrélations entre les échelles d'intérêts de Kuder et 4 aptitudes chez des filles (1e ligne) et des garçons (2e ligne) de 17-18 ans (d'après Dupont *et al.*, 1965)

Les corrélations entre les intérêts et les aptitudes sont faibles (tableau 3.9). Les corrélations entre les scores d'intérêts et l'efficience scolaire ou professionnelle sont faibles également. Certes, ceux qui ont des intérêts littéraires réussissent en moyenne mieux en français, mais peu, beaucoup moins qu'on aurait pu l'imaginer. Par contre, les intérêts sont d'assez bons prédicteurs des projets professionnels et de la position des individus dans les filières de formation et les professions (ceci ne signifie pas nécessairement que les intérêts sont toujours la cause des orientations ; ils peuvent aussi en être la conséquence). Pour résumer rapidement : les intérêts déterminent le choix des activités alors que se sont les aptitudes (ou les capacités ou compétences) qui fixent le niveau de réussite dans les activités.

5.2. La théorie de Holland

Cette théorie, présentée dès la fin des années 1960, postule l'existence de six grandes dimensions qui rendent compte non seulement des intérêts mais plus généralement de la personnalité. Elle postule également l'existence de six grandes catégories d'environnements professionnels qui correspondent aux six dimensions des intérêts. Enfin, elle considère que les individus recherchent les environnements qui correspondent à leurs intérêts et qu'ils s'y adaptent d'autant mieux que cette correspondance est forte (Holland, 1985).

Voici une brève description des six orientations d'intérêt (Dupont et *al.*, 1987) :

- «l'orientation réaliste (*R*) est caractérisée par l'attrait des activités physiques, l'action directe, la vie en plein air, les tâches concrètes, les professions techniques-pratiques ainsi que par le rejet de situations impliquant des relations interpersonnelles complexes ;
- l'orientation «investigative» (*I*) est caractérisée par l'attrait de la pensée, le besoin de découvrir et de comprendre (plutôt que le besoin de dominer ou de persuader), la tendance à l'introversion (ou du moins à une certaine réserve sociale) et l'intérêt pour les professions scientifiques (mathématiques, physique, chimie, etc.) ;
- l'orientation artistique (*A*) vise avant tout à l'expression de soi et aux relations avec autrui par le truchement de l'expression artistique ; elle correspond aussi au rejet de l'ordre établi, aux tendances individualistes, à une certaine spontanéité, etc. ; elle implique un net intérêt pour les professions artistiques et littéraires ;

– l'orientation sociale (*S*) correspond aux besoins d'enseigner et de soigner, à la recherche de situations où les relations interpersonnelles jouent un rôle important, à l'évitement de l'approche scientifique et abstraite et, évidemment, à l'intérêt pour les professions sociales, voire pour l'enseignement ;

– l'orientation «entrepreneuriale» (*E*) correspond aux besoins de dominer et de manipuler ses semblables ; elle implique l'intérêt pour le pouvoir, la politique, l'aspiration à détenir les leviers de commande – et l'esprit d'entreprise tant dans le secteur privé que dans le secteur public ;

– l'orientation «conventionnelle» (*C*) correspond au goût des règles, de l'ordre, à l'auto-contrôle, à la maîtrise des pulsions, à l'identification avec le pouvoir et l'état, à l'attrait pour les situations interpersonnelles et professionnelles bien structurées, à l'intérêt pour les professions de type administratif (employé de bureau, comptable) et pour les domaines assimilés.»

Ces dimensions reprennent les dimensions classiques établies au cours des recherches sur les intérêts professionnels. Des questionnaires permettent de situer le sujet sur chacune d'entre elles.

Les relations entre les dimensions peuvent être représentées sur un hexagone (figure 3.18., p. 146). D'après la théorie, la distance entre les dimensions est fonction de la distance entre les pôles qui les représentent sur l'hexagone. Prenons par exemple le pôle R qui représente la dimension réaliste. La ressemblance entre *R* et *I* et *R* et *C*, doit être plus grande que la ressemblance entre *R* et *A* et *R* et *E*, qui elle-même doit être plus grande que la ressemblance entre *R* et *S*. Sur la figure 3.18. les corrélations entre les dimensions (calculées sur un groupe de jeunes adultes à partir des scores à un questionnaire élaboré par Holland) sont indiquées sur les lignes joignant les pôles de l'hexagone. On peut constater que les corrélations observées ne correspondent pas exactement aux prédictions du modèle. La corrélation *R-S*, par exemple, devrait être plus faible que les corrélations *R-E* et *R-A* ; ce n'est pas le cas sur l'échantillon étudié. D'après l'ensemble des travaux réalisés la proximité entre les dimensions Entreprenant et Conventionnel est beaucoup plus grande que ce que postule le modèle (Vrignaud et Bernaud, 1994). Malgré ces quelques inadéquations on considère que le modèle de Holland a une assez bonne validité.

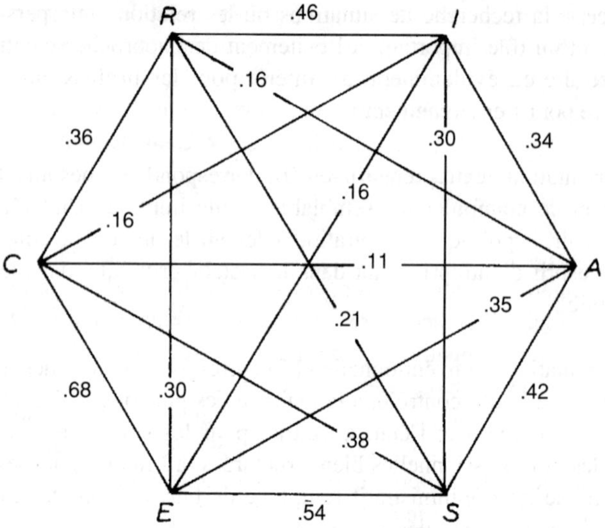

Figure 3.18.
Modèle hexagonal définissant les ressemblances entre les dimensions des intérêts (d'après Holland, 1985).

Les sujets sont généralement caractérisés par leur intérêt dominant. On peut aussi les caractériser par le patron de leurs deux ou trois intérêts dominants, ou, plus complètement, par le patron de l'ensemble de leurs intérêts. (La forme hexagonale du modèle permet de construire aisément des profils en étoile : le sujet ayant un score faible sur une dimension est situé près du centre de l'hexagone sur le segment joignant ce centre et le sommet correspondant au pôle de la dimension, celui qui a un score élevé est situé près du sommet.) Deux indices permettent de caractériser le profil d'intérêts : la cohérence et la différenciation. Les sujets sont dits être d'autant plus cohérents qu'ils se comportent comme la théorie le prévoit ! Un sujet parfaitement cohérent est, par exemple, celui qui a un score élevé sur la dimension *R*, des scores plus faibles sur les dimensions *C* et *I*, plus faibles encore sur les dimensions *E* et *A* et un score encore plus faible sur la dimension *S*. Les sujets sont d'autant plus différenciés que leur profil s'éloigne du profil plat qui correspond à des scores d'intérêts très proches sur les six dimensions.

Si la description des sujets au moyen des six dimensions d'intérêts ne pose pas trop de problèmes, il n'en va pas de même pour la description des environnements. Pour Holland les environnements professionnels ne sont pas seulement définis par les tâches à accomplir, mais aussi par leur ambiance psychosociale. Les environnements sont largement créés par les individus et leur réalité subjective est plus importante que leur réalité objective. Réduire la très grande diversité des environnements professionnels à six types paraît excessivement réducteur. Cependant, Holland, et d'autres à sa suite, n'ont pas hésité à classer les métiers en fonction des six grandes catégories d'intérêts. Bien qu'*a priori* discutable cette démarche s'est révélée heuristique.

D'après Holland le degré de congruence entre la personnalité de l'individu (ses intérêts) et son environnement permet de rendre compte d'une série de conduites. Sa théorie est donc un bon exemple de théorie interactionniste de la personnalité. Lorsqu'il y a congruence entre la personnalité individuelle et les caractéristiques de l'environnement (présent ou anticipé), c'est-à-dire lorsque le type de personnalité correspond au type d'environnement, l'individu doit en principe rechercher cet environnement, souhaiter y demeurer, y éprouver des satisfactions et bien y réussir. L'examen des profils d'intérêts en fonction des environnements fournit des données compatibles avec la théorie : en général les sujets occupant un certain environnement ont des intérêts en accord avec cet environnement. Sur la figure 3.19 (p. 148), qui représente les profils d'intérêts de quatre groupes d'étudiants de l'université de Lausanne, on peut constater que les étudiants en technologie ont principalement des intérêts réalistes et intellectuels, les étudiants en sciences des intérêts intellectuels, les étudiants en commerce-gestion des intérêts «entrepreneriaux» et conventionnels et les étudiants en théologie des intérêts sociaux. Les profils des groupes d'étudiantes sont moins typés (Dupont *et al.*, 1987).

D'autres travaux permettent d'éprouver plus directement la théorie de Holland. Dans ces travaux, on procède à des mesures de congruence entre personnalité et environnement. Personnalité et environnement peuvent être définis plus ou moins finement. L'environnement peut être la filière de formation, la profession ou la spécialité professionnelle. On peut considérer que les intentions d'orientation scolaire ou professionnelle relèvent aussi de l'environnement, il s'agit alors d'un environnement représenté et anticipé. La mesure de congruence étant réalisée, on la met en relation avec des indices de satisfaction, de stabilité et de réussite. On se demande par exemple si la congruence est un facteur de stabilité des préférences professionnelles ou de stabilité de la présence dans les filières formation, si elle est un facteur de satisfaction et de réussite dans les études ou les professions. Les conclusions de ces recherches indiquent que les hypothèses ont d'autant plus de chances d'être vérifiées que la personnalité et l'environnement sont finement évalués. Elles montrent aussi que si la congruence permet d'expliquer assez bien la satisfaction elle explique plutôt mal la réussite. Là encore les intérêts permettent de comprendre l'orientation de la conduite bien plus que son efficience (Assouline et Meir, 1987).

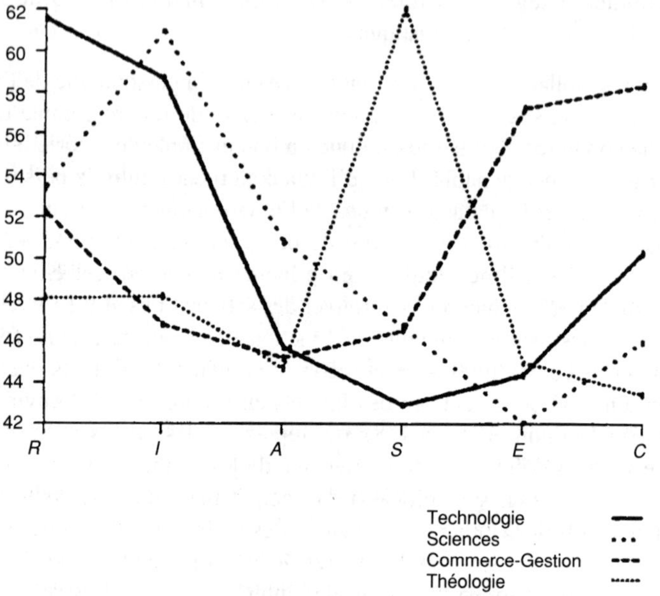

En abscisse : les six dimensions d'intérêts de Holland. En ordonnées : les scores *T* (scores normalisés, moyenne = 50, écart-type = 10) moyens de chaque groupe sur ces dimensions.

Figure 3.19.
Profils d'intérêts de quatre groupes d'étudiants (d'après Dupont *et al.,* 1987).

5.3. Les valeurs

Valeurs et intérêts sont des notions proches. Dans le secteur de la psychologie des professions on rencontre des auteurs qui n'établissent aucune distinction entre elles. On considère cependant généralement que les valeurs sont plus abstraites, plus générales et plus fondamentales que les intérêts. Si l'on admet qu'une valeur est une croyance stable en la supériorité d'un type de conduite ou d'un style de vie, c'est-à-dire une finalité de l'existence, les intérêts, préférences pour les objets ou des activités, sont alors des moyens permettant d'atteindre certaines valeurs. En d'autres termes, les valeurs se manifestent par des intérêts. Les intérêts sociaux-altruistes, par exemple, permettent de satisfaire la valeur «égalité» ; l'intérêt pour des situations de travail peu contraignantes peut éventuellement conduire à la satisfaction de la valeur «autonomie» dans le travail.

Les valeurs peuvent être définies pour des domaines particuliers comme le travail ou l'éducation, ou en général. Les valeurs sont le plus souvent évaluées au moyen de questionnaires. Ceux-ci peuvent être construits à partir de l'analyse des corrélations entre items, comme les questionnaires d'intérêts de type Kuder, le sujet est alors caractérisé par un score sur une série d'échelles. Fréquemment on procède plus simplement en présentant au sujet une liste de valeurs, établie *a priori*, et en lui demandant de les ordonner. Il existe de nombreuses listes de valeurs et l'on n'observe pas à propos des valeurs le relatif consensus que nous avons noté à propos des aptitudes cognitives, des traits de personnalité ou des intérêts professionnels. Voici, à titre d'exemple, deux listes de valeurs professionnelles (évaluées au moyen d'échelles). La liste proposée par D. Super (1991) comporte quinze valeurs : altruisme, esthétique, créativité, stimulation intellectuelle, réussite, indépendance, prestige, direction des autres, avantages économiques, réussite, ambiance de travail, relations avec les supérieurs, relations avec les pairs, genre de vie, variété. La liste proposée par J. Perron (1986), n'en comporte que cinq : statut (souhait d'être admiré, d'occuper un poste élevé, de disposer de revenus importants), réalisation (souhait d'activités créatives permettant l'expression de soi), climat (souhait d'un milieu organisé et agréable), risque (souhait de situations imprévues et de la compétition), liberté. Un des inventaires les plus utilisés dans les recherches sur les valeurs est celui de Rokeach (1973). Il concerne les valeurs générales et comporte deux séries de dix-huit valeurs que le sujet doit ordonner : des «valeurs terminales» qui désignent des objectifs personnels et de grands objectifs sociaux, et des valeurs «instrumentales» qui correspondent à des ensembles de comportements ayant une connotation morale positive ou témoignant de compétences (tableau 3.10, p. 150).

Valeurs terminales	Valeurs instrumentales
• une vie aisée	• ambitieux
• une vie passionnante	• large d'esprit
• le sentiment d'avoir fait quelque chose	• capable
• la paix dans le monde	• gai
• la beauté dans le monde	• propre
• l'égalité	• courageux
• la sécurité de la famille	• indulgent
• la liberté	• serviable
• le bonheur	• honnête
• la paix intérieure	• imaginatif
• l'amour	• indépendant
• la sécurité nationale	• intellectuel
• le plaisir	• logique
• le salut	• aimant
• le respect de soi	• obéissant
• la considération	• poli
• l'amitié véritable	• responsable
• la sagesse	• maître de soi

Tableau 3.10.
Liste de valeurs terminales et instrumentales de Rokeach (1973).

Le système de valeurs auquel adhère le sujet lui fournit des règles pour évaluer les conduites, celles des autres, et les siennes propres. Il détermine donc en partie les attitudes vis-à-vis d'autrui, les comportements adoptés et les comportements évités. Ce rôle des valeurs a été particulièrement étudié en psychologie de l'éducation et en psychologie politique.

Dans le domaine de l'éducation on a montré par exemple que les valeurs étaient associées à des préférences scolaires, professionnelles ou de loisirs. J. Perron (1981) distingue deux grandes catégories de valeurs chez les étudiants québecquois : des valeurs de réalisation «impressives» et des valeurs de réalisation «expressives». Les premières désignent des manières d'être en relation harmonieuse avec le milieu et témoignent d'un souci d'intégration (recherche d'une ambiance agréable, de la sécurité, d'un statut élevé). Les secondes désignent plutôt des manières d'être où le sujet se positionne en contraste avec son milieu et témoignent d'une volonté d'agir et de s'exprimer (acceptation du risque, recherche de liberté et de participation active). Ces valeurs sont associées aux catégories d'intérêts professionnels de Holland (figure 3.20). On peut noter que le niveau d'intérêt est plus élevé chez les sujets ayant des valeurs expressives. Les valeurs sont également associées à des activités de loisirs : aux valeurs expressives correspondent des préférences plus marquées pour les activités de plein air et les activités socioculturelles (la pratique des activités sportives, individuelles ou collectives, n'est pas associée aux

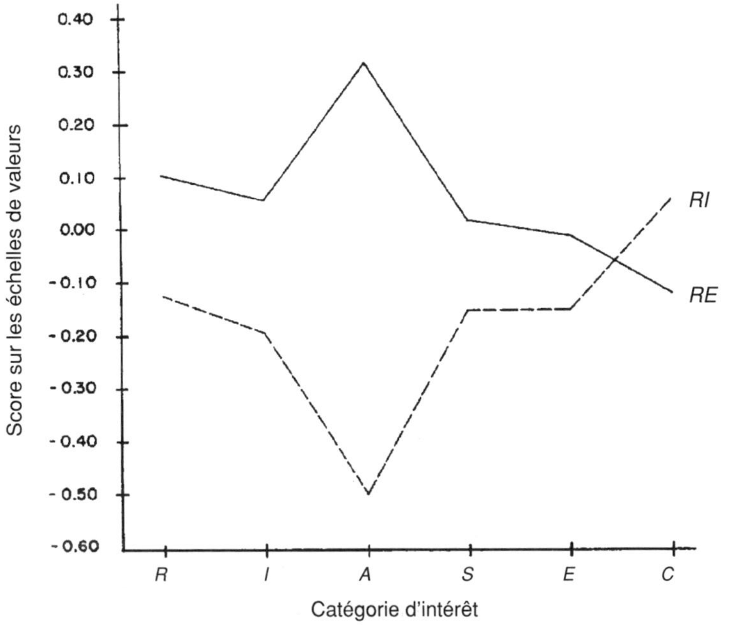

RI : valeurs de réalisation impressives, *RE* : valeurs de réalisation expressives.
R : intérêts réalistes, *I* : intérêts intellectuels, *A* : intérêts artistiques, *S* : intérêts sociaux, *E* : intérêts «entrepreneuriaux», *C* : intérêts conventionnels.

Figure 3.20
Valeurs en éducation et intérêts professionnels, N = 863 étudiants (Perron, 1981)

valeurs). On observe aussi des associations entre les valeurs et les choix d'études effectuées : valeurs impressives plus marquées pour les spécialités sciences et techniques physiques et sciences et techniques humaines, valeurs expressives plus marquées pour les spécialités arts et lettres (figure 3.21, p. 152).

Dans le domaine politique Rokeach (1973) a caractérisé quatre grandes idéologies (socialisme, communisme, capitalisme, fascisme), et ceux qui y adhèrent, à partir de deux valeurs terminales : l'égalité et la liberté. Schématiquement, chaque idéologie est caractérisée par l'importance (forte ou faible) qu'elle accorde à ces deux valeurs (figure 3.22, p. 153). Ce modèle est assez proche d'autres modèles élaborés en psychologie politique (celui de H.J. Eysenck au début des années 1950, par exemple) et dans le champ des sciences politiques. Deux types de recherches ont été produites pour valider le modèle de Rokeach. Dans les

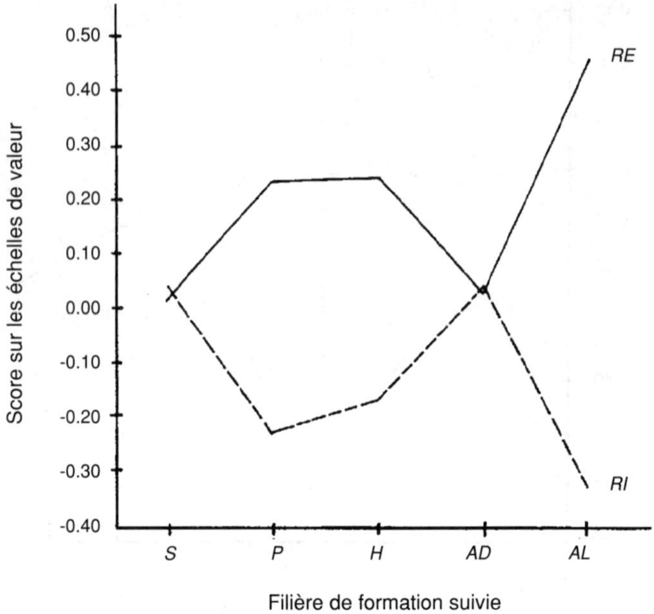

RI : valeurs de réalisation impressives,
RE : valeurs de réalisation expressives,
S : sciences et techniques de la santé,
P : sciences et techniques physiques,
H : sciences et techniques humaines,
AD : sciences et techniques administratives,
AL : arts et lettres.

Figure 3.21.
Valeurs en éducation et position dans les filières de formation, N = 913 étudiants (Perron, 1981).

recherches du premier type on analyse le contenu de textes exposant les idéologies considérées, et l'on s'intéresse plus particulièrement à la fréquence des références à la liberté et à l'égalité. Dans les recherches du second type on applique des questionnaires de valeurs à des groupes de sujets caractérisés par leur préférence ou leur engagement idéologique et on vérifie s'ils adhèrent aux valeurs liberté et égalité conformément à la théorie. Ces recherches ont fourni des résultats compatibles avec le modèle proposé par Rokeach. Ce modèle a été néanmoins critiqué. On lui a reproché une définition un peu floue des idéologies politiques (pas de distinction entre les idéologies politiques proprement dites et les systèmes économiques) et un peu trop générale des valeurs.

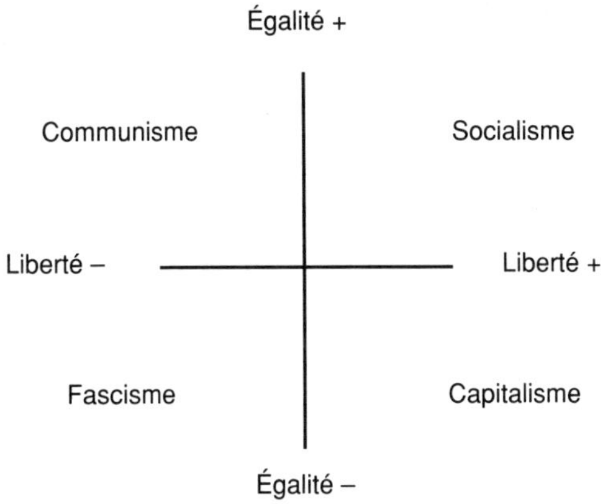

+ indique que la valeur est jugée importante, – indique qu'elle est jugée peu importante.

Figure 3.22.
Valeurs et idéologies politiques

Les valeurs sont le produit d'une histoire et déterminent et organisent des conduites variées. Aussi n'est-il pas très étonnant que psychologues, sociologues et anthropologues cherchent fréquemment à caractériser les cultures, leurs variations et leurs évolutions, à partir des valeurs. L'étude de Elizur *et al.* (1991) fournit un bon exemple d'approche comparative dans le domaine des valeurs. Ces auteurs se sont intéressés aux valeurs relatives au travail dans huit pays. Ils ont défini vingt et une valeurs (*cf.* tableau 3.11, p. 155). Chaque valeur peut être caractérisée à la fois par la nature de la satisfaction recherchée et par son mode d'obtention (on dit que les valeurs sont définies à partir de deux «facettes»). La satisfaction peut être instrumentale (c'est-à-dire matérielle), affective (c'est-à-dire concerner les relations avec autrui), ou encore cognitive (elle est considérée comme telle lorsque les aspects instrumentaux ou relationnels ne sont pas au premier rang, c'est ainsi que l'intérêt pour le travail est considéré, un peu arbitrairement, comme une satisfaction cognitive). La satisfaction peut être obtenue de deux manières : à la suite du travail et en contrepartie de la tâche accomplie (c'est alors une récompense), par le fait même d'appartenir à l'organisation (on dira alors qu'elle est une «ressource»). Le salaire est une récompense instrumentale, la responsabilité est une ressource cognitive. Les vingt et une valeurs sont proposées et les sujets de chaque échantillon national (généralement des hommes, de 20 à 30 ans, ayant bénéficié de l'enseignement secondaire) doivent indiquer sur des échelles en six points l'importance qu'ils attribuent à chacune. Les données ont été recueillies dans les années 1980. Les relations qu'entretiennent entre elles les valeurs sont à peu près les mêmes dans chaque pays. Mais on observe des différences sensibles entre pays sur l'importance attribuée à certaines valeurs : réussite dans le travail (numéro 4), intérêt pour le travail (numéro 5), possibilité de développement personnel (numéro 7), reconnaissance du travail effectué (numéro 15), estime dont on bénéficie (numéro 17), promotion (numéro 1), utilisation de ses compétences (numéro 8), avoir des responsables estimables (numéro 19) et l'ensemble des valeurs dans la modalité instrumentale (tableau 3.11).

6. LES STYLES D'ATTRIBUTION

La plupart des théories psychologiques s'intéressant à des processus généraux ont des implications pour la psychologie de la personnalité et fournissent un cadre permettant la définition de dimensions des différences individuelles. Il en va ainsi pour les diverses théories de l'attribution développées dans le champ de la psychologie sociale à partir des travaux de Fritz Heider dans les années 1940 (Weiner, 1990).

6.1. Les théories de l'attribution et la psychologie de la personnalité

Comment les individus naïfs expliquent-ils les événements de leur vie quotidienne, les conduites des autres et leurs propres conduites notamment, ou, en d'autres termes, comment «attribuent»-ils une signification aux événements ? Les théories de l'attribution proposent des réponses à ces questions. Certaines théories montrent aussi en quoi les attributions sont des déterminants des conduites (Beauvois et Deschamps, 1990). Les sujets considèrent que leur environnement social est stable et organisé. Ils sont doublement motivés pour rechercher la structure causale de cet environnement. D'une part, cette structure causale conduit à des représenta-

Modalité	Allemagne $N = 345$	Hollande $N = 515$	Israël $N = 378$	États-Unis $N = 154$	Corée $N = 95$	Taiwan $N = 148$	Chine $N = 108$	Hongrie $N = 540$
Cognitive								
1. Possibilités de promotion	15	6	3	3	8	4	9	24
2. Connaître les résultats de son travail	13	16	9	9	22	14	11	8
3. Statut du travail	24	24	23	15	24	22	17	23
4. Réussite dans le travail	9	2	2	1	1	1	1	2
5. Intérêt pour le travail	1	1	1	2	3	2	8	7
6. Faire un travail qui a du sens	3	13	13	10	13	16	14	14
7. Avoir des possibilités de développement personnel	11	4	4	6	4	6	5	13
8. Pouvoir utiliser ses compétences	8	8	6	11	5	11	2	6
9. Responsabilité	20	11	8	8	11	5	6	15
10. Apporter sa contribution à la société	23	23	24	24	21	24	4	20
11. Indépendance dans le travail	7	5	7	5	19	10	7	16
12. Être employé par une firme dont on est fier	22	22	17	18	17	21	18	21
13. Pouvoir agir sur le travail	10	7	14	17	16	18	15	18
14. Pouvoir agir sur l'organisation	21	17	19	22	20	20	13	22
Affective								
15. Reconnaissance de la qualité du travail effectué	17	12	12	13	10	8	16	3
16. Collègues de travail agréables	2	3	18	14	6	13	12	14
17. Estime dont on bénéficie	14	15	5	4	18	3	3	9
18. Possibilités d'interagir avec d'autres personnes	19	10	21	23	23	23	23	19
19. Avoir des responsables estimables	5	9	11	7	7	9	10	1
Instrumentale								
20. Salaire	12	18	15	12	14	15	20	5
21. Avantage matériels annexés	4	19	16	16	12	12	19	17
22. Sécurité dans le travail	6	14	10	19	2	7	22	10
23. Horaires satisfaisants	16	21	22	21	15	19	21	12
24. Conditions de travail confortables	18	20	20	20	9	17	24	11

Pour chaque pays les valeurs sont ordonnées de la plus importante (1) à la moins importante (24).

Tableau 3.11.

Les valeurs professionnelles dans huit pays (Elizur *et al.*, 1991).

tions cohérentes du monde dans lequel ils vivent, ce qui est source de confort. D'autre part, la connaissance, réelle ou fictive, des causes des événements permet des prédictions, et donc l'anticipation qui s'accompagne du sentiment que les événements à venir sont contrôlables, sentiment qui est également source de confort. Le processus d'attribution a été décrit, par Kelley notamment, dans les années 1960, comme analogue au processus de découverte des causes dans la recherche scientifique. Le sujet est alors considéré comme un scientifique intuitif. Il remonte des effets à leurs causes supposées et retient les causes qui, covariant avec les effets et les précédant, sont censées les produire. Pour reprendre un exemple de Kelley, je peux m'interroger sur les raisons pour lesquelles j'ai éprouvé du plaisir en regardant un film. Ce plaisir peut trouver son origine dans le film lui-même, dans l'état mental où je me trouvais au moment de la projection ou encore dans le comportement des co-spectateurs. Le sujet attribuera au film lui-même la cause de son plaisir s'il croit constater que des films apparemment voisins vus dans les mêmes conditions n'ont pas été source de plaisir, ou si ce sentiment de plaisir a été éprouvé plusieurs fois avec le même film dans des conditions variées. Les travaux conduits dans le cadre de l'attribution ont mis en évidence deux phénomènes ayant des implications, de nature différente, pour les théories de la personnalité. Les attributions sont biaisées et elles ne sont pas de même nature selon que le sujet est acteur ou observateur. Ces phénomènes montrent également que le sujet naïf est un pseudo-scientifique qui manque particulièrement d'objectivité… (Beauvois 1984).

Les attributions produites par les sujets sont biaisées dans la mesure où elles tendent à souligner ce qui est positif pour soi et à estomper ce qui est négatif (biais d'égo-centration positive). Nous nous sentons davantage responsables de nos succès que de nos échecs ! Lorsqu'on invite les sujets à expliquer leurs performances ce biais est fréquemment observé, qu'il s'agisse de performances dans des situations assez artificielles du laboratoire ou de performances scolaires, sportives, politiques. La force de ce biais d'égo-centration est modulée par divers facteurs dont l'implication du sujet dans la tâche et la présence ou non d'une évaluation sociale de la performance. Plusieurs explications non exclusives ont été proposées. Certaines sont cognitives : chez ceux qui ont l'habitude de réussir ce qu'ils entreprennent le biais d'égo-centration peut être une inférence à partir de l'expérience du succès. D'autres explications sont fondées sur la motivation. Lorsque le sujet s'attribue ses échecs, son estime de soi est atteinte et son prestige aux yeux des autres est réduit. L'attribution conduit alors à des émotions négatives désagréables. La révision des attributions dans un sens plus favorable au sujet permet une restauration d'un état affectif plus satisfaisant. Dans cette perspective le biais est l'indice d'un mécanisme de défense. Nous avons noté que dans le cadre des théories dynamiques la personnalité était notamment définie à partir des mécanismes de défense privilégiés. Aussi, peut-on considérer que les biais d'égo-centration, examinés sous l'angle de leur intensité, de leur nature, de leur généralité ou de leur stabilité, témoignent de la personnalité des individus.

La nature des attributions varie selon que le sujet est acteur ou observateur. L'acteur tend à expliquer ses conduites par les exigences de la situation. L'observateur tend à expliquer les conduites d'autrui en lui attribuant des caractéristiques personnelles stables. Lorsque nous avons un comportement agressif, c'est que nous sommes provoqués ; si les autres sont agressifs, c'est que c'est dans leur nature ! Ce phénomène est moins général que celui qui concerne les biais d'auto-centration. Dans le cas où il se manifeste on peut en rendre compte à partir de l'information dont disposent acteur et observateur. Deux lignes explicatives, non exclusives, suggérées par Heider, peuvent être développées. La première fait appel aux conséquences des différences de statut (acteur ou observateur) sur la mémoire : ayant une mémoire de ses actions l'acteur aura appris que ses conduites varient avec les contextes situationnels, tandis que l'observateur, ne disposant pas de cette mémoire, tendra à sous-estimer l'effet des contextes situationnels. La seconde explication fait appel à l'attention : il est clair que l'attention de l'acteur est bien davantage focalisée sur la situation, en fonction, précisément, des urgences de l'action que celle de l'observateur. Il n'est donc pas surprenant que les attributions de l'acteur donnent une place importante aux caractéristiques des situations. On aura remarqué que l'acteur et l'observateur adhèrent en fait à des théories implicites de la personnalité différentes : l'acteur se comporte comme un «situationniste» et l'observateur comme un «personnologiste» (*cf.* ci-dessus, paragraphe 3, p. 120). Si l'on accepte les points de vue interactionnistes présentés ci-dessus, il est vraisemblable que les attributions de l'acteur et de l'observateur sont les unes et les autres biaisées et il n'y a pas de raisons particulières de privilégier systématiquement le point de vue de l'un ou de l'autre (dans cette perspective, dire, comme cela est fréquent, que les biais de l'observateur constituent une «erreur fondamentale» est discutable).

On voit que les théories de l'attribution sont associées à la psychologie de la personnalité : les attributions témoignent de caractéristiques personnelles et elles permettent d'aborder, au niveau des théories implicites de la personnalité, la question de l'interaction entre les dispositions et les situations. Les théories de l'attribution ont également permis de définir plusieurs traits de personnalité. Nous en présenterons deux : *le locus of control,* ou contrôle externe-contrôle interne, et les styles d'attribution défensif et dépressif.

6.2. Contrôle interne – contrôle externe

La dimension internalité-externalité du contrôle (*locus of control)* permet de distinguer les individus qui considèrent qu'ils sont à l'origine de ce qui leur arrive (contrôle interne) et ceux qui considèrent plutôt que ce qui leur arrive dépend du hasard ou des autres (contrôle externe). Cette dimension a été mise en évidence par Julian B. Rotter (1966 ; *cf.* Dubois, 1987). Rotter est un clinicien qui, dans le cadre de préoccupations relatives aux psychothérapies, cherche à comprendre pourquoi les individus s'engagent ou non dans certaines situations, c'est-à-dire dans certains apprentissages. Se situant dans le cadre des théories de l'apprentissage social, Rotter considère que l'engagement dans les situations est déterminé par deux facteurs : la valeur de la récompense escomptée (valeur du renforcement) et la probabilité de réussite dans la situation considérée (attente ou expectation de succès). L'attente de succès dépend de l'expérience du sujet dans des situations analogues. Elle dépend aussi, et c'est ici qu'intervient la notion d'internalité-externalité du contrôle, de croyances assez générales du sujet quant aux relations entre son comportement et l'obtention de la récompense. Si le sujet pense que l'obtention de la récompense est déterminée par sa conduite (attribution interne), l'attente de succès sera forte. S'il pense que l'obtention de cette récompense a peu de rapports avec sa conduite, qu'elle dépend des autres ou du hasard (attribution externe), elle le sera beaucoup moins. Les croyances relatives au contrôle (c'est-à-dire à la présence ou à l'absence d'un contrôle personnel) constituent une dimension de la personnalité. Le poids de ce facteur personnel dans la détermination de la conduite sera d'autant plus important que le sujet sera confronté à des situations nouvelles pour lesquelles l'attente de succès ne peut se fonder sur l'expérience antérieure.

Il existe quelques tests objectifs permettant de situer les sujets sur la dimension interne-externe, mais on utilise généralement des questionnaires. Le questionnaire proposé par Rotter est un questionnaire à choix forcé où chaque item comporte deux propositions, l'une désignant le contrôle interne, l'autre le contrôle externe. Le sujet doit choisir l'une des propositions et l'on dira qu'il est plutôt interne ou qu'il est plutôt externe selon qu'il choisit plus ou moins fréquemment l'un ou l'autre type de proposition. Exemple d'un item du questionnaire de Rotter : «*a*) le succès est une question de travail et presque jamais une question de chance, *b*) pour obtenir une situation intéressante il suffit souvent de se trouver au bon endroit au bon moment». Pour Rotter l'internalité-externalité est un trait très général. Mais, ce trait, comme d'autres (*cf.* dans ce chapitre paragraphe 3, p. 120), est parfois plus pertinent lorsqu'on le définit relativement à des classes de situations. Aussi existe-t-il des échelles d'internalité-externalité pour le domaine scolaire, celui de la santé ou encore celui des relations interpersonnelles. La stabilité de la position des sujets sur le trait interne-externe est plus faible que la stabilité observée sur les traits du modèle d'organisation de la personnalité en cinq facteurs et ceci d'autant plus que l'intervalle entre le test et le retest s'allonge.

De très nombreuses recherches ont porté sur la comparaison des sujets plutôt internes et de sujets plutôt externes (Dubois, 1987). Voici quelques-uns de leurs résultats :

- On observe très souvent que les sujets internes sont plus efficaces que les sujets externes dans les apprentissages. Ils réussissent notamment mieux dans les apprentissages scolaires. Ceci peut se comprendre dans la mesure où le contrôle interne est généralement un facteur motivationnel plus puissant que le contrôle externe. (Ce n'est pas toujours le cas : on peut très bien être persuadé que la réussite dépend de soi et en même temps se percevoir comme incapable.)

- Dans un certain nombre de cas, sujets internes et externes n'ont pas les mêmes attitudes vis-à-vis de l'information et semblent ne pas la traiter de la même manière. Les sujets internes recherchent plus activement l'information, la traitent plus exhaustivement et en font un usage plus pertinent. Chez les malades, les sujets internes se renseignent beaucoup plus sur leur maladie et sont plus attentifs à tout ce qui la concerne, ce qui est un facteur favorable à la guérison.

- Le niveau d'aspiration des sujets internes est modulé par la réussite et l'échec : il s'élève en cas de réussite, s'abaisse en cas d'échec. Une telle relation, comme on pouvait s'y attendre, ne s'observe pas chez les sujets externes. Si l'on considère que la réussite dépend du hasard, il n'y a en effet aucune raison pour que les attentes soient modulées par la qualité de la performance.

- Sujets internes et externes ne s'engagent pas dans les mêmes situations. Au niveau de leurs projets professionnels les adolescents internes marquent une préférence pour les situations où des possibilités de contrôle et d'initiative sont offertes. Les sujets internes manifestent plus fréquemment le désir de s'engager dans des situations qui exigeront des efforts sérieux d'adaptation et de maîtrise de l'environnement. C'est ainsi que les étudiantes qui déclarent vouloir s'engager dans des professions traditionnellement masculines sont plus internes.
- Sujets internes et externes se distinguent aussi par leurs conduites sociales. Les internes, vraisemblablement parce que les attributions auxquelles ils procèdent conduisent à une plus grande confiance en soi, sont moins sensibles à l'influence sociale. Si l'on demande, par exemple, aux sujets de décider très rapidement lequel de deux ensembles de points en comporte le plus, après que des compères aient donné des réponses unanimement fausses, on observe que les sujets externes s'alignent plus facilement sur le jugement d'autrui. Cette plus grande sensibilité à l'influence sociale des sujets externes apparaît aussi en l'absence de la pression d'un groupe lorsque l'influence est plus subtile et se manifeste par exemple uniquement par des sourires ou par l'intonation de la voix. L'engagement dans les mouvements sociaux et politiques devrait en principe être plus fréquent chez les internes puisque ceux-ci croient davantage que les externes à l'efficacité de leurs actions. Or, ceci n'a généralement pas été confirmé par les recherches empiriques. Ce résultat surprenant peut être interprété de plusieurs manières. L'engagement socio-politique obéit souvent à des valeurs et il n'est sans doute pas aussi fortement déterminé qu'il le semble par l'attente du résultat. On a aussi parfois évoqué le plus grand individualisme des sujets internes.
- Les sujets internes contrôlent mieux leur vie émotionnelle. Face à des situations stressantes (des catastrophes naturelles ou des événements de la vie personnelle comme la perte d'emploi ou le décès d'un proche) ils ont des réactions plus adaptées. On observe généralement que les sujets externes sont plus anxieux que les internes. Dans le cadre des théories de l'apprentissage social on considère que l'anxiété est la conséquence de l'externalité.

Si les sujets internes témoignent fréquemment de meilleures capacités de réussite et d'adaptation, cette supériorité est loin d'être générale. On peut relever par exemple que chez les enfants et les adolescents les internes n'ont pas un développement intellectuel plus précoce et que chez les adultes ils ne sont pas plus efficaces dans les tests cognitifs. Il n'en demeure pas moins que l'internalité est socialement plus désirable que l'externalité. Aussi, a-t-on pu considérer que les différences individuelles en matière d'internalité ou d'externalité du contrôle pouvaient s'expliquer par des différences dans le degré d'apprentissage d'une norme : la norme d'internalité.

6.3. Les styles d'attribution défensif et dépressif

Les recherches sur l'apprentissage conduites chez l'animal ont montré les conséquences négatives de l'absence de contrôle des situations par les sujets. Seligman (1975) soumet des chiens à des stimulations électriques douloureuses, certains peuvent y échapper, d'autres non. Lorsqu'on donne par la suite à ces derniers la possibilité d'échapper à des stimulations désagréables, ils ne l'utilisent pas. Ils sont passifs et leurs capacités d'apprentissage se sont réduites. Le fait, pour l'animal, de pouvoir contrôler la situation a au contraire des conséquences positives. Seligman a observé des phénomènes identiques chez l'homme qui l'on conduit à définir le syndrome d'impuissance acquise (*learned helplessness*). Ce syndrome se caractérise au plan motivationnel par un manque de dynamisme, au plan affectif par des sentiments négatifs et au plan cognitif par des difficultés à établir des relations entre les actions et leurs résultats. On peut noter des analogies entre l'impuissance acquise et la dépression dont les traits marquants sont la grande tristesse et le ralentissement moteur et cognitif.

Les attributions jouent un rôle important dans la genèse et dans le maintien de l'impuissance acquise chez les humains. Lorsque le sujet se demande pourquoi ses conduites sont ou ne sont pas suivies de l'effet recherché, plusieurs réponses sont possibles. Il peut avoir tendance à considérer que ses succès ne dépendent pas de lui, ne se répéteront pas et sont limités à une situation particulière, et qu'il est responsable de ses échecs, qu'ils se reproduiront et qu'ils sont généraux. Dans ce cas on dira qu'il y a un style d'attribution dépressif. Ces attributions le conduiront, via les attentes qu'elles déterminent, à l'impuissance acquise. À l'opposé, le sujet peut penser qu'il est responsable de ses réussites, qu'elles se reproduiront et qu'elles ne dépendent pas du caractère particulier de la situation, et qu'il n'est pas responsable de ses échecs, qu'ils ne se reproduiront pas et qu'ils dépendent du caractère particulier des situations. Ces attributions définissent le style défensif et elles permettent des conduites plus efficaces que les précédentes et un état émotionnel plus satisfaisant. Les caractéristiques de chaque style sont résumées dans le tableau 3.12.

		Internalité	Stabilité	Globalité
Style défensif	• réussite • échec	• interne • externe	• stable • instable	• générale • spécifique
Style dépressif	• réussite • échec	• externe • interne	• instable • stable	• spécifique • général

Tableau 3.12.
Attributions caractérisant les styles dépressif et défensif
(d'après Seligman et *al.*, 1979).

À partir de ces définitions Seligmann et ses collègues (Peterson *et al.*, 1965) ont construit un questionnaire de style d'attribution permettant d'évaluer la proximité à chacun des styles. Le sujet est mis en présence de situations évoquant des réussites ou des échecs et il doit indiquer ses attributions selon les trois modalités du modèle théorique. Exemple de situation évoquant des échecs : «Vous n'arrivez pas à rendre à temps le travail qui vous est demandé.» Le sujet doit s'imaginer être dans cette situation et indiquer la raison principale de son échec. On lui demande ensuite de caractériser cette raison en répondant aux trois questions suivantes au moyen d'échelles d'estimation. «La raison indiquée tient-elle à vous-même ou tient-elle à d'autres ou aux circonstances (internalité) ? À l'avenir, quand vous aurez à rendre un travail dans un délai fixé, cette raison sera-t-elle de nouveau présente (stabilité) ? Cette raison influence-t-elle uniquement la situation où vous avez à rendre un travail dans un délai fixé, ou influence-t-elle d'autres domaines de votre vie (globalité) ?»

Plusieurs faits suggèrent fortement que le style d'attribution qualifié de dépressif est effectivement un facteur prédisposant à la dépression, dépression qui est généralement consécutive à un événement stressant. À la suite d'un accouchement par exemple les femmes qui manifestent des troubles dépressifs sont bien plus fréquemment celles qui présentaient un patron d'attributions proche de celui du style dépressif. À la suite d'un échec à un examen il est fréquent que des étudiants manifestent quelques signes dépressifs, or, là encore, ces étudiants sont ceux qui, avant l'examen, avaient un pattern d'attributions proche de celui du style dépressif.

LECTURES CONSEILLÉES

HUTEAU M.,
1985*a*, *Les conceptions cognitives de la personnalité*, Paris, PUF.

NUTTIN J.,
1968, *La structure de la personnalité*, Paris, PUF.

REUCHLIN M.,
1990*b*, *Les différences individuelles dans le développement conatif de l'enfant*, Paris, PUF.

Chapitre 4

L'ORIGINE DES DIFFÉRENCES INDIVIDUELLES

Lorsqu'on aborde la question de l'origine des différences individuelles on pense tout de suite à deux grandes catégories de facteurs : des facteurs héréditaires et des facteurs de milieu. La variabilité entre les individus peut en effet être mise en relation à la fois avec la variabilité de leur patrimoine génétique et avec la variabilité des influences qu'ils subissent tout au long de leur développement. Les études expérimentales de sélection conduites chez l'animal et les maladies génétiques humaines témoignent, dans des conditions particulières, d'un rôle massif des facteurs héréditaires. Chez l'homme normal facteurs héréditaires et facteurs de milieu agissent en étroite interaction et nous verrons qu'il n'y a guère de sens à évaluer leurs poids respectifs. Les modalités d'action des facteurs héréditaires et des facteurs de milieu doivent être précisées. Pour les premiers, en recherchant et en élucidant les associations entre la présence de certains gènes et la présence de certains comportements, c'est un des objectifs d'une branche de la biologie, l'analyse génétique des comportements. Pour les seconds, en repérant parmi les multiples influences environnementales celles qui sont pertinentes et en expliquant pourquoi elles conduisent à une structuration relativement stable des conduites variant d'un individu à l'autre.

1. LES FACTEURS HÉRÉDITAIRES : SÉLECTION ET ANOMALIES GÉNÉTIQUES

1.1. Les expériences de sélection chez l'animal

Depuis le début du néolithique les éleveurs procèdent à des croisements sélectifs afin de modifier les espèces animales et les doter de caractères «intéressants» pour l'homme. Sur le même principe des expériences ont été conduites pour produire des groupes de sujets relativement homogènes quant à certains traits comportementaux.

Une des plus connues de ces expériences a été réalisée par R.C. Tryon à la fin des années 1930 (Tryon, 1942). Tryon constate que les rats blancs devant parcourir un labyrinthe pour atteindre leur nourriture sont inégalement efficaces : en dix-neuf essais certains ne s'engagent presque jamais dans les impasses du labyrinthe (ils font peu d'erreurs), tandis que d'autres s'y engagent près de deux cents fois (figure 4.1).

Il sélectionne les rats les plus performants et les fait se reproduire entre eux et il fait la même chose pour les rats peu performants (sélection bidirectionnelle). Il mesure ensuite l'efficience des descendants de ces deux groupes (première génération ou F1) dans le labyrinthe. On n'observe pas de différences dans leurs performances. Il sélectionne alors les plus performants du groupe issus des plus performants et les fait se reproduire entre eux. Il procède de la même manière pour les sujets issus du groupe peu performant. On voit alors apparaître chez les descendants (seconde génération ou F2) une différence dans les moyennes des deux groupes : ceux qui sont issus des plus performants sont plus performants. Tryon continue ainsi jusqu'à dix-huit générations. Dès la septième génération (figure 4.1) on voit apparaître deux groupes de rats bien distincts et il n'y a quasiment plus de recouvrement entre les distributions des performances de chaque groupe : les moins efficaces du groupe «performant» sont meilleurs (à quelques exceptions près) que les plus efficaces du groupe «non performant». Les rats ont été sélectionnés sur la base de leur capacité spontanée d'apprentissage. En l'absence d'une base génétique à la conduite la sélection aurait été inefficace. Lorsque la sélection est faite sur la base de l'apprentissage (croisement de sujets ayant bénéficié d'un apprentissage et croisement de sujets n'en ayant pas bénéficié) elle n'est pas efficace : les caractères acquis ne sont pas héréditaires. Dans l'expérience de Tryon la sélection a permis un tri génétique. Le résultat de ce tri est annulé si l'on croise les rats performants et les rats non performants (F7), leurs descendants se distribuent comme dans la population initiale. Des expériences de ce type ont été conduites sur divers traits dans plusieurs espèces animales : activité, émotionnalité, agressivité, préférence pour l'alcool chez les rats, comportements vis-à-vis des larves mortes chez les abeilles, géotaxie, phototaxie chez la drosophyle…

Les rats issus de la lignée performante ne réussissent pas mieux que les autres dans de nombreuses tâches d'apprentissage (notamment dans les labyrinthes aquatiques). La sélection n'a donc pas porté sur une aptitude à apprendre générale qui pourrait évoquer l'intelligence. Elle a porté

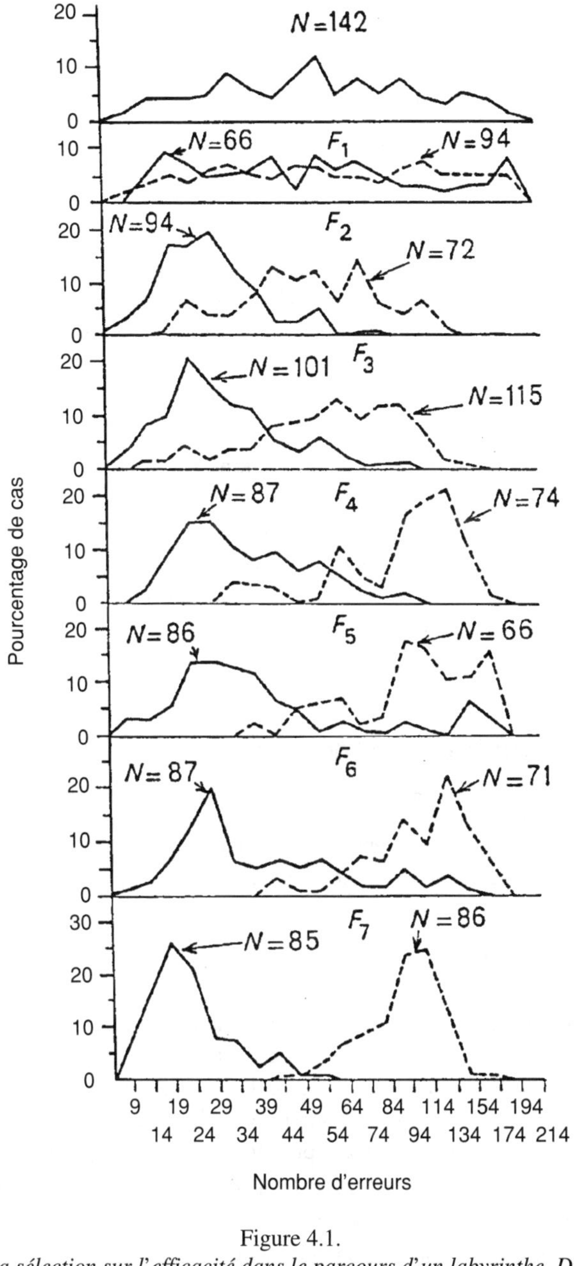

Figure 4.1.
Effet de la sélection sur l'efficacité dans le parcours d'un labyrinthe. Distribution des erreurs dans le groupe initial et pour les sept premières générations (d'après Tryon, 1942).

en fait sur des caractéristiques motivationnelles qui déterminent un patron de conduites : les rats performants sont des animaux particulièrement intéressés par la nourriture et par les trajets courts, mais ils sont inhibés par les grands espaces et n'aiment pas l'eau !

Chez la drosophyle on a identifié les gènes permettant de différencier les sujets selon leur sensibilité à la gravité (géotaxie). Après avoir, au moyen de croisements sélectifs, créé des variétés de drosophyles ayant des comportements géotaxiques plus ou moins marqués, Hirsch (1962), dans des recherches conduites en partie avec Tryon, a montré que ceux-ci étaient déterminés par des gènes situés sur trois chromosomes (deux pour le géotropisme positif et un pour le géotropisme négatif). Ces travaux illustrent la complexité de la transmission génétique même lorsqu'elle porte sur des comportements élémentaires et dans des espèces peu évoluées.

Les expériences de sélection chez l'animal sont conçues pour montrer le rôle des facteurs héréditaires et uniquement pour cela. Elles ne nous apprennent donc rien sur le rôle des facteurs de milieu susceptibles de moduler les effets de la sélection. Nous verrons ci-dessous (paragraphe 2.4.3., p. 187) comment ces facteurs de milieu agissent en interaction avec les facteurs génétiques.

1.2. Les maladies génétiques

Il existe de nombreuses anomalies génétiques ayant pour conséquence un déficit intellectuel plus ou moins sévère.

1.2.1. La trisomie 21

La trisomie 21, ou syndrome de Down (appelé autrefois mongolisme), est la plus fréquente des anomalies génétiques : elle concerne environ 1 enfant sur 700 (Lambert et Rondal, 1979). Elle a son origine dans la présence d'un chromosome surnuméraire. À la suite d'un accident lors de la disjonction des chromosomes, ou encore lors de la première division cellulaire (cas largement les plus fréquents), certains sujets possèdent trois chromosomes 21 au lieu de deux.

Cette anomalie est liée à l'âge de la mère ou a des facteurs associés à l'âge de la mère. Le risque d'une naissance trisomique est de 0,5/1000 avant 30 ans, 4/1000 de 35 à 39 ans et 20/1000 à 45 ans. Les radiations (rayons x), des agents viraux et chimiques augmentent le risque d'une naissance trisomique. Les mécanismes déterminés par le chromosome surnuméraire et conduisant au déficit intellectuel ne sont pas connus.

Les sujets trisomiques ont une tête d'une taille inférieure à la moyenne, la face aplatie, les yeux bridés, une bouche petite et un cou court. Leurs mains et leurs doigts sont petits. Ils sont de petite taille et d'allure trapue. Leur croissance physique est en retard. Environ un trisomique sur trois souffre de troubles de santé : susceptibilité aux infections, troubles cardiaques, troubles intestinaux, insuffisances sensorielles (myopie, perte auditive).

Les sujets trisomiques ont un handicap mental important : le QI moyen des trisomiques est de l'ordre de 45. Le QI de quelques-uns d'entre eux atteint 70, ce qui les situe à la limite inférieure de la marge d'efficience considérée comme normale. Leur croissance mentale est très lente mais se prolonge jusque vers 30-35 ans. On a relevé chez eux toute une série de déficits spécifiques. Au niveau perceptif ces déficits sont notamment relatifs à la discrimination sensorielle, à la vitesse de perception, à l'attention. Le développement de la parole et du langage est retardé et incomplet mais il ne semble pas revêtir une forme spécifique. On relève une moindre interactivité avec la mère, une certaine stéréotypie dans l'usage des structures syntaxiques, des déficits sérieux pour la production et la compréhension du langage.

Au plan du comportement les enfants trisomiques sont peu actifs, plutôt sociaux et amicaux. Ils sont plus faciles à conduire que les enfants ayant un retard mental équivalent mais d'une autre origine.

Il existe des programmes éducatifs spécialement conçus pour les trisomiques et leurs familles. Ils proposent toute une gamme d'activités destinées à atténuer les déficits spécifiques. Ces programmes permettent des progrès sensibles dans le développement cognitif et dans l'acquisition des conduites sociales quotidiennes.

1.2.2. La phénylcétonurie

Il existe plusieurs dizaines de maladies du métabolisme d'origine héréditaire s'accompagnant de déficiences mentales. La phénylcétonurie (ou idiotie phénylpyruvique) est la plus connue d'entre elles. Cette affection concerne environ 8 naissances sur 100 000. Elle est détectée systématiquement à la naissance (tests des urines ou tests sanguins).

On connaît bien le mode de transmission de la maladie et les mécanismes biochimiques conduisant à l'infériorité intellectuelle. Le trouble est contrôlé par un gène unique récessif. Il apparaît donc chez les personnes qui possèdent ce gène en deux exemplaires (homozygotes). La probabilité d'apparition de la maladie chez les descendants de ceux qui, père et mère, possèdent le gène en un seul exemplaire (hétérozygote) est .25. Environ une personne sur cinquante est hétérozygote. Ce gène contrôle la production d'un enzyme présent dans le foie (la phénylalanine hydroxylase) qui, dans le métabolisme normal, permet la transformation d'un acide aminé, la phénylalanine, en un autre acide aminé, la tyrosine (les acides aminés sont les constituants des protéines). En l'absence de cet enzyme la phénylalanine se dégrade en acide phénylpyruvique et elle a une action toxique sur le système nerveux, sur la myéline notamment qui joue un rôle dans la conduction de l'influx nerveux dans les neurones. D'où un déficit intellectuel précoce et sévère. Lorsqu'ils ne sont pas traités les sujets phénylcétonuriques ont un QI de 15-20, les deux tiers d'entre eux ne parlent pas. Ils sont par ailleurs irritables et instables.

La connaissance du mécanisme du trouble permet une rémédiation. Puisque l'insuffisance mentale provient de la phénylalanine il «suffit» pour y remédier de supprimer dans l'alimentation les aliments riches en phénylalanine (œufs, lait, poisson, viande, pain...) ou d'utiliser des produits alimentaires dont la teneur en phénylalanine a été réduite. Ce traitement est efficace (tableau 4.1). On a là un nouvel exemple d'interaction entre facteurs héréditaires et facteurs de milieu (le milieu étant ici le milieu alimentaire).

	QI moyen
Frères et sœurs non atteints (*N* = 34)	109 (écart-type = 11)
Phénylcétonuriques traités avant 2 mois (*N* = 11)	85 (écart-type = 12)
Phénylcétonuriques traités après 2 mois (*N* = 23)	56 (écart-type = 26)
Phénylcétonuriques non traités (*N* = 96)	17 (écart-type = 15)

Tableau 4.1.
QI de sujets phénylcétonuriques et de leurs frères et sœurs non atteints
(d'après Yi-Yung Hsia, 1966).

2. HÉRÉDITÉ ET MILIEU

Les études de sélection chez l'animal et les anomalies génétiques chez l'homme montrent le poids considérable des facteurs héréditaires dans des conditions très particulières. Qu'en est-il chez l'homme normal ? Si l'expérimentation, tant pour contrôler les facteurs héréditaires que les facteurs de milieu, est impossible on peut néanmoins y trouver quelques substituts : l'existence des jumeaux et le phénomène de l'adoption permettent un certain contrôle des facteurs héréditaires et des facteurs de milieux.

2.1. Jumeaux monozygotes et jumeaux dizygotes élevés ensemble

Il existe deux sortes de jumeaux, les jumeaux monozygotes (MZ) appelés encore jumeaux identiques ou vrais jumeaux et les jumeaux dizygotes (DZ), appelés aussi jumeaux fraternels ou faux jumeaux. Les MZ sont issus d'un même œuf qui s'est divisé après la fécondation : ils ont exactement le même patrimoine génétique. Les DZ sont issus de deux œufs différents : comme deux frères ou sœurs, ou comme un frère et une sœur, ils ont en commun, en moyenne, la moitié de leur patrimoine génétique. En France les naissances gémellaires représentent environ 1 % des naissances (2 % de jumeaux dans la population), il s'agit sept fois sur dix de naissances de DZ. L'analyse des groupes sanguins permet de distinguer MZ et DZ avec un risque d'erreur pratiquement nul (quel que soit le nombre de groupes considérés ils sont toujours identiques chez chacun des MZ). D'autres méthodes de diagnostic sont fondées sur la ressemblance physique : examen de caractères anthropométriques comme les empreintes digitales, la couleur des yeux ou la forme du lobe de l'oreille, questionnaires portant sur la ressemblance physique. Lorsque les jumeaux se ressemblent beaucoup on considère qu'ils sont MZ. Ces méthodes sont jugées globalement acceptables (risque d'erreur inférieur à 10 %).

Pour juger de la présence de facteurs héréditaires on compare des MZ élevés ensemble et des DZ également élevés ensemble. Chez les MZ les différences intra-paires ne peuvent provenir que de l'influence du milieu qui ne s'exerce pas tout à fait de la même manière sur chaque membre de la paire, tandis que chez les DZ elles peuvent provenir à la fois de l'influence du milieu et de la différence des patrimoines génétiques. Si l'on admet que l'influence différenciatrice du milieu est la même chez les MZ et chez les DZ, postulat sur lequel nous reviendrons, la plus grande ressemblance des MZ au sein de chaque paire témoigne du rôle de facteurs héréditaires.

La ressemblance intra-paire, estimée sur une série de paires, est mesurée au moyen du coefficient de corrélation intra-classe, ou coefficient de ressemblance, dont un mode de calcul possible est présenté figure 4.2.

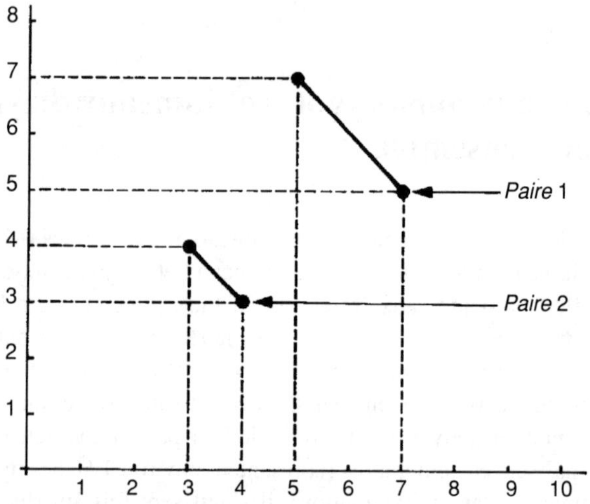

Prenons une série de paires de jumeaux, chaque jumeau étant caractérisé par un score sur une échelle en dix points :
– paire 1 : 5 et 7 ; – paire 2 : 4 et 3
On peut représenter chaque paire sur un diagramme de corrélation par deux points. Chaque point représente la paire : pour obtenir l'un des points on situe un jumeau sur l'axe des abscisses et l'autre sur l'axe des ordonnées et l'on fait l'inverse pour obtenir l'autre point. Plus la ressemblance entre deux jumeaux est forte, plus la distance qui sépare les points est réduite. Si pour une série de paires les distances intra-paires sont faibles, c'est-à-dire si le diagramme de corrélation correspond à un coefficient de corrélation élevé, la ressemblance intra-paire sera forte.

Figure 4.2.
Calcul du coefficient de corrélation intra-classe

Il existe de nombreuses synthèses présentant les résultats des travaux réalisés sur les jumeaux (*cf.* par exemple, Reuchlin, 1973 ; Roubertoux et Carlier 1976 ; Larmat, 1979).

Lorsque l'efficience cognitive est évaluée par des mesures globales d'intelligence (généralement au moyen de tests de QI) on observe des coefficients de ressemblance de l'ordre de .85-.90 chez les MZ et de .50-.60 chez les DZ (figure 4.3., p. 177). Un même patron de résultats est observé pour la plupart des facteurs de l'intelligence. On l'a retrouvé notamment pour les aptitudes primaires de Thurstone (à l'exception de l'aptitude numérique pour laquelle les coefficients, de l'ordre de .45-.50, sont voisins chez les MZ et les DZ).

Dans le domaine de la personnalité, les MZ se ressemblent aussi davantage que les DZ mais les coefficients de ressemblance sont généralement plus faibles que dans le domaine cognitif. On a indiqué au tableau 4.2 des résultats concernant les cinq dimensions du modèle de la personnalité en cinq facteurs.

	MZ	DZ
Extraversion	.51	.18
Anxiété	.48	.20
Ouverture	.51	.14
Conscience	.41	.23
Agréabilité	.47	.11

Pour l'extraversion et le névrosisme les résultats portent sur plusieurs milliers de paires (d'après Plomin *et al.*, 1990).

Tableau 4.2.
Ressemblance intra-paires des MZ et des DZ sur les traits du modèle de la personnalité en 5 facteurs.

Les résultats du tableau 4.2 sont obtenus en appliquant des questionnaires de personnalité : on observe des résultats de même forme si l'on procède à des observations du comportement chez de jeunes enfants (échelles de tempérament). Quelques exemples de comportements portant sur l'émotionnalité, l'activité, la sociabilité et l'impulsivité sont présentés au tableau 4.3 (p. 176) avec les coefficients de corrélation intra-classe pour les filles et les garçons.

	MZ		DZ	
	G	F	G	F
Émotionnalité				
– l'enfant crie facilement	.56	.47	.10	.23
– l'enfant est facilement effrayé	.58	.70	.11	.00
Activité :				
– l'enfant ne peut rester tranquille longtemps	.76	.65	.25	.27
– l'enfant préfère les jeux tranquilles aux jeux actifs	.77	.21	.00	.03
Sociabilité :				
– l'enfant se fait facilement des amis	.74	.47	.26	.00
– l'enfant préfère jouer seul plutôt qu'avec d'autres	.55	.73	.10	.46
Impulsivité :				
– l'enfant apprend facilement à résister à la tentation	.72	.70	.35	.52
– l'enfant va rapidement vers ses jouets	.82	.83	.44	.62

Tableau 4.3.
Ressemblance intra-paires des MZ et des DZ chez de jeunes enfants, filles et garçons (d'après Buss *et al.*, 1973).

On a également comparé des MZ et des DZ afin de mettre en évidence d'éventuels facteurs génétiques dans la détermination des comportements déviants et des affections mentales. Lorsqu'un jumeau est délinquant ou consomme de l'alcool, la probabilité pour que l'autre fasse de même (c'est le taux de concordance) est plus élevée lorsqu'ils sont MZ. Il en va de même lorsqu'un jumeau est atteint d'une maladie mentale comme la psychose maniaco-dépressive ou la schizophrénie. Voici un exemple de recherche concernant la psychose maniaco-dépressive. Bertelsen *et al.* (1977), au Danemark, identifient tous les jumeaux nés entre 1870 et 1920 pour lesquels un diagnostic de psychose maniaco-depressive a été posé. Ils trouvent 58 % de paires concordantes chez les MZ (55 paires) et 19 % seulement chez les DZ (52 paires). L'écart entre ces pourcentages augmente lorsque l'on se donne des critères plus larges de définition de la maladie. Cette étude valide aussi la distinction entre psychose bipolaire et psychose unipolaire : lorsqu'un MZ est victime d'une de ces formes de psychose la probabilité que son jumeau en soit lui aussi victime est élevée. Chez l'enfant on a également observé des taux de concordance plus élevés chez les MZ pour l'autisme et pour d'autres psychoses infantiles (Roubertoux et Carlier, 1985).

La comparaison MZ-DZ est un cas particulier d'utilisation des ressemblances familiales. D'un point de vue génétique la ressemblance entre les DZ est la même que celle entre frères ou sœurs non jumeaux ou entre parents et enfants. Pour l'intelligence on peut remarquer (figure 4.3) que la ressemblance entre membres d'une même fratrie et entre parents et enfants (.49 et .52) est du même ordre de grandeur que la ressemblance entre DZ (.53), tandis que la ressemblance entre sujets sans parenté vivant ensemble, ou la ressemblance entre enfants et parents adoptifs (.16 et .19), est nettement plus faible.

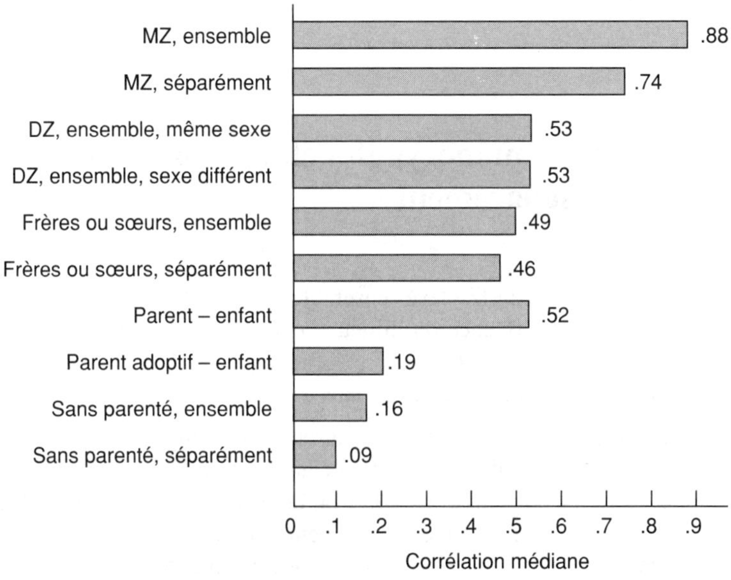

Chaque corrélation indiquée est une corrélation médiane résumant selon les cas de 2 (frères et sœurs élevés séparément) à 35 (frères et sœurs élevés ensemble) observations.

Figure 4.3.
Coefficients de ressemblance pour l'intelligence (QI) entre sujets vivant ensemble et séparément, et en fonction de leur degré de parenté (d'après Erlenmeyer-Kimling et Jarvik, 1963, in Willerman, 1979).

Tous les résultats présentés sont convergents et suggèrent une détermination génétique des conduites considérées. Il faut cependant noter que tous reposent sur un postulat que nous avons relevé : l'équivalence des influences différenciatrices de l'environnement chez les MZ et les DZ.

Or, il est clair que celles-ci sont moins fortes chez les MZ : on tend à les traiter de manière plus homogène, surtout quand on ne les distingue pas, ils sont plus souvent ensemble... Si les MZ se ressemblent davantage cela peut donc provenir également de facteurs de milieu. Pour répondre à cette critique quelques rares chercheurs ont comparé MZ et DZ en contrôlant le milieu afin que ses influences différenciatrices soient identiques dans les paires de MZ et dans les paires de DZ. L'écart entre les coefficients de ressemblance est diminué mais il se manifeste toujours dans le même sens. Ces travaux ne répondent que partiellement à la critique dans la mesure où l'on peut toujours considérer que le contrôle des effets du milieu a été insuffisant ou n'a pas porté sur les variables les plus pertinentes.

2.2. Jumeaux monozygotes élevés ensemble et élevés séparément

La comparaison des MZ élevés ensemble et des MZ élevés séparément permet d'évaluer l'influence du milieu. Celle-ci sera d'autant plus forte que les écarts seront grands entre la ressemblance des MZ élevés dans le même milieu et celle des MZ élevés dans des milieux différents.

En général les jumeaux sont élevés ensemble et lorsqu'ils ont été séparés précocement, à la suite de drames sociaux ou familiaux, il est très difficile de les retrouver. Aussi dispose-t-on de peu de données sur les MZ élevés séparément : quatre études seulement ont été publiées et elles portent sur une centaine de paires de jumeaux séparés précocement (en général avant 6 ans) et observés à des âges très variables (de 11 à 59 ans). (Nous ne comptabilisons pas dans ce recensement les travaux de C. Burt puisqu'il est établi que celui-ci a inventé une partie de ses résultats.)

Les résultats de ces études concernant l'intelligence sont présentés au tableau 4.4. On peut constater que les coefficients de ressemblance des MZ élevés séparément ne sont pas nettement plus faibles que ceux des MZ élevés ensemble. Ceci plaide donc pour une faible influence du milieu... dans la marge de variation des conditions de milieu considérées. En effet ces changements de milieu se font au sein d'une même culture et souvent au sein d'un même groupe socio-économique avec des possibilités éducatives globalement équivalentes. Les résultats auraient évidemment une toute autre allure si dans les couples de MZ élevés séparément l'un avait été accueilli dès sa naissance dans une tribu indienne de l'Amazonie tandis que l'autre serait resté dans une ville d'un pays occidental ! (dans l'étude de Newman *et al.*, de 1937, on observe d'ailleurs que la différence entre les deux membres de la paire est d'autant plus grande que les conditions de vie de chaque jumeau sont différentes).

Auteurs	Tests	MZ (ensemble)	MZ (séparément)
Newman *et al.*, 1937	Binet Otis	.91 (50) .92 (50)	.63 (19) .73 (19)
Shields, 1962	Mill-Hill Domino Score composite	.72 (44) .74 (44) .76 (44)	.76 (38 à 44) .74 .77
Juel-Nielsen, 1965	WISC	-	.68 (12)
Bouchard, 1984	Raven Mill-Hill Score composite	.66 (71) .74 (71) .78 (71)	.58 (29) .78 (29) .71 (29)

Juel-Nielsen a utilisé un seul test d'intelligence (le WISC), Newman *et al.* en ont utilisé deux, dont l'adaptation américaine du Binet-Simon, Shields et Bouchard en ont également utilisé deux (dont les matrices de Raven pour Bouchard) et ont calculé un score composite. Le nombre de paires est indiqué entre parenthèses.

Tableau 4.4.
Coefficients de ressemblance entre MZ élevés ensemble et MZ élevés séparément
(d'après Roubertoux et Capron, 1990)

Les effets du milieu peuvent également être mis en évidence, avec les mêmes réserves, en comparant des frères ou sœurs élevés ensemble ou séparément, ou encore des individus sans parenté élevés eux aussi ensemble ou séparément (figure 4.3, p. 177).

Les résultats relatifs à la personnalité (évaluée au moyen de questionnaires) sont tout à fait différents. Les données rassemblées au tableau 4.5. (p. 180) montrent que les coefficients de ressemblance sont assez proches pour les MZ élevés ensemble et les MZ élevés séparément (ils sont toujours plus faibles pour les DZ élevés ensemble). Ils montrent aussi que dans certains cas les MZ élevés séparément se ressemblent *davantage* que les MZ élevés ensemble. Dans l'étude de Tellegen *et al.* (1988) les coefficients de ressemblance ont été calculés pour onze traits primaires (les données rapportées au tableau 4.5. concernent trois traits secondaires). Pour cinq de ces traits les MZ élevés séparément se ressemblent plus que les MZ élevés ensemble. D'autres travaux portant sur les MZ élevés ensemble et les MZ séparés pendant au moins cinq ans vont dans le même sens (tableau 4.6, p. 180). Bien qu'ils ne soient pas parfaitement cohérents (pour l'anxiété et l'extraversion les MZ séparés se ressemblent généralement plus que les MZ vivant ensemble, mais ceci n'est pas observé dans toutes les études) ces résultats sont étonnants : comment peut-il se faire, que les MZ ayant vécu dans des milieux différents *se ressemblent plus* que ceux qui ont vécu dans des milieux identiques ? C'est le «paradoxe des jumeaux» (Zazzo, 1984).

Études	Traits	MZ ensemble	MZ (séparément)
Newman *et al.*, 1937	Anxiété	.56 (50)	.58 (19)
Shields, 1962	Anxiété Extraversion	.42 (43) .38	.61 (42) .53
Tellegen *et al.*, 1988	Émotionnalité positive Émotionnalité négative Conscience	.63 (217) .54 .58	.34 (44) .61 .57

Tableau 4.5.
Coefficients de ressemblance entre MZ élevés ensemble et MZ élevés séparément pour divers traits de personnalité. Le nombre de paires est indiqué entre parenthèses.

Études	Traits	MZ (ensemble)	MZ (séparés 5 ans au moins)
Wilde, 1964	Anxiété Hypocondrie Extraversion	.55 (50) .46 .58	.52 (38) .75 .19
Canter, 1969	Anxiété Extraversion Sociabilité	.53 (25) .10 .51	.18 (15) .67 .91
Price, 1969	Anxiété Extraversion	.45 .29	.69 (57) .57

Tableau 4.6.
Coefficients de ressemblance entre MZ élevés ensemble et MZ séparés pendant au moins cinq ans. Le nombre de paires est indiqué entre parenthèses
(d'après Willerman, 1979).

Les résultats observés cessent d'être paradoxaux si on les situe dans le processus de formation de la personnalité. Les jumeaux MZ sont identiques au départ. Lorsqu'ils vivent en couple, chacun, pour devenir une personne, doit se différencier de l'autre, voire même parfois s'y opposer. C'est ce que Zazzo appelle «l'effet de couple». Ce processus de différenciation porte seulement sur une série de traits de personnalité, traits qui n'ont pas été identifiés avec précision (d'où certaines incohérences dans les résultats). Il n'est pas nécessaire lorsque les jumeaux vivent séparément. On a là une forme d'interaction particulièrement subtile entre facteurs héréditaires et facteurs de milieu : tout se passe comme si la situation gémellaire était un obstacle à l'expression du patrimoine héréditaire. Dans cette perspective il devient intéressant d'observer le développement des jumeaux indépendamment de toute préoccupation relative à l'hérédité ou au milieu. Les jumeaux MZ permettent l'étude de la formation de la personnalité dans une situation privilégiée. L'identité initiale permet en effet une meilleure appréhension du processus de différenciation (ou de personnalisation, ou encore d'individuation), processus que l'on observe dans tous les groupes d'enfants, qu'ils soient familiaux ou non.

2.3. Les adoptions : enfants adoptés, parents naturels et parents adoptifs

L'étude des enfants adoptés a été entreprise pour mettre en évidence la présence éventuelle de facteurs héréditaires et de facteurs de milieu dans la détermination des conduites. On peut considérer que l'influence de l'hérédité se manifestera si le classement des enfants adoptés est plus proche de celui de leurs parents biologiques que de celui de leurs parents adoptifs, ou encore si, dans une même famille, la ressemblance entre enfants naturels est plus grande que la ressemblance entre enfants naturels et enfants adoptés. Mais en raisonnant ainsi on néglige certaines influences du milieu : les enfants adoptés peuvent avoir subi l'influence de leurs mères biologiques au cours de la période prénatale. L'influence du milieu se manifestera si les enfants adoptés tendent à avoir les caractéristiques des enfants du milieu d'adoption, plutôt que celles du milieu initial. On notera que ces deux hypothèses ne sont nullement contradictoires : il n'y a aucune relation nécessaire entre la différence des moyennes de deux séries numériques et le coefficient de corrélation qui mesure la proximité des classements dans chaque série.

Si le principe de la méthode est simple, son application n'est pas toujours aisée. L'adoption doit être précoce, sinon l'on ne saura plus très bien ce qui doit être attribué au milieu initial et ce qui doit être attribué au milieu adoptif. Le placement ne doit pas être sélectif. Si l'on cherche par exemple à placer des enfants dans des milieux d'adoption proches du milieu des parents naturels, la ressemblance entre les enfants adoptés et leurs parents biologiques ne pourra plus être attribuée à des facteurs prénataux. Le fait que ces conditions, et quelques autres, ne soient pas toujours remplies rend ambigus les résultats d'assez nombreuses études. Notons aussi qu'il n'est pas toujours très commode de recueillir des informations sur les parents naturels.

Depuis la fin des années 1920, de nombreuses études ont été réalisées sur les enfants adoptés (Musinger, 1975 ; Carlier et Roubertoux, 1976 ; Larmat, 1979 ; Carlier, 1986, par exemple). Dans le domaine de l'intelligence trois types d'observation témoignent d'un rôle des facteurs prénataux parmi lesquels il n'est pas possible de distinguer les facteurs héréditaires et les facteurs en rapport avec l'environnement utérin.

– Comme on peut le constater sur la figure 4.3 (p. 177) la ressemblance entre parents adoptifs et enfants adoptés (de l'ordre de .20) est inférieure à la ressemblance entre parents et enfants naturels vivant ensemble (de l'ordre de .50).

– Lorsqu'on dispose d'informations sur l'efficience cognitive des parents biologiques, on constate que le classement des enfants adoptés est plus proche de celui de leurs parents biologiques que de celui de leurs parents adoptifs. Le graphique de la figure 4.4 tiré d'une recherche de Honzik (1957), et reprenant des résultats antérieurement obtenus par Skodak et Skeels (1949), fait clairement apparaître ce fait. Pour les âges de 2 à 16 ans, on dispose de deux groupes de sujets : des enfants élevés par leurs propres parents et des enfants adoptés. Trois corrélations sont calculées à chaque âge :

- la corrélation entre le QI des enfants adoptés et le niveau d'éducation de la mère biologique (il aurait, certes, été préférable de disposer du QI des mères). Cette corrélation, comme les suivantes, est faible jusqu'à 3-4 ans, ce qui n'est guère surprenant compte tenu de l'instabilité du QI pendant cette période (*cf.* chapitre 2 paragraphe 4.2., p. 68). Elle est de l'ordre de .35 à partir de 4 ans ;
- la corrélation entre le QI des enfants élevés par leurs parents et le niveau d'éducation de leur mère. Elle est quasiment identique, aux divers âges, à la précédente (un peu plus faible donc que celle observée le plus souvent : .50) ;
- la corrélation entre le QI des enfants adoptés et le niveau d'éducation de leurs mères adoptives. Elle est toujours inférieure à .10 (un peu plus faible que celle observée le plus souvent : .20).

On observe le même patron de relations si l'on calcule les corrélations entre le QI des enfants et le niveau d'éducation de leurs pères biologiques et adoptifs.

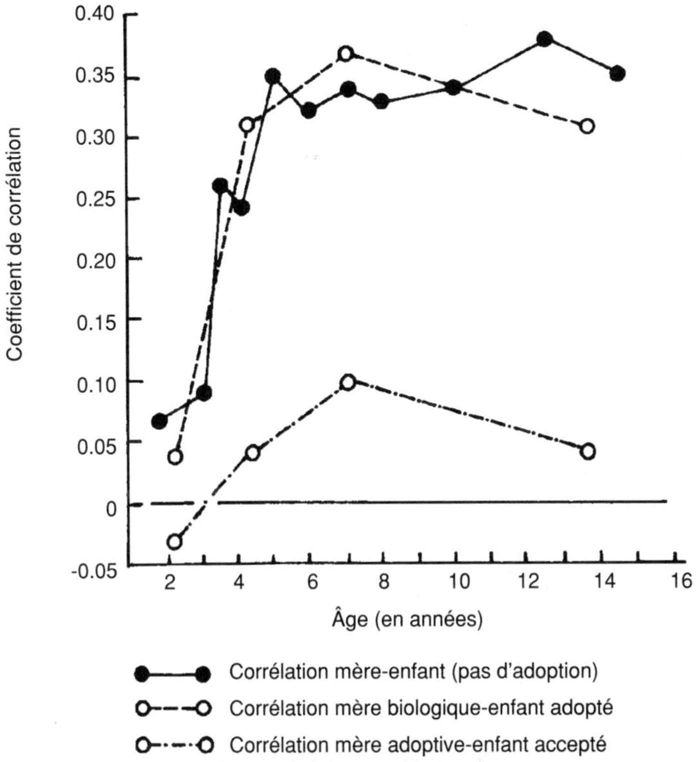

Figure 4.4.
Ressemblance entre le QI des enfants adoptés et le niveau d'éducation de leur mère adoptive et de leur mère biologique (d'après Honzik, 1957)

– La ressemblance entre enfants adoptés (sans parenté) vivant dans le même foyer est de l'ordre de .23, donc plus faible que la ressemblance entre frères ou sœurs vivant également dans le même foyer qui est de l'ordre de .50 (figure 4.3, p. 177).

Des travaux relativement anciens, confirmés par des études plus récentes, montrent que l'effet de l'adoption est bénéfique lorsque les enfants sont placés dans des milieux plus propices au développement intellectuel que leur milieu initial. Dans ce cas ils ont un niveau moyen d'efficience intellectuelle supérieur à celui de leurs parents biologiques. Nous examinerons ces travaux dans la suite de ce chapitre (paragraphe 3.3.3., p. 203).

On s'est également intéressé aux enfants adoptés afin de mettre en évidence une éventuelle composante héréditaire dans la détermination des troubles mentaux. Illustrons ce courant de recherche par une étude sur la schizophrénie conduite par Rosenthal (1970) au Danemark, pays où les registres relatifs à l'adoption et aux traitements psychiatriques sont particulièrement bien tenus. Rosenthal et ses collègues détectent trente-neuf sujets possédant la double propriété d'avoir été soignés pour schizophrénie et d'avoir remis un enfant à un organisme d'adoption. Ils observent par ailleurs un groupe de quarante-sept parents ayant aussi abandonné un enfant mais n'ayant jamais eu à recevoir de soins psychiatriques. Que vont devenir les enfants adoptés dans chacun des groupes ? On peut constater dans le tableau 4.7 que la probabilité de devenir schizophrène est plus forte dans le groupe où un parent biologique a été schizophrène.

Diagnostic	Un parent schizophrène ($N = 39$)	Aucun parent schizophrène ($N = 47$)
Schizophrénie		
• a été hospitalisé	1	0
• n'a pas été hospitalisé	2	0
Aux limites de la schizophrénie	7	3
Tempérament schizoïde	3	4
N'a pas de signes de schizophrénie	26	40

Tableau 4.7.
Situation par rapport à la schizophrénie des enfants adoptés selon qu'un de leurs parents biologiques est ou n'est pas schizophrène (d'après Rosentahl, 1970).

Des résultats de forme voisine ont été obtenus pour divers troubles mentaux et ils vont dans le même sens que les taux de concordance relevés dans les couples de jumeaux MZ et DZ vivant ensemble. Dans la mesure où ils ne sont pas obtenus dans des conditions strictement contrôlées ils appellent les mêmes réserves.

2.4. Peut-on quantifier les poids respectifs de l'hérédité et du milieu dans la détermination des conduites ?

2.4.1. Les coefficients d'héritabilité

Pour répondre à cette question on considère que les effets de l'hérédité et du milieu sont indépendants et on évalue le poids de chacun de ces deux facteurs dans l'explication de la variabilité interindividuelle. Nous nous interrogerons un peu plus tard sur la signification de ces deux décisions. Celles-ci étant admises on quantifie le poids des facteurs héréditaires par un pourcentage (le complément à 100 de ce pourcentage indiquant le poids des facteurs de milieu) ou par un coefficient, le coefficient d'héritabilité, dont la valeur varie de 0 à 1. L'héritabilité peut être définie de manière large ou de manière restreinte.

L'héritabilité au sens large est la fraction de la variance phénotypique (observable) qui peut être attribuée à l'hérédité. Imaginons que le score d'un individu sur un trait phénotypique (un test d'intelligence ou un questionnaire de personnalité par exemple) soit la somme de deux scores partiels, l'un correspondant à l'influence du génotype, l'autre à l'influence du milieu : $P = G + M$. Si les scores partiels G et M sont indépendants (en corrélation nulle), la variance du score total, calculée sur un groupe de sujets, est égale à la somme des variances des scores partiels : $VP = VG + VM$. Le coefficient d'héritabilité (H^2), ou fraction de variance attribuable à l'hérédité, sera donc :

$$H^2 = \frac{VG}{VP} = \frac{VG}{VG + VM} = \frac{VP - VM}{VG + VM}$$

Reste à estimer VG et VM. Plusieurs méthodes ont été proposées. Nous citerons seulement l'une de celles qui utilisent les données recueillies sur les jumeaux et qui, historiquement, est le premier mode de calcul de l'héritabilité. On peut considérer que la variance intra-paire des MZ élevés ensemble est une estimation de VM, et que la variance intra-paire des DZ élevés ensemble est une estimation de $VG + VM$. Nous avons vu que la ressemblance intra-paire des MZ et DZ est mesurée par le coefficient de corrélation intra-classe (*cf.* ci-dessus paragraphe 2.1., p. 174). Ce coefficient est en fait une mesure de variance. On peut constater sur la figure 4.2 qu'à un coefficient intra-classe de 1.00 correspond une variance intra-paire nulle, et que la variance intra-paire augmente d'autant plus que la valeur du coefficient intra-classe s'éloigne de 1.00. Afin d'avoir une mesure de la variance qui soit d'autant plus forte que la variance est grande, on peut prendre le complément à 1 du coefficient intra-classe. On a donc :

$$VM = 1 - r\,\text{MZ}$$

et :

$$VG + VM = 1 - r\,\text{DZ}$$

Le coefficient d'héritabilité devient alors :

$$H^2 = \frac{r\,\mathrm{MZ} - r\,\mathrm{DZ}}{1 - r\,\mathrm{DZ}}$$

Si l'on se réfère aux valeurs médianes de *r* MZ et *r* DZ obtenues à propos d'estimation globales de l'intelligence indiquées figure 4.3 (*r* MZ = .87 et *r* DZ = .53) on obtient alors un coefficient d'héritabilité de 0,72 et l'on peut déclarer que «l'hérédité» joue à 72 %.

L'héritabilité au sens restreint (h^2) correspond à une fraction seulement de la variance génotypique. La variance génotypique d'un trait sous la dépendance de plusieurs gènes peut être décomposée en trois parts :

– une part provient de la somme des effets des gènes impliqués dans la détermination du trait, sans tenir compte des interactions entre gènes (variance additive) ;
– une autre part provient des effets de dominance, ou des effets d'interaction entre gènes situés sur un même locus (variance de dominance). Lorsque le génotype est hétérozygote l'effet d'un gène ne sera pas nécessairement le même selon que le gène qui lui est associé (son allèle) est plus ou moins dominant ;
– une troisième part enfin, provient des effets d'interaction entre gènes situés à des loci différents (variance épistatique).

L'héritabilité au sens restreint est la fraction de la variance phénotypique attribuable à la variance génétique additive. Ce type d'héritabilité est estimé chez l'homme à partir de corrélations parents-enfants.

Les mesures d'héritabilité (et notamment d'héritabilité au sens restreint) peuvent être réalisées avec précision chez l'animal et elles présentent un intérêt pratique dans la mesure où elles permettent d'anticiper les effets des opérations de sélection. Par contre, chez l'homme, elles sont imprécises et ambiguës et présentent un intérêt très limité.

2.4.2. *Les coefficients d'héritabilité concernent des populations*

On doit d'abord noter que les coefficients d'héritabilité ne concernent pas des personnes, mais des populations. Dire que le coefficient d'héritabilité est 0,7 ne veut pas dire que la conduite de Monsieur X est déterminée à 70 % par l'hérédité, mais que, dans la population étudiée, caractérisée par un certain degré d'hétérogénéité génétique et environnementale, 70 % de la dispersion peut être attribué à l'hérédité. Les coefficients d'héritabilité varient fortement selon le degré d'hétérogénéité de la population. Dans une population de souris ayant toutes le même génotype (lignées *in bred* obtenues par des croisements consanguins successifs), l'héritabilité est nulle. Dans une population où toutes les conditions de milieu seraient identiques pour chaque individu l'héritabilité serait à son maximum. Au sein d'une même espèce et pour un même trait le poids des facteurs héréditaires peut donc varier de 0 à 100 %. Pour une même population le coefficient d'héritabilité d'un trait pourra varier au cours du temps en fonction de la variation des effets différenciateurs du milieu.

Revenons au coefficient d'héritabilité de l'intelligence de 0,72 calculé ci-dessus et interrogeons-nous sur l'hétérogénéité de la population sur laquelle il a été établi, relativement à l'hétérogénéité de la population française. L'hétérogénéité génétique est celle qui sépare les MZ qui sont identiques et les DZ qui ont en commun la moitié de leur patrimoine génétique. Elle est plus réduite que celle que l'on rencontrerait dans un échantillon représentatif de la population française. Il y a donc, de ce point de vue, sous-estimation du poids des facteurs héréditaires. L'hétérogénéité environnementale provient de la diversité des influences subies par chaque jumeau au sein de la paire. C'est une hétérogénéité intra-familiale, évidemment bien moindre que l'hétérogénéité inter-familiale que l'on peut observer dans la population française. Au total il y a donc sous-estimation massive des facteurs de milieu et, par voie de conséquence, surestimation massive également des facteurs héréditaires.

2.4.3. L'interaction hérédité-milieu

Si les estimations de l'héritabilité sont relatives, elles sont aussi discutables car elles reposent sur un modèle de décomposition de la variance phénotypique qui simplifie abusivement les relations entre facteurs génétiques et facteurs de milieu. Nous avons relevé à plusieurs reprises des exemples d'interaction montrant clairement que facteurs héréditaires et facteurs de milieux n'agissent pas indépendamment, mais en interaction. Il découle de cela qu'aux effets de l'hérédité et aux effets du milieu il faut ajouter les effets d'interaction. Ces effets d'interaction sont souvent massifs et, par définition, on ne peut les attribuer ni exclusivement au milieu, ni exclusivement à l'hérédité. Ils sont bien mis en évidence dans des travaux réalisés sur l'animal. Nous avons vu au début de ce chapitre (*cf.* paragraphe 1.1) qu'il était possible, à partir de croisements sélectifs, d'obtenir deux lignées de rats génétiquement distinctes, et inégalement efficaces dans le parcours d'un labyrinthe. On sait par ailleurs que les performances des rats dans les labyrinthes sont fonction du milieu dans lequel ils ont été élevés. Les rats peuvent être élevés dans un milieu enrichi par rapport au milieu «habituel» qui est celui des animaleries, ou au contraire dans un milieu appauvri. Le milieu enrichi offre de nombreuses occasions d'activités et fournit de nombreuses stimulations auditives et visuelles. Le milieu appauvri est quasiment réduit à la présence de la mangeoire et de la cupule à eau. Comme on pouvait s'y attendre les performances des rats s'ordonnent en fonction de la richesse de leur milieu. Mais que se passe-t-il lorsque l'on place dans les trois milieux considérés des rats génétiquement performants et non performants ? Les effets de l'hérédité et du milieu ne s'ajoutent pas simplement. On observe (figure 4.5, p. 189) que l'effet de l'hérédité se manifeste uniquement dans les conditions du milieu habituel et qu'il est annulé dans les deux autres conditions de milieu (avec un niveau de performance élevé dans le cas du milieu enrichi et faible dans le cas du milieu appauvri). De tels phénomènes d'interaction peuvent également être mis en évidence en psychologie humaine. Sandra Scarr-Salapatek (1971) a observé aux États-Unis que la ressemblance intra-paire entre jumeaux DZ était plus faible dans les milieux peu aisés que dans les milieux favorisés, tant chez les Noirs que chez les Blancs. Elle interprète ce résultat en termes d'interaction hérédité-milieu : tout se passe comme si les conditions de milieux les moins favorables ne permettaient pas la pleine expression des génotypes. Au cours du développement facteurs héréditaires et facteurs de milieu sont en interaction constante, il n'est donc pas très pertinent de chercher à quantifier l'importance relative des uns et des autres.

2.5. Le mode de transmission génétique des traits

Une des fonctions de l'analyse génétique des comportements est la description du mode de transmission des caractéristiques individuelles. Une telle description, qui relève bien plus de la biologie que de la psychologie, suppose :

- la localisation du ou des gènes associés à la caractéristique considérée,
- la détermination des mécanismes génétiques de la transmission (dominance, récessivité),
- la spécification de la chaîne causale qui relie génotype et phénotype (Roubertoux et Capron, 1990).

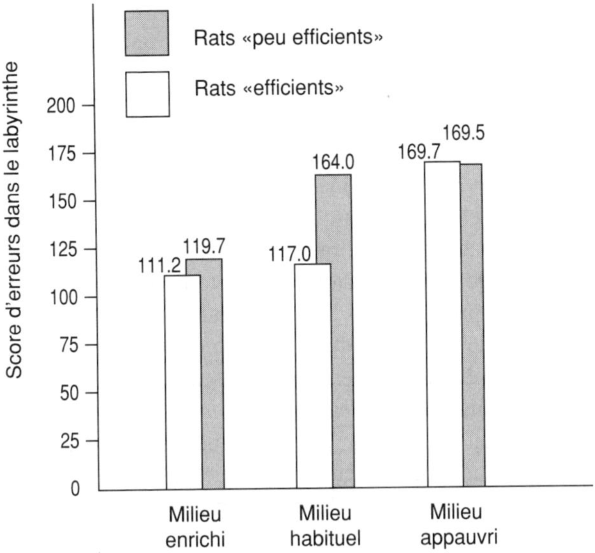

Figure 4.5
Interaction entre facteurs héréditaires et facteurs de milieu dans la capacité des rats à parcourir un labyrinthe (d'après Cooper et Zubek, 1958).

Nous avons vu que ces trois conditions étaient remplies pour la phénylcétonurie. Elles le sont également pour d'autres maladies génétiques qui ont pour conséquence un déficit intellectuel sévère. Mais qu'en est-il dans la zone de variabilité normale des conduites ?

Afin de repérer le ou les gènes associés à un trait on utilise les connaissances dont on dispose sur des gènes qui déterminent certaines caractéristiques du sujet, ces caractéristiques deviennent des marqueurs génétiques. Les groupes sanguins, ou le daltonisme, sont des marqueurs génétiques. (Dans les travaux les plus récents les marqueurs sont mesurés sur les gènes eux-mêmes et non à partir de leurs produits.) S'il se trouve que des sujets non apparentés de groupe sanguin *x* ont des caractéristiques comportementales différentes de celles de sujets non apparentés de groupe sanguin *y*, il est possible que les gènes qui déterminent (partiellement bien sûr) ces caractéristiques soient proches de ceux qui déterminent les groupes sanguins. Pour en être sûr il faudra procéder à des études complémentaires portant cette fois sur des individus apparentés. Si les gènes considérés sont effectivement proches sur un chromosome ils auront une forte probabilité de rester associés lors de la ségrégation du chromosome. Assez simples dans leur principe ces études sont très délicates à conduire et supposent généralement la mise en œuvre de techniques sophistiquées.

Pour l'intelligence on a recherché des associations avec les marqueurs-groupes sanguins. Le sexe étant un marqueur génétique on s'est également demandé si les aptitudes spatiales, légèrement supérieures chez l'homme, pouvaient être déterminées par des gènes situés sur les chromosomes sexuels (*cf.* chapitre 5 paragraphe 1.4.1). Les résultats de ces travaux sont peu convaincants et l'on peut considérer qu'à l'heure actuelle on n'a pas repéré de gènes candidats à la détermination de l'intelligence (Roubertoux et Capron, 1990). La situation est un petit peu différente dans d'autres secteurs de la conduite. Duyme et Dumont-Damien (1993), après un bilan détaillé des recherches sur les éventuels marqueurs génétiques de l'alcoolisme, considèrent, avec une très grande prudence, qu'il est possible que huit marqueurs (parmi la cinquantaine étudiée) puissent aider à l'identification des facteurs génétiques de l'alcoolisme. Il s'agit notamment d'un récepteur de la dopamine et de marqueurs liés au métabolisme de l'alcool. (La dopamine est un neuromédiateur chimique du système nerveux central de la même famille que l'adrénaline. Elle intervient dans les circuits neuronaux qui contrôlent la motricité volontaire et les comportements émotionnels. Elle est impliquée dans la genèse de nombreux troubles mentaux. Selon certaines hypothèses la schizophrénie s'expliquerait par des taux élevés de dopamine. Les neuroleptiques bloquent son activité tandis que des substances comme l'alcool la stimulent. Les récepteurs de la dopamine, qui sont des structures protéïniques, permettent sa reconnaissance au niveau des synapses.) Si les connaissances actuelles sur la base génétique des conduites sont assez limitées et incertaines il est possible que dans les prochaines années les avancées de la génétique aient des retombées significatives dans ce domaine.

2.6. Le problème hérédité-milieu et les débats idéologiques

Il ressort des études sur les jumeaux et sur les enfants adoptés que les individus qui se ressemblent génétiquement tendent aussi à se ressembler psychologiquement, du moins sous certaines conditions de milieu. Cette association entre ressemblance génétique et ressemblance psychologique est plus forte pour les conduites relevant du secteur cognitif que pour celles qui définissent la personnalité. Les facteurs héréditaires jouent donc vraisemblablement un rôle dans la détermination des conduites et dans la différenciation interindividuelle. Mais il n'y a guère de sens à vouloir quantifier leur poids et, pour la zone de variabilité normale, on ne connaît pas leur base génétique. Ces résultats, déjà établis pour l'essentiel vers la fin des années 1930, sont assez peu précis.

Dans ces conditions on pourrait s'attendre à ce que les positions sur le problème hérédité-milieu soient prudentes et mesurées. Or, ce n'est généralement pas le cas, surtout lorsqu'il est question d'intelligence. Depuis plus d'un siècle des opinions radicalement opposées s'affrontent périodiquement et violemment. Les polémiques entre «héréditaristes» et «environnementalistes» n'ont, la plupart du temps, que les apparences des controverses scientifiques. Ce sont en fait des débats à forte composante idéologique qui portent largement sur des conceptions de l'homme et de la société (Lemaine et Matalon, 1985). Pour l'héréditariste type, l'homme est le produit de la nature. Les différences entre individus sont pour l'essentiel la conséquence de la distribution des gènes. Elles sont peu modifiables et les objectifs éducatifs doivent être déterminés en fonction du potentiel génétique, c'est-à-dire être modestes pour ceux que la loterie ou l'histoire génétique n'a pas favorisé. Pour certains héréditaristes les différences entre groupes sociaux et groupes ethniques s'expliquent aussi par l'hérédité et les hiérarchies sociales deviennent alors des hiérarchies naturelles. Ceci peut conduire à des revendications méritocratiques : faire en sorte que les individus doués des groupes défavorisés ne soient pas pénalisés par leur origine sociale ou ethnique. Ceci peut aussi conduire au racisme. Pour l'environnementaliste type, l'homme est le produit de la société. Les différences individuelles s'expliquent uniquement par la diversité des influences subies. Les contraintes génétiques n'existent pas et il n'y a pas de limites aux actions éducatives. La société est en principe réformable. Ceci peut conduire à des programmes de transformation des individus coercitifs. Pour être généralement plus sympathiques (aux yeux de l'auteur) que les positions radicalement héréditaristes les positions radicalement environnementalistes n'en sont pas moins, comme elles, des positions idéologiques.

Les protagonistes du débat hérédité-milieu affirment que les points de vue qu'ils défendent sont la conséquence des données scientifiques disponibles. Mais force est de constater que l'argumentation des uns et des autres est sélective et biaisée en fonction d'*a priori* quasiment jamais explicités. La vigilance méthodologique est toujours beaucoup plus grande lorsqu'elle porte sur des recherches dont les résultats ne vont pas dans le sens souhaité. Un héréditariste type repérera toutes les faiblesses d'une recherche semblant montrer les effets bénéfiques d'un programme éducatif, alors qu'il minimisera ou ignorera, par exemple, les critiques que l'on peut faire à la méthode des jumeaux lorsqu'elle propose de comparer MZ et DZ élevés ensemble. Un environnementaliste type aura des attitudes exactement inverses. Les faits que l'on invoque dans l'argumentation sont fréquemment sélectionnés en fonction de la thèse à démontrer. Le plus bel exemple est certainement fourni par les travaux sur les enfants adoptés. Le fait que les enfants adoptés dans des familles aisées acquièrent le niveau intellectuel du milieu d'adoption n'est souvent pas pris en compte par les héréditaristes. Inversement, le fait que les enfants adoptés ressemblent davantage aux parents biologiques qu'aux parents adoptifs, est très souvent ignoré par les environnementalistes.

Étant donné l'enjeu du débat (il concerne notamment les conséquences éducatives et sociales de l'explication des différences individuelles cognitives) et la faiblesse des connaissances scientifiques disponibles, il était sans doute fatal qu'il prenne cette allure idéologique. Aussi, les remarques qui précèdent n'ont pas pour but de dissuader le lecteur de prendre parti, ce qui serait vraisemblablement assez vain. Elles visent simplement à lui suggérer de ne pas le faire trop vite et, si possible, en connaissance de cause.

3. LES FACTEURS DE MILIEU ET LES MÉCANISMES DE LEUR ACTION

On peut s'intéresser aux facteurs environnementaux responsables des différences individuelles, et aux modalités de leur action, sans s'intéresser nécessairement aux interactions éventuelles de ces facteurs avec des facteurs héréditaires. Les facteurs environnementaux sont divers. Certains sont relatifs aux conditions matérielles d'existence, d'autres aux apprentissages, d'autres encore au développement. Ces facteurs ne sont pas toujours clairement distingués dans les recherches où l'on compare des sujets qui ont changé de milieu, qui sont éduqués différemment ou qui ne sont pas scolarisés dans les mêmes conditions. On peut noter que l'on dispose d'informations plus nombreuses sur les déterminants de la variabilité dans le domaine cognitif que dans le domaine de la personnalité.

3.1. Les conditions matérielles d'existence

La liaison entre les conditions matérielles d'existence et des performances cognitives est connue depuis longtemps. Laugier, Weinberg et Cassin (1939), dans une enquête conduite sur des écoliers parisiens à l'époque du Front populaire, ont montré qu'il y avait une corrélation notable entre divers aspects des conditions de vie, comme la fréquence des repas carnés, les conditions du sommeil (nombre de personnes par chambre et par lit) ou encore le mode d'éclairage (présence ou absence de l'électricité), et des performances cognitives variées dans les domaines de l'attention, de la mémoire, de la représentation spatiale, du jugement ou du raisonnement. Ces résultats témoignent à l'évidence du rôle des facteurs environnementaux (même si certains partisans des thèses héréditaristes pensent aussi que les différences observées ne relèvent pas uniquement de ces facteurs) mais leur signification est ambiguë. En effet, dans ce type de travaux, le «milieu» est caractérisé d'une manière assez générale. Les écoliers qui consomment fréquemment de la viande ne se distinguent pas de ceux qui en consomment peu fréquemment par ce seul caractère, mais ils s'en distinguent aussi, entre autres, par le niveau scolaire de leurs parents et les opportunités éducatives qui leur sont offertes. Si bien qu'il n'est pas possible d'affirmer que les différences dans les conditions matérielles d'existence sont la cause des différences dans l'efficience cognitive. (On a là un exemple de la difficulté qu'il y a à interpréter des liaisons corrélationnelles en termes de relations causales.)

Dans les pays en voie de développement plus d'un milliard de personnes dont plusieurs centaines de millions d'enfants souffrent de malnutrition. Les insuffisances alimentaires sont à l'origine de maladies nutritionnelles qui ont des conséquences sur le développement psychologique de l'enfant (Rambault, 1980). Les maladies les plus fréquentes proviennent de l'insuffisance de protéines (Kwashiorkor) et de l'insuffisance de l'apport en calories (marasme), et de la combinaison de ces deux carences (malnutrition protéino-calorique). La sous-alimentation a des conséquences néfastes pour la construction de l'ensemble de l'organisme. Lorsqu'elle est très forte chez le jeune enfant elle entraîne des atteintes du système nerveux. Les processus de développement qui se manifestent surtout à la fin de la période intra-utérine et pendant les premiers mois de l'existence (multiplications des ramifications entre neurones, myélinisation, croissance de la névroglie) sont gravement, et semble-t-il irrémédiablement, perturbés, d'où un déficit mental sévère. Lorsque la malnutrition est moins sévère, il n'y a pas atteinte directe du système nerveux, mais le développement psychologique est néanmoins compromis. Dans le cas du Kwashiorkor (qui apparaît généralement après le sevrage et se manifeste par un retard de croissance, des oedèmes, des troubles digestifs au niveau du foie) les enfants sont craintifs, repliés sur eux-mêmes, apathiques et manifestent peu d'intérêt pour le monde extérieur. Étant passifs, ils ont peu d'échanges et d'interactions avec leur environnement physique et social, et de ce fait, leur développement cognitif est retardé.

On peut aussi noter que des carences alimentaires spécifiques, par leurs incidences sur la production des enzymes ou des hormones, peuvent conduire à des déficits cognitifs. Dans certaines régions de l'Oubangui, par exemple, la consommation exclusive de manioc conduit à l'accumulation dans l'organisme d'un produit qui inhibe la captation de l'iode, ceci conduit à des insuffisances thyroïdiennes qui se manifestent notamment par une arriération mentale (Larmat, 1979).

3.2. Apprentissages et développement

3.2.1. L'explication des différences individuelles : remarques générales

Dans la perspective environnementaliste les différences individuelles ne peuvent s'expliquer que dans le cadre des mécanismes généraux de l'apprentissage et du développement.

Deux individus peuvent être différents, simplement parce qu'ils ont été soumis à des apprentissages différents. En 1920, Watson et Rayner s'intéressent à Albert, un jeune garçon de 11 mois qui n'a pas particulièrement peur des rats blancs. Appliquant les techniques du conditionnement classique ils font de la perception du rat le signal d'un événement déplaisant (un bruit intense). L'enfant apprend à avoir peur du rat et il généralise cette peur à tous les animaux ou objets qui ressemblent au rat. Albert est devenu anxieux. En 1964, Allen *et al.*, se penchent sur le cas de Marie, une fillette de 4 ans. Marie passe pour être intelligente et agréable, mais a peu d'échanges avec les autres enfants de l'école maternelle, elle joue peu et reste repliée sur elle-même. Après avoir repéré que les adultes ne favorisaient guère les échanges sociaux de Marie, Allen et ses collègues mettent en place une procédure de renforcement : les adultes se désintéressent systématiquement de Marie lorsqu'elle les sollicite et s'intéressent systématiquement à elle dès qu'elle entre en contact avec d'autres enfants. On observe alors que les contacts de Marie avec les autres enfants deviennent de plus en plus fréquents. Marie est devenue sociable. On pourrait multiplier les exemples de ce type et en trouver des équivalents dans le domaine de l'intelligence. Peut-on les généraliser et considérer que c'est ainsi que s'établissent les différences individuelles dans la vie courante ?

Si ces exemples suggèrent un mécanisme de production des différences individuelles, ils ne l'établissent pas pour au moins trois raisons. La première est relative au caractère relativement artificiel des situations retenues pour étudier l'apprentissage. Le milieu de vie de l'enfant n'est pas le milieu expérimental… même lorsque l'expérience se déroule dans le milieu de vie (cas Marie). Dès lors, il n'est pas évident que les facteurs à l'œuvre dans l'expérience sont rigoureusement les mêmes que les facteurs à l'œuvre dans la vie courante. La seconde raison concerne la nature des apprentissages. Albert est-il vraiment devenu plus anxieux ou n'a-t-il appris des réponses anxieuses que pour une gamme restreinte de stimuli ? Marie est-elle devenue plus sociable ou n'a-t-elle pas seulement appris que dans le contexte de l'école (ou peut-être même seulement dans le contexte de l'expérience) le contact avec autrui était tactiquement nécessaire pour capter l'attention de l'adulte ? On retrouve ici le problème dispositions-situations abordé dans le chapitre précédent (*cf.* paragraphe 3.1., p. 120). Les dimensions des différences individuelles qui nous concernent étant assez générales et les acquisitions réalisées au cours des expériences d'apprentissages étant assez spécifiques, on doit nécessairement s'interroger sur la généralisation des apprentissages. Ce n'est que dans la mesure où ces acquisitions seront généralisées ou généralisables, ce qu'indiquent très rarement les expériences sur l'apprentissage, qu'elles expliqueront la variabilité interindividuelle. La troisième raison est relative à la stabilité des apprentissages. Les apprentissages, du moins ceux que nous avons illustrés par les cas de Marie et Albert, sont relativement rapides et il est aussi relativement facile de les effacer. Or ce n'est pas le cas des dimensions des différences individuelles qui se mettent en place progressivement et qui sont plutôt stables. Pour rendre compte des différences individuelles par les apprentissages il est alors nécessaire de faire appel à des processus d'enracinement, de stabilisation des différences acquises.

Dans la plupart des théories psychologiques le développement n'est pas seulement l'enrichissement du répertoire comportemental, c'est-à-dire l'accumulation des résultats des apprentissages. Il correspond aussi à des changements structuraux de l'organisme. Le développement peut être décrit comme un processus continu ou discontinu (on évoque alors des stades), comme un processus très général ou comme un processus relatif à un secteur particulier de la conduite. Pour expliquer le développement on fait appel à des facteurs. Dans la théorie piagétienne, par exemple, le développement est conceptualisé comme un processus discontinu et général (les stades, vastes «structures d'ensemble», ne concernent pas seulement toutes les facettes du développement cognitif, mais aussi le développement socio-affectif) et il est expliqué par quatre grands facteurs (Piaget et Inhelder, 1966) :

- la croissance organique et la maturation du système nerveux et des systèmes endocriniens,
- l'expérience acquise par l'action sur les objets,
- les interactions et transmissions sociales,
- un facteur d'équilibration (ou d'auto-réglage).

Dans la perspective de l'étude du développement on pourra rendre compte des différences individuelles à partir des facteurs du développement. Deux individus seront différents parce qu'un facteur de développement ne se sera pas manifesté selon les mêmes modalités chez l'un et chez l'autre. L'explication des différences individuelles à partir du développement, conçu comme un processus de stabilisation et d'intégration, permet de répondre à quelques-uns des problèmes que pose l'approche par l'apprentissage.

3.2.2. Apprentissage, développement et variabilité interindividuelle

Nous venons d'examiner, d'un point de vue général, les stratégies d'explication des différences individuelles fondées sur l'apprentissage et sur le développement. On peut aborder le problème des relations entre apprentissage-développement et différences individuelles sous un autre angle en se demandant ce que deviennent les différences individuelles au cours même des processus d'apprentissage et de développement. Sont-elles réduites, amplifiées, ou demeurent-elles constantes ?

Lorsque les sujets d'un groupe sont soumis à un apprentissage ils progressent, jusqu'à un plafond qui généralement n'est pas le même pour tous. Est-ce que cet apprentissage a un effet sur la variabilité interindividuelle initiale ? Bien qu'une réponse nuancée implique la prise en considération du degré d'hétérogénéité du groupe considéré, de la nature des tâches et de l'importance de l'apprentissage, on observe en général une augmentation de la variabilité interindividuelle après apprentissage. Ce phénomène a été mis en évidence pour des apprentissages très divers : moteurs, perceptifs, attentionnels, spatiaux, cognitifs, linguistiques. Il indique que les capacités d'apprentissage ne sont pas les mêmes pour tous et sont dépendantes du niveau initial. Ce sont ceux qui ont les meilleures performances au départ qui généralement progressent le plus. Illustrons ceci avec un test d'attention où le sujet doit barrer tous les *A* d'un texte qui lui est présenté. On procède à 20 essais de 2 minutes. Résultats au premier essai (nombre de *A* barrés en 2 minutes) : $m = 40{,}6$, écart-type = 6,8; résultats au vingtième essai : $m = 59{,}6$, écart-type = 7,9, corrélation entre le premier essai et le vingtième essai : .67 (Anastasi, 1969). Si l'on souhaite caractériser les sujets selon leur capacité d'apprentissage, il est nécessaire de veiller à ce qu'ils aient bénéficié d'opportunités d'apprentissage équivalentes.

Au cours du développement qui les conduit à l'âge adulte les individus acquièrent de nombreuses compétences dans les domaines cognitif, social et affectif et il est classique de considérer le développement comme un processus d'enrichissement et de le décrire par des courbes «ascendantes». (Ceci mérite cependant d'être relativisé. Le développement est aussi un processus de spécialisation au cours duquel certaines potentialités de départ non utilisées sont progressivement perdues. L'aptitude à apprendre toutes les langues, qui se manifeste chez le bébé par des capacités fines de discrimination des phonèmes, s'atténue dès qu'il apprend sa langue maternelle.) La variabilité interindividuelle n'est pas toujours comparable d'un âge à l'autre car, précisément parce qu'il y a développement, elle ne porte pas sur les mêmes conduites. On peut néanmoins considérer, et ceci correspond à l'observation commune, que la variabilité interindividuelle s'accroît au cours du développement.

L'étude de ce problème est plus complexe qu'il n'y paraît car l'évaluation de la variabilité suppose la définition d'unités de mesure (sans unités de mesure, c'est-à-dire si l'on se contente d'ordonner les individus sans préciser les distances qui les séparent, il n'est pas possible de procéder aux opérations arithmétiques permettant de calculer des variances ! *cf.* chapitre 1 paragraphe 2.2., p. 23). Examinons cette difficulté à propos du développement intellectuel. On peut définir les unités de mesure conventionnellement. Nous avons vu qu'on procède ainsi dans les échelles de

Wechsler où la note en QI est un écart à la moyenne (100), exprimé en fraction d'écart-type dans une distribution dont l'écart-type a été fixé (15). Avec ce genre de définition des unités le problème des changements de la variabilité ne peut évidemment être étudié puisque celle-ci, par convention, est considérée constante. On peut aussi mesurer le développement à partir de l'âge mental, on utilise alors une mesure relative au développement moyen. La courbe moyenne de développement est alors une droite (puisque, par définition, la moyenne des âges mentaux pour un âge chronologique donné est cet âge chronologique). On observe que la dispersion des âges mentaux autour de leur moyenne augmente avec l'âge. On peut encore définir une mesure «absolue» de l'intelligence qui permet de comparer directement les performances de sujets d'âges différents (les mesures précédentes sont des mesures «relatives», à la moyenne d'un groupe ou aux performances moyennes d'enfants d'âges différents). Il est alors possible, dans le cadre des conventions permettant cette mesure absolue, conventions souvent contestables et contestées, de conclure sur la forme de la courbe de développement et sur les changements de variabilité avec l'âge. On a représenté figure 4.6 (p. 199) une courbe du développement de l'intelligence ainsi établie. On peut constater que la vitesse de développement se réduit à partir de 12-14 ans et que la variabilité interindividuelle augmente d'un âge à l'autre.

On peut noter aussi que certaines différenciations interindividuelles n'apparaissent qu'à certains moments du développement. Après l'adolescence le développement est plus lent mais il s'accompagne toujours d'un accroissement (modéré) de la variabilité interindividuelle. Cette augmentation de la variabilité interindividuelle est tout à fait compatible avec l'assez bonne stabilité des différences individuelles observée par ailleurs.

3.3. Les changements de milieu

3.3.1. Isolement social et changement de culture

L'effet du milieu sur le développement individuel est clairement mis en évidence lorsque les enfants sont privés du milieu social (Malson, 1964) ou encore lorsqu'ils changent de culture.

On connaît un certain nombre de cas d'enfants qui se sont développés hors de tout contact social, dans un milieu animal. Le plus célèbre de ces «enfants sauvages» est Victor, découvert, ou plus exactement capturé, en

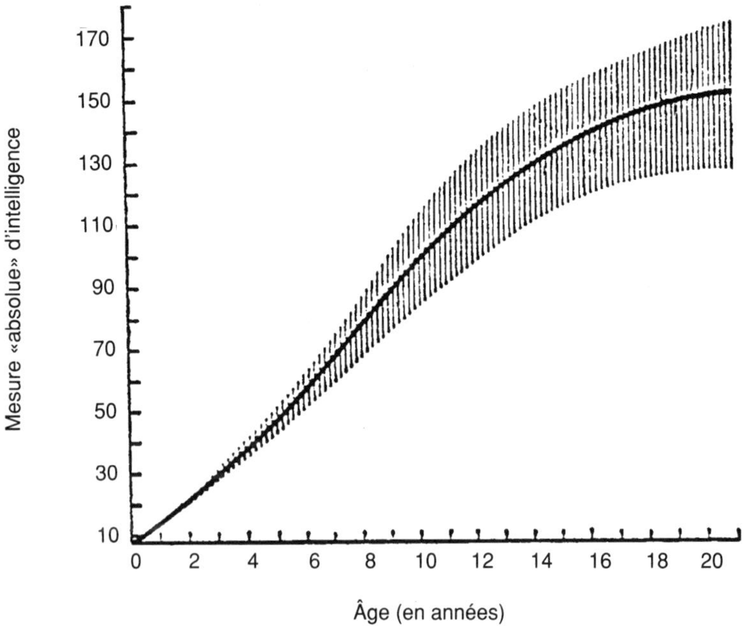

La variabilité autour du développement moyen (plus ou moins un écart-type) est indiquée par la zone hachurée.

Figure 4.6.
Évolution des scores absolus d'intelligence de 1 mois à 21 ans, d'après les données longitudinales de Bayley (1955) (Anastasi, 1969).

1800, dans les forêts de l'Aveyron alors qu'il était âgé d'environ 12 ans, et dont Itard s'est chargé de l'éducation entre 1800 et 1806 (*cf.* le film de François Truffaut, *L'Enfant sauvage*). On connaît aussi un certain nombre de cas d'enfants qui, sans avoir été totalement privés de contact social, ont cependant vu leurs échanges sociaux fortement réduits (isolement prolongé, enfermement...) du fait de la malveillance ou de l'incurie du milieu familial. Ces enfants ont de très sérieux déficits et sont la plupart du temps pris pour des idiots.

Les effets de ces fortes privations sociales sont-ils réversibles ? Lorsqu'ils bénéficient d'une assistance éducative adéquate et prolongée, comme ce fut le cas pour Victor (les rapports d'Itard sont reproduits dans l'ouvrage de Malson), les «enfants sauvages» réalisent des progrès significatifs, mais ces progrès les laissent encore loin du niveau de développement normal des enfants de leur âge. Les difficultés de la remédiation sont généralement expliquées en faisant appel à la notion de «périodes sensibles». Les premières années seraient une période particulièrement favorable aux acquisitions de base. Cette période passée, il deviendrait très difficile, voire même pour certains impossible, de procéder aux acquisitions manquées. On dispose cependant de quelques cas où les progrès réalisés ont ramené les enfants dans la «zone de normalité». Le cas le plus spectaculaire est certainement celui de deux jumeaux identiques, suivis par Koluchovà (1976). Ces jumeaux ont été découverts lorsqu'ils avaient 7 ans. Ayant passé la quasi-totalité de leur existence en état d'isolement ils avaient alors un âge mental d'environ 3 ans. Placés d'abord dans une institution de bonne qualité, puis dans un milieu familial, ces jumeaux ont rapidement progressé. Leurs QI sont passés à 80 et 72 à 8 ans 4 mois, à 95 et 93 à 11 ans, et à 100 et 101 à 14 ans. (Cette récupération a vraisemblablement été facilitée par les interactions sociales entre jumeaux au cours de leur isolement.)

Si l'enfant a besoin du milieu humain pour se développer, il possède les aptitudes qui lui permettent de se développer dans n'importe quel milieu humain. Un jeune enfant transporté d'une culture dans une autre assimilera sans problèmes les caractères de cette nouvelle culture. Ceci est bien illustré par l'histoire de Marie-Yvonne, une fillette d'une tribu gayakis de l'Amérique centrale, recueillie alors qu'elle était bébé par l'ethnologue Vellard, dans les années 1920, et amenée en France. Alors qu'elle était issue d'un groupe considéré comme primitif et n'ayant jamais eu de contact avec la civilisation occidentale, Marie-Yvonne devint une femme intelligente et cultivée, selon les normes de cette civilisation.

3.3.2. Le placement en institution

Toute une série de travaux, assez anciens pour la plupart (réalisés dans les années 1930 et 1940), ont porté sur l'effet du placement des enfants dans des institutions, le plus souvent des orphelinats. L'un des plus connus de ces travaux a été publié par Skeels et Dye en 1939. Ces auteurs comparent deux groupes de jeunes enfants placés dans un orphelinat (figure 4.7, p. 202). Un groupe, constitué de treize enfants quitte l'orphelinat à un âge compris entre 10 et 30 mois pour rejoindre une institution spécialisée dans l'éducation des débiles mentaux. Ces treize enfants ont été sélectionnés sur la base de leurs faibles performances cognitives (QI moyen : 64 au moment du transfert). Cette institution spécialisée offre de bien meilleures opportunités que l'orphelinat pour le développement cognitif (installations mieux équipées, personnel mieux formé et plus disponible…). Aussi, les enfants vont-ils tous progresser : après un intervalle compris entre 3 et 6 ans, le QI moyen est passé à 90, soit un gain moyen de 26 points. Un autre groupe, constitué de douze enfants (QI moyen de 87 vers 17 mois) reste dans l'orphelinat. Après un intervalle compris entre 3 ans et demi et 7 ans et demi les performances de ce groupe se sont dégradées : QI moyen de 60, soit un recul de 27 points. On peut, certes, adresser des critiques à ce travail : instabilité des scores de QI chez les jeunes enfants, non-appariement du groupe expérimental et du groupe contrôle… Il n'en reste pas moins que les résultats montrent clairement que si certaines institutions sont favorables au développement cognitif, d'autres le sont beaucoup moins. Les travaux ultérieurs de Skeels (1966) sur ces deux groupes confirment cette conclusion. Vingt et un ans après avoir réalisé ces observations, Skeels a interrogé à nouveau les sujets des deux groupes qui étaient devenus de jeunes adultes. Dans le groupe expérimental onze des treize sujets ont été adoptés, aucun ne l'a été dans le groupe contrôle. Les sujets du groupe expérimental ont eu une scolarité satisfaisante (douze ans d'études en moyenne), ils sont tous insérés professionnellement (certains à des niveaux de qualification élevés), onze sont mariés et ont des enfants dont l'intelligence est normale. Les sujets du groupe témoin ont eu un destin nettement moins favorable : un est décédé, quatre sont placés dans des institutions, les sept restants occupent des emplois peu qualifiés. Leur scolarité n'a pas été réussie (leur niveau scolaire moyen est celui de la troisième année de l'enseignement primaire), deux seulement sont mariés.

Les effets négatifs de certaines institutions ne se manifestent pas seulement au plan cognitif. On a relevé des déficits importants dans le secteur de la communication, et, pour ce qui est de la personnalité, une moindre maturité sociale, une moindre sensibilité à autrui et des contrôles émotionnels plus frustres. Ces déficiences trouvent leur origine à la fois dans la pauvreté des stimulations offertes aux enfants et dans l'insuffisance des relations entre enfants et adultes. Dans les cas extrêmes la fréquentation de l'institution conduit au «syndrome d'hospitalisme» mis en évidence par Spitz chez les bébés (1968). Ce syndrome se caractérise par un gros retard mental, un état dépressif, une fragilité physique et une forte sensibilité aux maladies qui conduit à des taux de mortalité élevés. Pour Spitz la cause essentielle de l'hospitalisme est une carence affective : l'absence de maternage.

a)

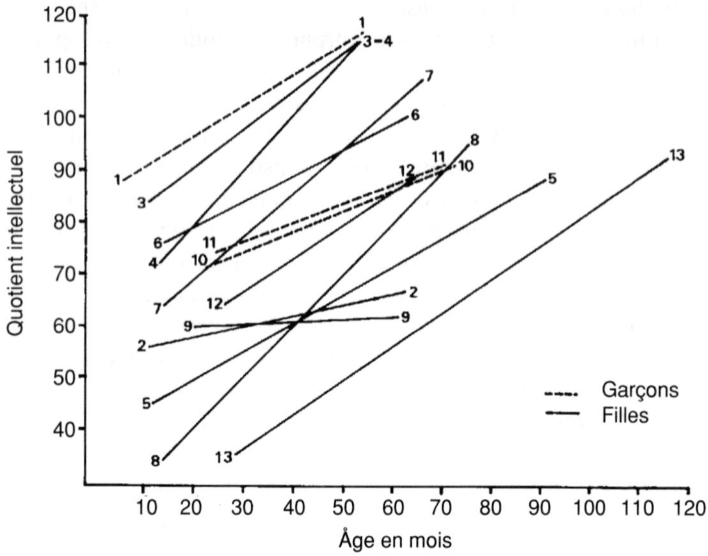

Changement dans les scores de QI des treize enfants ayant quitté l'orphelinat

b)

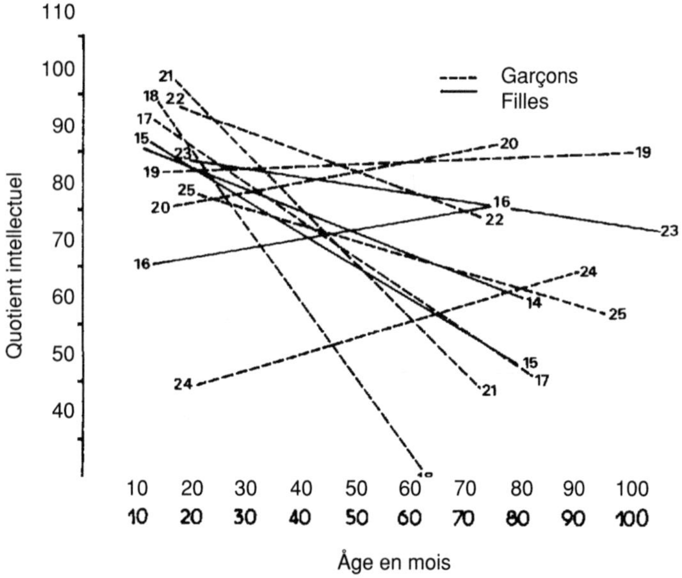

Changement dans les scores de QI des douze enfants n'ayant pas quitté l'orphelinat

Figure 4.7.
Effets du placement en institution (d'après Skeels, 1966)

Ces travaux ont eu des conséquences pratiques. On est beaucoup plus hésitant aujourd'hui que par le passé pour recommander un placement, bien que l'environnement éducatif offert par les institutions d'accueil ait été très sensiblement amélioré. Sur un plan plus théorique les recherches sur le placement en institution ont eu deux grandes conséquences. Elles ont attiré l'attention sur le rôle des influences environnementales précoces. Elles ont aussi permis de préciser les caractéristiques d'un milieu stimulant pour le développement de l'enfant.

3.3.3. Les effets de l'adoption

Nous avons examiné au début de ce chapitre (*cf.* paragraphe 2.3., p. 181) les travaux conduits sur les enfants adoptés afin de montrer les rôles respectifs des facteurs héréditaires et des facteurs de milieu. Nous avions alors simplement noté que certains résultats plaidaient en faveur d'un rôle des facteurs environnementaux.

Plusieurs études récentes, réalisées en France, permettent de préciser cet effet du milieu. Schiff *et al.* (1981) comparent des enfants dont la mère est d'origine modeste et sans qualification professionnelle, adoptés avant 6 mois par des cadres ($N = 32$), à leurs frères ou sœurs qui sont restés avec leur mère ($N = 20$). Les enfants ont été observés lorsqu'ils étaient à l'école primaire. Les enfants adoptés réussissent en classe et dans les tests d'intelligence à peu près aussi bien, en moyenne, que les enfants de cadres. Leurs performances sont nettement supérieures à celles de leurs frères et sœurs restés avec leur mère. En termes de QI les écarts entre moyennes sont d'environ douze points pour le WISC (107 et 95), et seize points, pour une épreuve d'intelligence appliquée collectivement (111 et 95). L'échec scolaire est quatre fois plus fréquent chez les enfants restés avec leur mère.

Capron et Duyme (1991) contrastent deux catégories socio-économiques à partir du statut professionnel et du nombre d'années de scolarité (*SSE* + et *SSE* -) et ils se demandent ce qu'il advient des enfants issus de ces deux groupes lorsqu'ils sont adoptés par des parents de catégorie favorisée (+) ou de catégorie défavorisée (-). On dispose donc de quatre groupes d'enfants :

- parents biologiques *SSE* +, parents adoptifs *SSE* + (*B*+*A*+)
- parents biologiques *SSE* +, parents adoptifs *SSE* – (*B*+*A*-)
- parents biologiques *SSE* -, parents adoptifs *SSE* + (*B*-*A*+)
- parents biologiques *SSE* -, parents adoptifs *SSE* – (*B*-*A*-)

Les enfants, adoptés avant 6 mois, sont testés à un âge moyen de 14 ans, avec le WISC. Les résultats sont indiqués au tableau 4.8.

	A +	*A* -
B +	119,6 (*N* =10)	107,5 (*N* = 8)
B -	103,6 (*N* = 10)	92,4 (*N* = 10)

Tableau 4.8.
QI des enfants adoptés selon l'appartenance socio-économique des parents biologiques (B) et des parents adoptifs (A) (d'après Capron et Duyme, 1991)

Les résultats indiquent :

– un effet du *SSE* des parents adoptifs sur le QI (*A*+ : *m* = 111,6, *A*- : *m* = 99,9). Ce résultat était attendu ;

– une absence d'interaction entre le statut socio-économique des parents biologiques et des parents adoptifs. En d'autres termes les différences en fonction du SSE des parents adoptifs sont du même ordre de grandeur quel que soit la *SEE* des parents biologiques (12,1 pour *B*+ et 11,2 pour *B*-) ;

– un effet inattendu du *SSE* des parents biologiques sur le QI (*B*+ : *m* = 113,5, *B*- : *m* = 98). Pour les auteurs cet effet est ambigu et ne peut être interprété dans la mesure où l'expérience ne permet pas de faire la part d'éventuelles influences génétiques et d'un effet du milieu s'exerçant pendant la période prénatale (Duyme et Capron, 1992).

Une telle expérience peut paraître relativement simple. Le lecteur est invité à imaginer les démarches qu'impliquent tant sa réalisation que le respect des règles déontologiques relatives à la recherche sur des sujets humains.

3.4. Le rôle de la famille

Les études sur le placement en institution ou sur l'adoption montrent clairement l'effet du milieu. Mais elles nous renseignent peu sur les mécanismes de l'action de ce milieu. Afin de préciser ces mécanismes et de ne pas en rester à une conception très globale du milieu on s'est efforcé de dégager les caractéristiques du milieu familial, et notamment les pratiques éducatives parentales, susceptibles d'induire des différences entre les individus.

3.4.1. Taille de la famille et ordre de naissance

Dans les enquêtes sur le niveau intellectuel des enfants deux phénomènes ont été observés :

- une corrélation négative, de l'ordre de .20, entre la taille de la famille et le QI de l'enfant : les QI des enfants tendent à diminuer lorsque le nombre de frères et sœurs augmente. Cette relation se maintient lorsque la catégorie sociale d'appartenance est tenue constante.
- une corrélation, négative également, entre le rang de naissance et le QI : l'aîné tend à avoir un QI supérieur au second, le second un QI supérieur au troisième, etc.

Ces deux phénomènes sont illustrés figure 4.8. Le test des matrices progressives de Raven a été appliqué à quatre cent mille Hollandais âgés de 19 ans et l'on a calculé les scores d'efficience moyens pour une série de groupes définis à la fois par la taille de la famille et par le rang de naissance (Zajonc et Markus, 1975).

Ces deux effets, certes, sont loin d'être massifs (sur les quarante-quatre moyennes calculées, trente-deux se situent entre 97 et 100) et il serait peu sérieux de chercher à prédire le score d'un individu à partir des deux caractéristiques familiales retenues (la variabilité à l'intérieur de chaque groupe est très largement supérieure à la variabilité entre les groupes). On est cependant frappé par le caractère quasi systématique des différences observées. Zajonc et Markus ont proposé d'expliquer ces résultats à partir d'un principe simple. Ils considèrent que la qualité de l'environnement familial est fonction de la moyenne des niveaux de développement de ceux qui le constituent. Prenons par exemple une famille de deux enfants. L'environnement du premier, étant la moyenne des niveaux de développement des parents, sera supérieur à celui du second, qui est la moyenne du niveau de développement des parents et de l'aîné. On comprend ainsi aisément pourquoi la qualité de l'environnement décroît quand augmente la taille de la famille. Ce modèle permet des prédictions qui se sont avérées être exactes, notamment en ce qui concerne l'écart moyen des performances entre deux enfants consécutifs. Le modèle de Zajonc et Markus ne rend cependant pas compte de deux constats lisibles sur la figure 4.8 (p. 206). D'après ce modèle on ne voit pas pourquoi ce ne sont pas les enfants uniques qui sont les plus performants ; on observe aussi une chute de performance qui paraît excessive pour le dernier-né. Pour rendre compte de ces anomalies, Zajonc et Markus introduisent un critère supplémentaire pour définir la qualité de l'environnement : l'environnement de qualité est aussi celui qui donne à

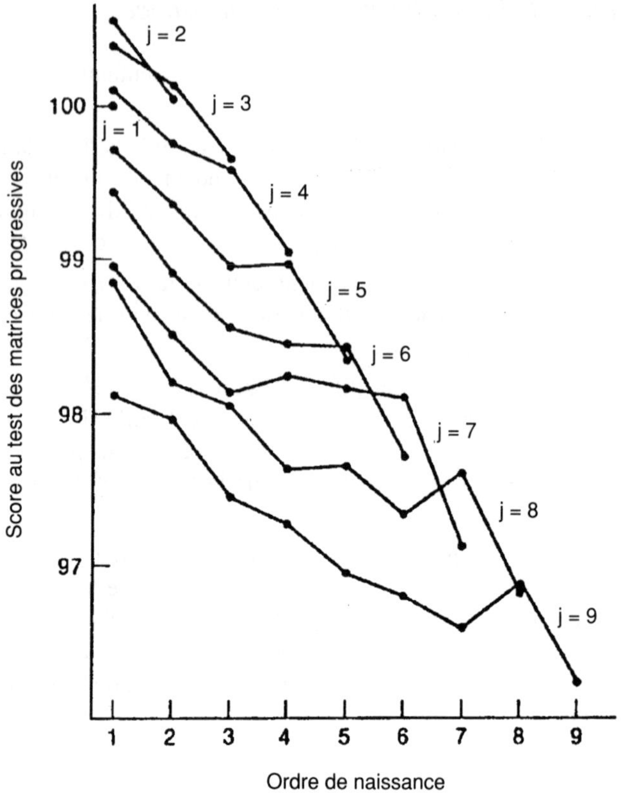

Figure 4.8.
Efficience cognitive en fonction de la taille de la fratrie (j) et du rang de naissance (Zajonc et Markus, 1975, à partir de données recueillies par Belmont et Marolla, 1973).

l'enfant la possibilité d'être en position de tuteur vis-à-vis des enfants plus jeunes. Deux réserves ont été émises à propos du modèle de Marcus et Zajonc : il ne tient pas compte de ce que la naissance d'un enfant modifie les attitudes parentales (prendre en compte cette réserve pourrait conduire à suggérer que la compétence parentale décroîtrait avec l'expérience…) ; il ne tient pas compte non plus des effets prénataux (dans les familles comportant à la fois des enfants adoptés et des enfants naturels, le modèle de Zajonc et Markus s'applique seulement aux enfants naturels, d'où la suggestion d'un rôle des effets prénataux).

3.4.2 Pratiques éducatives familiales et développement de l'intelligence

De nombreux travaux ont mis en évidence des corrélations entre certains comportements parentaux et le développement cognitif de l'enfant (*cf.* Lautrey, 1980).

Dans l'étude longitudinale conduite par Nancy Bayley, étude que nous avons déjà évoquée (*cf.* chapitre 2 paragraphe 4.2., p. 68), on a évalué le développement intellectuel à de nombreuses reprises entre la naissance et 18 ans. On a également procédé à des observations du comportement éducatif des mères lorsque les enfants avaient moins de 3 ans (observation au cours de la passation des tests) et lorsqu'ils avaient un âge compris entre 9 et 14 ans (entretien à domicile). Les observations ont été codées sur dix-huit échelles (voir figure 4.9). On a montré que ces échelles pouvaient être situées par rapport à deux dimensions : une dimension autonomie-contrôle et une dimension amour-hostilité. Certaines échelles correspondent aux pôles de la dimension : encouragement à l'autonomie et intrusion pour la dimension autonomie-contrôle, évaluation positive de l'enfant et comportement punitif pour la dimension amour-hostilité. D'autres échelles correspondent à une combinaison des deux dimensions : l'indifférence est proche à la fois de l'hostilité et de l'autonomie, l'investissement affectif est proche à la fois de l'amour et du contrôle. Les corrélations entre les attitudes ou comportements maternels (vis-à-vis des enfants de moins de 3 ans) et le QI des enfants à 14-18 ans sont indiqués figure 4.9 (p. 208) (Bayley et Schaeffer, 1964). Les corrélations observées sont en moyenne plus fortes, qu'elles soient positives ou négatives, chez les garçons que chez les filles. Les comportements maternels témoignant d'une attitude positive sont associés à des QI plutôt élevés, ceux qui témoignent d'une attitude négative à des QI plutôt faibles.

L'approche de Bradley et Caldwell (1976) est plus globale. Ces auteurs ont mis au point une procédure de questionnement des parents, dont il existe plusieurs versions adaptées à l'âge des enfants, permettant d'évaluer la qualité des stimulations offertes par le milieu familial. Cette qualité est appréciée sur six échelles :

- sensibilité verbale et affective de la mère vis-à-vis de l'enfant,
- évitement des punitions,
- organisation de l'environnement spatial et temporel,
- fourniture de jeux appropriés,
- implication de la mère dans l'éducation de l'enfant,
- opportunités offertes pour varier les stimulations quotidiennes.

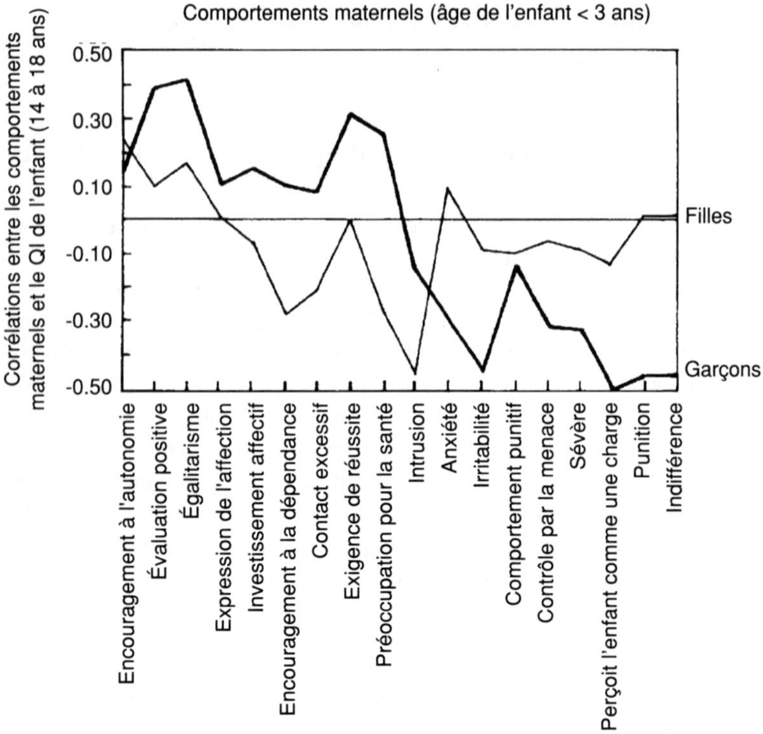

Figure 4.9
Corrélations entre les attitudes et comportements des mères (enfants âgés de moins de 3 ans) et le QI de l'enfant (à 14-18 ans)
(d'après Bayley et Schaeffer, 1964).

En sommant les scores sur les six échelles on obtient un score global de qualité éducative de l'environnement familial. Les corrélations entre ce score, obtenu à plusieurs âges, et les performances intellectuelles, relevées à plusieurs âges également, sont indiquées au tableau 4.9.

		Intelligence		
		12 mois	24 mois	36 mois
Qualité du milieu éducatif	12 mois	.25	.50	.53
	24 mois	.34	.58	.62
	36 mois	.29	.50	.54

Tableau 4.9
Corrélations entre la qualité du milieu éducatif familial et les scores aux tests de développement intellectuel (d'après Bradley *et al.*, 1989, in Palacio-Quentin, 1995).

Les travaux de ce genre, s'ils montrent bien la réalité des liaisons entre certaines pratiques éducatives et le développement cognitif, présentent cependant deux limites. La première est relative et la description des pratiques éducatives qui comporte une part d'arbitraire. Pourquoi dix-huit échelles, et ces échelles, dans l'étude de Bayley et Schaeffer ? La seconde limite porte sur l'interprétation des corrélations. Celles-ci peuvent très bien s'expliquer par des variables associées aux pratiques éducatives et elles ne nous renseignent pas sur les mécanismes de l'action du milieu. Les recherches conduites par Jacques Lautrey (1980) permettent de dépasser ces limites car elles sont fondées sur une théorie qui fournit à la fois un cadre descriptif des pratiques éducatives et un cadre interprétatif des résultats observés.

J. Lautrey s'inspire de Piaget. Si l'équilibration est bien un facteur du développement, comme Piaget l'indique, les milieux qui facilitent ce processus d'équilibration doivent aussi faciliter le développement intellectuel. Il y a équilibration lorsque le système cognitif se modifie en réponse à des perturbations provenant de l'extérieur afin de trouver un nouvel équilibre. Le développement est alors le passage d'un état d'équilibre à un autre, il correspond à une construction cognitive. Les milieux favorables au développement cognitif doivent être des milieux où les occasions de rééquilibration, donc les perturbations, sont nombreuses et où il existe des conditions facilitant la rééquilibration. La rééquilibration est facilitée lorsque le sujet peut intégrer la perturbation dans un schéma, ou une structure, plus général. Ces considérations conduisent à la définition de trois types d'environnement :

– l'environnement aléatoire ou faiblement structuré : il y a bien des perturbations mais les opportunités de rééquilibration sont faibles. Les perturbations sont imprévisibles et elles ne peuvent donc être intégrées dans des régularités ;

– l'environnement rigidement structuré : il possède les caractéristiques inverses du précédent : il y a bien des régularités qui permettraient la rééquilibration, mais il n'y a pas de perturbations ;

– le milieu souplement structuré : il réalise un bon ajustement entre perturbations et régularités. Il y a bien des perturbations mais certaines régularités peuvent permettre d'en rendre compte. Ce milieu doit être le plus propice au développement intellectuel.

On peut illustrer ces trois types de structuration du milieu à partir des règles relatives à l'usage de la télévision :

– structuration faible : parfois l'enfant peut regarder la télévision, parfois il ne peut pas. Mais il n'y pas de règles qui lui permettraient de prévoir ce qui va se passer ;

- structuration rigide : il existe des règles précises (par exemple, ne pas regarder la télévision après 20 heures 30) et elles ne souffrent aucune exception ;
- structuration souple : il existe des règles mais elles peuvent être modulées, en fonction de l'activité du lendemain ou de l'intérêt des programmes.

Dans plusieurs expériences réalisées sur des élèves de cours moyen deuxième année, J. Lautrey a observé la supériorité attendue des sujets bénéficiant d'un milieu souplement structuré : meilleurs résultats à une épreuve de raisonnement inductif (facteur *g*), à une épreuve composite (raisonnement sur contenu verbal, numérique et spatial), à une épreuve de conservation et de mesure des volumes et à une épreuve destinée à vérifier l'acquisition de la notion de probabilité.

Nous examinerons dans le prochain chapitre (*cf.* paragraphe 2.5.2., p. 269) les incidences de ces travaux sur l'explication des différences entre classes sociales.

3.4.3. *Pratiques éducatives familiales et styles cognitifs*

Nous avons présenté au chapitre 2 (*cf.* paragraphe 2.1., p. 57) quelques données sur les styles cognitifs dépendant du champ et indépendant du champ. Les sujets plutôt indépendants du champ sont caractérisés par de bonnes capacités analytiques et ils ont tendance à avoir une faible sensibilité sociale ; les sujets plutôt dépendants du champ n'ont pas de bonnes capacités analytiques, ils se caractérisent par une approche plutôt globale des situations et des problèmes, ils tendent par ailleurs à avoir une bonne sensibilité sociale. Quelles sont les comportements éducatifs qui induisent plutôt la dépendance du champ, ou plutôt l'indépendance du champ ?

On a montré que les modalités éducatives visant à faciliter l'activité autonome du sujet, ou en d'autres termes à l'aider à se différencier de son environnement, conduisaient plutôt à l'indépendance du champ, tandis que celles encourageant plutôt le respect des normes et la cohésion du groupe conduisaient plutôt à la dépendance du champ. Dans une étude publiée en 1962, Witkin *et al.,* se sont intéressés à la personnalité et aux méthodes éducatives de mères d'enfants de 10 ans (des garçons). Au cours d'entretiens semi-directifs six grands thèmes sont abordés :

– les soins physiques, l'hygiène et la santé,
– la scolarité,
– les relations sociales et les activités extra-familiales de l'enfant,
– la discipline,
– les valeurs de la mère,
– les relations intra-familiales.

L'analyse de contenu des entretiens conduit à la mise en évidence de 10 dimensions. Voici quelques-unes de ces dimensions (on indique d'abord le pôle censé induire l'indépendance) :

– la mère facilite-t-elle l'autonomie de l'enfant ou considère-t-elle plutôt, sans raisons évidentes, qu'il a besoin d'attentions et de protections particulières ?
– accepte-t-elle facilement ou non que son fils adopte des rôles masculins ?
– laisse-t-elle beaucoup de liberté à l'enfant dans le choix de ses fréquentations et de ses activités ou cherche-t-elle plutôt à restreindre cette liberté ?
– pour tout ce qui relève de l'hygiène et des soins physiques, traite-t-elle l'enfant plutôt comme un adulte, ou plutôt comme un enfant plus jeune ?
– cherche-t-elle ou non à faciliter l'acquisition par l'enfant d'une plus grande autonomie et d'une plus grande maturité ?
– facilite-t-elle la curiosité de l'enfant et son originalité ou au contraire cherche-t-elle à limiter sa curiosité et à lui faire adopter des attitudes conformistes ?

Chaque mère est d'abord située sur chacune des dimensions, puis sur une échelle unique dont les deux pôles sont « mère facilitant la différenciation de l'enfant de son environnement « et «mère ne facilitant pas la différenciation de l'enfant de son environnement».

On observe des corrélations notables entre les pratiques éducatives maternelles ainsi définies et plusieurs manifestations du style cognitif de l'enfant : corrélation de .65 avec un indice combinant le score à des épreuves perceptives comme l'épreuve du bâton et du cadre et le test des figures intriquées (*cf.* chapitre 2 paragraphe 2.1., p. 58) ; de .41 avec les sous-tests du WISC témoignant de capacités de structuration (cubes, assemblage d'objets, complément d'images) ; de .35 avec un indice de structuration des réponses au test de Rorschach ; de .65 avec la «clarté cognitive» appréciée au cours d'un entretien.

Des recherches utilisant d'autres méthodes d'observation des pratiques éducatives (questionnaires, observation directe du comportement parental) ont conduit à des résultats cohérents avec ceux qui viennent d'être présentés.

3.4.4. Pratiques éducatives familiales et personnalité

Les comportements éducatifs n'influencent pas seulement l'efficience intellectuelle et le style cognitif de l'enfant, mais aussi sa personnalité. Baumrind (1973), par exemple, caractérise le milieu familial à partir des modalités de contrôle que celui-ci exerce sur l'enfant. Elle distingue trois aspects dans ce contrôle : les attentes parentales peuvent être plus ou moins précises et plus ou moins explicitées, elles peuvent être aussi plus ou moins exigeantes, enfin elles peuvent être accompagnées de manifestations affectives plus ou moins positives. À partir de ces aspects du contrôle parental Baumrind distingue trois types de milieu familial qui présentent certains points communs avec les milieux définis par Lautrey : un milieu permissif où les attentes parentales se manifestent très peu et deux types de milieux structurés (ou directifs). Dans ces deux milieux les parents ont des attentes fortes quant au comportement des enfants (en matière de réussite scolaire notamment), mais dans un cas ces attentes se manifestent rigidement (les buts sont définis sans trop tenir compte de l'enfant) et dans un contexte affectif plutôt froid, tandis que dans l'autre cas elles se manifestent de manière beaucoup plus souple (les buts sont définis en tenant compte de ce que l'on croit savoir des capacités de l'enfant) et dans un contexte affectif plutôt chaleureux. Ces différents milieux éducatifs induisent des comportements différents chez les enfants. Baumrind a montré, chez des enfants d'âge préscolaire (des filles et des garçons), que les milieux éducatifs caractérisés par des attitudes souples et chaleureuses étaient les plus favorables au développement de conduites témoignant d'indépendance (par opposition à la suggestibilité) et de dominance (par opposition à la soumission), et de conduites témoignant également de la volonté de poursuivre certains buts et de les atteindre (conduites orientées vers la réussite). Pour ces quatre aspects de la personnalité on observe peu de différences entre le milieu permissif et le milieu rigide et froid.

En général on caractérise les pratiques éducatives familiales en interrogeant les mères. Il arrive que l'on s'intéresse au rôle du père… notamment lorsqu'il est absent. On observe alors une tendance à ce que les garçons développent plutôt des compétences que l'on attribue généralement aux filles (Willerman, 1979). On peut aussi s'intéresser simultanément au père et à la mère et évaluer leur degré d'accord sur leurs attitudes et valeurs éducatives et sur les buts qu'ils incitent leurs enfants à atteindre, indépendamment de la nature de ces attitudes, valeurs et buts. On évalue ainsi un des aspects de l'harmonie familiale. Vaughn et Block (Vaughn *et al.*, 1988) ont montré que l'accord parental observé lorsque les enfants avaient 3 ans et demi permettaient de prédire certains aspects de la personnalité à 18 ans. Plus l'accord parental est élevé plus les garçons sont socialement indépendants ($r = .37$), plus ils se sentent bien en classe ($r = .45$), plus ils manifestent des intérêts artistiques ($r = .38$) et investigatifs ($r = .38$), et moins ils sont traditionalistes ($r = -.54$) ou inhibés ($r = -.56$). Les corrélations observées chez les filles sont nettement plus faibles. On note cependant que chez celles-ci l'accord parental est associé à une plus grande spontanéité ($r = .47$) et à une plus grande flexibilité ($r = .47$). (L'accord parental est aussi associé chez les garçons à l'efficience cognitive à 18 ans mesurée par le test de Wechsler pour adultes : $r = .47$ pour les garçons et $r = .09$ pour les filles.) Le patron des liaisons entre les pratiques éducatives parentales et les caractéristiques individuelles des enfants n'est jamais le même chez les garçons et les filles. Ce résultat massif est interprété à partir des différences dans le processus de socialisation des garçons et des filles (différences dans les attentes et dans les modalités de renforcement de certaines conduites).

3.5. Intelligence et scolarisation

On observe une forte corrélation entre l'intelligence générale évaluée par des tests de QI, des tests de facteur *g* ou des épreuves composites combinant les scores à plusieurs tests d'aptitudes primaires, et le nombre d'années de scolarité effectuées ou le niveau scolaire atteint. Cette corrélation est de l'ordre de .60–.80, à catégorie socioprofessionnelle constante. Elle s'explique pour une assez large part par l'influence de l'efficience cognitive sur la durée de la scolarité. Celle-ci est en effet un des facteurs qui expliquent la réussite scolaire (les corrélations entre l'efficience dans les tests et la réussite scolaire évaluée quelques années plus tard sont fréquemment de l'ordre de .40 – .50). Mais la corrélation intelligence-durée de la scolarité peut aussi s'expliquer pour une part par un effet de la scolarité (Ceci, 1991).

Pour mettre en évidence cet effet de l'école sur l'efficience cognitive, il serait nécessaire de comparer deux groupes d'enfants ne se distinguant que par un seul caractère : certains allant à l'école et d'autres n'y allant pas. La seule manière d'être vraiment sûr que les deux groupes ne diffèrent que par le caractère considéré serait de choisir au hasard, comme dans les expériences d'apprentissage réalisées en laboratoire, ceux qui vont à l'école et ceux qui n'y vont pas ! Devant l'impossibilité morale et pratique de procéder ainsi on compare des groupes naturels et l'on n'est pas toujours très sûr de l'exactitude des imputations causales que l'on avance. Nous verrons cependant que dans certains cas cette incertitude est faible.

Les études les moins satisfaisantes portent sur la comparaison d'enfants scolarisés normalement et d'enfants scolarisés irrégulièrement (enfants de nomades ou de mariniers par exemple). Lorsque les enfants sont jeunes les deux groupes ne se distinguent que très peu. Au fur et à mesure que les enfants grandissent l'infériorité du groupe irrégulièrement scolarisé augmente. Gordon, dans une étude réalisée en Angleterre et publiée en 1923 (in Ceci, 1991), note chez les enfants dont la scolarité est intermittente un QI moyen de 90 à 4-6 ans, et de 60 à 12-22 ans. Ces observations montrent bien les effets négatifs et cumulatifs d'un milieu peu stimulant, mais elles ne permettent pas de faire la part de ce qui revient à l'école et de ce qui revient au milieu familial. Il en va de même dans les travaux où l'on met en évidence une baisse de l'efficience intellectuelle à la suite d'événements politiques graves. En Hollande, par exemple, à Eindhoven, la scolarisation a été très irrégulière à la fin de la Seconde Guerre mondiale et dans les premières années de l'immédiat après-guerre. Le QI moyen des élèves qui était approximativement de 100 dans les années d'avant-guerre, chute de près de cinq points de 1945 à 1947, pour revenir aux environs de 100 à partir de 1949 (de Groot, 1951). Dans ce cas les perturbations scolaires ne sont qu'un aspect des stress et restrictions accompagnant la guerre. Il est également difficile de faire la part de l'école et la part des autres facteurs dans les recherches conduites sur les effets de l'éducation préscolaire lorsque celle-ci n'est pas généralisée (...et lorsqu'elle l'est on n'a plus de termes de comparaison!).

D'autres travaux sont plus convaincants dans la mesure où l'on s'assure de l'équivalence des groupes que l'on compare sur plusieurs variables. En 1961, en Suède, Härnqvist (1968) teste un échantillon au 1/10e des enfants âgés de 13 ans. Il réexamine cinq ans plus tard les sujets masculins de cet échantillon. Ces données lui permettent d'apprécier les écarts de QI en fonction de la scolarité en maintenant constant le QI et le niveau scolaire à 13 ans et la catégorie socioprofessionnelle des parents. Il conclut qu'une année de scolarité rapporte en moyenne 1,8 point de QI. Deux enfants de même niveau scolaire et de même origine sociale ayant le même QI à 13 ans auront donc un écart de QI moyen de l'ordre de 7-8 points à 18 ans si l'un interrompt ses études à 13 ans alors que l'autre les prolonge jusqu'à 18 ans. Au début des années 1960, dans un comté des États-Unis, des enfants noirs n'ont pas été scolarisés pendant plusieurs années car les communautés locales refusaient d'appliquer les nouvelles lois sur l'intégration scolaire. Comparés à des enfants d'origine sociale équivalente mais ayant bénéficié d'une scolarité normale on a relevé une baisse d'environ 6 points de QI par an (Green *et al.* ; 1964, in Ceci, 1991).

Les recherches les plus satisfaisantes sur les effets de la scolarisation ont été conduites par Baltes et Reinert (1969) en Allemagne. Ces auteurs comparent des enfants de même âge et de même catégorie socioprofessionnelle mais entrés à l'école primaire à une année d'intervalle. En Allemagne étaient admis à l'école primaire les enfants ayant 6 ans révolus au 1er avril. Les enfants nés en avril n'ont qu'un mois de moins que ceux qui sont nés en mars mais ils sont scolarisés un an plus tard. Baltes et Reinert procèdent à des comparaisons du type suivant : enfants de 8 ans nés en mars et observés en mai (ils ont 8 ans et deux mois) et enfants de 8 ans nés en avril et observés en juin (ils ont 8 ans et 2 mois également). Ces deux groupes d'enfants ont le même âge mais les premiers ont bénéficié d'une année de scolarité supplémentaire. Leurs résultats aux tests d'aptitudes primaires de Thurstone sont sensiblement supérieurs : ils sont aussi proches des enfants de 10 ans entrés tardivement à l'école que de leurs camarades de même âge entrés également tardivement à l'école.

Cet effet de la durée de la scolarisation sur les tests d'intelligence n'est pas massif dans la mesure où la variabilité de l'efficience cognitive à nombre d'années de scolarité constant demeure considérable (les travaux sur le rôle des pratiques éducatives familiales visent à rendre compte de cette variabilité). Il n'en est pas moins systématique. (L'effet de la qualité de la scolarisation sur l'intelligence est beaucoup plus difficile à établir, du moins dans les pays occidentaux où les variations de cette qualité, évaluée par des critères comme les dépenses d'éducation, le taux d'encadrement des élèves ou le niveau de formation des maîtres, sont relativement faibles, comparées à celles que l'on peut observer entre les pays occidentaux et les pays en voie de développement). Il n'est pas très surprenant que les apprentissages scolaires conduisent à une amélioration des scores aux tests d'intelligence. Trois séries de facteurs permettent d'en rendre compte. L'école est d'abord un lieu d'acquisition de connaissances. Or, l'intelligence cristallisée est en partie évaluée à l'aide de connaissances scolaires : culture générale, mécanismes logico-arithmétiques de base, vocabulaire. L'école permet aussi des apprentissages cognitifs, elle développe l'efficience de processus à l'œuvre dans les tests et constitutifs de certaines formes d'intelligence : classification logique, abstraction, verbalisation. Enfin, l'école favorise la mise en place d'attitudes qui facilitent la réussite dans les tests : entraînement à la concentration de l'attention, développement d'une motivation intrinsèque aux tâches (la réalisation même de la tâche est source de motivation et il n'est pas nécessaire de faire appel à des récompenses).

3.6 L'éducation cognitive

En étudiant les effets de l'adoption et les effets de certains comportements parentaux, nous avons vu que l'éducation avait des effets sur le développement cognitif. L'intelligence est donc éducable. Mais, dans les travaux que nous avons rapportés, l'éducation de l'intelligence résulte d'une multitude d'influences qui s'exercent en permanence tout au long du développement. Peut-on obtenir des résultats sinon équivalents, du moins allant dans le même sens et significatifs, par des interventions pédagogiques adaptées ?

3.6.1. Les courants de l'éducation cognitive

On peut distinguer trois grands courants, apparus successivement, dans les tentatives d'éduquer l'intelligence. On s'est d'abord préoccupé de faire progresser les sujets dont le développement mental était en retard : arriérés mentaux profonds, avec Itard notamment, au début du XIXe siècle, débiles mentaux, avec Binet, au début du XXe siècle. Par la suite, à partir de la fin des années 1950, aux États-Unis principalement, l'éducation de l'intelligence a été un élément central des programmes d'éducation compensatoire destiné à faciliter l'intégration scolaire et sociale des enfants des minorités défavorisées (noire et hispanique). Ces programmes comportaient également un versant social important devant permettre l'amélioration des conditions de logement, de l'état sanitaire, et plus généralement des conditions de vie. Certains programmes étaient très extensifs et touchèrent plusieurs centaines de milliers d'enfants, d'autres, plus intensifs, et d'allure plus expérimentale n'en touchèrent que quelques dizaines. Dans les années 1970 on a commencé à douter de l'efficacité de ces programmes (c'était aussi une période de restrictions budgétaires...) mais un certain nombre d'entre eux ont cependant été maintenus. Plus récemment, en France et dans de nombreux autres pays, on a vu apparaître des méthodes dites de remédiation ou d'éducation cognitive devant doter ceux qui en bénéficient des outils mentaux permettant l'acquisition des savoirs scolaires ou professionnels (Sorel, 1994). Ces méthodes ont d'abord été utilisées dans les formations professionnelles offertes aux travailleurs en reconversion, puis dans les formations initiales accueillant des élèves en difficulté. Au cours des modules d'éducation cognitive, les sujets font, individuellement et collectivement, sous la direction d'un formateur ou d'un enseignant, des exercices qui ne visent pas à leur apporter des connaissances, mais à développer leur efficacité mentale. Si dans l'éducation traditionnelle on considère qu'il faut faire du latin ou des mathématiques pour devenir intelligent, dans le courant de l'éducation cognitive on considère plutôt, qu'il faut devenir d'abord intelligent afin de pourvoir acquérir des notions de latin ou de mathématiques.

3.6.2. Deux exemples de recherches sur l'éducation cognitive

Nous présenterons, à titre d'illustration, deux recherches sur l'éducation cognitive. La première, réalisée sur de jeunes enfants, se situe dans la problématique de l'éducation compensatoire (Garber et Hodge, 1989). La seconde, réalisée sur de jeunes adultes, se situe dans une problématique de mise en place de pré-requis cognitifs à une formation (Loarer *et al.*, 1995).

L'expérience conduite à Milwaukee, une ville industrielle de l'état américain du Wisconsin, par Garber et Hodge, est certainement la tentative d'éducation cognitive qui a mobilisé les moyens les plus importants. (Le coût total de l'opération, de son lancement, en 1966, à la publication du rapport final, a été estimé à 14 millions de dollars!) L'objectif était de prévenir le déclin de l'intelligence et l'inadaptation scolaire régulièrement observés dans les milieux peu stimulants. Les sujets de l'expérience, «sujets à risque», ont été choisis sur la base du niveau intellectuel des mères : QI < 75 (les auteurs de la recherche considéraient que les mères de faible niveau intellectuel ne peuvent jouer de manière satisfaisante leur rôle de médiatrices entre l'activité de l'enfant et le milieu, et donc que ce faible niveau intellectuel est la cause principale des difficultés de l'enfant). Ils étaient aussi issus de catégories socioprofessionnelles défavorisées et de milieux familiaux fréquemment dissociés. Alors qu'ils n'étaient encore âgés que de quelques mois certains enfants ont été affectés à un groupe témoin, d'autres à un groupe expérimental (20 et 20). Les enfants du groupe témoin n'ont pas reçu de traitement particulier, ils ont bénéficié, comme tous les enfants dans leur situation, d'une assistance des services sociaux et de la fréquentation du jardin d'enfants. Ceux du groupe expérimental ont bénéficié d'un environnement éducatif exceptionnel, relativement à leur environnement habituel. Pendant les dix-huit premiers mois une aide familiale visitait régulièrement la famille (3 à 5 heures par semaine) afin d'aider et de former la mère pour la gestion du foyer et l'éducation des enfants. De 6 mois à 6 ans les enfants ont fréquenté régulièrement un «centre de stimulation» spécialement créé dans le quartier. Jusqu'à 10 mois chaque enfant était pris en charge au centre de stimulation par l'aide familiale qui visitait sa famille. De 10 mois à 6 ans chaque aide-familiale employée par le centre s'occupait de deux ou trois enfants seulement. Les activités proposées dans le centre de stimulation étaient très variées. À 6 ans les enfants du groupe expérimental sont entrés à l'école primaire dans des classes normales.

Les sujets ont été testés régulièrement (tests de développement psychomoteur jusqu'à 2 ans, tests de développement intellectuel par la suite) avant et après 6 ans. De 10 mois à 6 ans on observe un déclin des performances des sujets du groupe contrôle : on passe d'un QI de 110 à un QI de 85 (le déclin est surtout net entre 10 et 30 mois). Dans le groupe expérimental le QI s'élève jusqu'à 24 mois, il passe de 110 à 125, se stabilise jusque vers 4 ans, puis décroît légèrement (115-120 à 6 ans). Si on fait la moyenne des évaluations réalisées entre 4 et 6 ans, l'écart entre les deux groupes est d'environ 28 points de QI. À 14 ans les enfants du groupe expérimental conservaient encore leur supériorité sur ceux du groupe témoin mais l'écart entre les deux groupes s'était réduit et n'était plus que de 10 points (QI moyen pour le groupe expérimental : 100, pour le groupe témoin : 90). Dans les tests de préparation à la lecture réalisés avant l'entrée à l'école primaire les sujets du groupe expérimental obtiennent des scores très supérieurs à ceux du groupe témoin. Pendant les quatre premières années de la scolarité primaire l'écart des performances entre les deux groupes, en lecture et mathématiques, est beaucoup plus faible et il se réduit. Les performances des deux groupes se situent nettement en dessous de la moyenne de la population générale et, relativement à cette moyenne, elles diminuent régulièrement. Le programme compensatoire a donc eu des effets plus marqués sur les résultats aux tests que sur les résultats scolaires. Pour expliquer ce constat certains ont souligné la proximité entre les exercices proposés au centre de stimulation et les items des tests.

La recherche réalisée par Loarer *et al.* (1995) porte sur de jeunes adultes, âgés en moyenne de 25 ans, et en stage de pré-qualification dans les centres de formation de l'Association nationale pour la formation professionnelle des adultes (AFPA). Ces jeunes adultes ont un niveau scolaire faible et ils n'ont jamais reçu de formation professionnelle. Le stage doit les préparer à entrer plus tard dans une formation d'ouvrier qualifié dans les spécialités du bâtiment ou de la métallurgie. Deux groupes équivalents d'environ quatre-vingt-dix stagiaires sont constitués. Le groupe expérimental bénéficie d'une centaine d'heures d'éducation cognitive au cours desquelles est appliqué le «Programme d'enrichissement instrumental» (PEI) mis au point par Feuerstein (1990). Au cours des séances de PEI, à partir d'exercices papier-crayon inspirés d'items de tests d'intelligence, de discussions de groupe, et avec l'aide d'un médiateur spécialement formé à cette méthode, les stagiaires sont censés acquérir toute une série de compétences cognitives dans les domaines des activités perceptives, de l'organisation de l'espace, de la conceptualisation, du raisonnement, ou encore de la planification de l'activité. En principe ces acquisitions doivent faciliter les apprentissages professionnels et avoir un effet positif sur plusieurs aspects de la personnalité. Pendant que les sujets du groupe expérimental participent aux séances d'éducation cognitive, ceux du groupe témoin participent à des activités tout aussi nouvelles et impliquant également fortement les formateurs (utilisation de logiciels de traitement de texte, de tableurs) mais qui ne sont pas connues pour avoir un effet sur l'intelligence.

Sur les grandes dimensions de l'intelligence on observe un effet modéré du PEI pour le raisonnement inductif, l'efficience verbale et l'efficience spatiale, pas d'effet pour la créativité. Dans le domaine de la personnalité on observe un effet positif du programme sur le trait ascendance et sur un score d'image de soi, pas d'effet sur les traits responsabilité, sociabilité, contrôle émotionnel, assurance, internalité du contrôle, et sur un autre score d'image de soi. Pour les apprentissages professionnels (observations réalisées en atelier) on note un effet positif du PEI sur la mise en état des lieux et le repérage mais pas d'effet sur les conduites de réflexion, de recherche autonome, de contrôle, de choix des outils et du matériel. Ce patron de résultats suggère que l'effet du PEI se manifeste surtout dans des situations proches des situations d'apprentissage (il y a en effet une assez grande proximité entre les tests utilisés pour évaluer la méthode et le type d'exercices proposés). Cette conclusion est confirmée par une étude du transfert des acquisitions relatives au contrôle de l'impulsivité. Celles-ci disparaissent assez vite dès que l'on s'éloigne des situations d'apprentissage. Six mois après la fin du stage les effets positifs observés se maintiennent pour le raisonnement et l'efficience verbale, mais ils disparaissent pour l'efficience spatiale et l'estime de soi.

3.6.3. Les limites de l'éducation cognitive

L'intelligence, certes, est éducable. Mais il semble bien qu'on n'ait pas encore trouvé les moyens permettant de la développer significativement. Les expériences de Garber et Hodge, de Loarer *et al.*, et beaucoup d'autres, montrent clairement que les programmes d'éducation cognitive actuellement disponibles ne permettent pas des acquisitions durables et générales. L'effet des programmes est à son maximum à l'issue de leur application et il tend à décroître au fur et à mesure que le temps passe. Cet effet est surtout sensible sur les tests d'intelligence, il l'est beaucoup moins sur les acquisitions scolaires ou professionnelles que le développement de l'intelligence devrait pourtant faciliter. Tout se passe comme si les programmes développaient principalement et modérément des capacités spécifiques permettant de réussir dans les tests, et peu les capacités générales qui, précisément, définissent l'intelligence. Les tests d'intelligence, dans la mesure où ils sont pour ceux qui les passent des situations nouvelles, permettent des prédictions sur l'adaptation ultérieure, la réussite scolaire par exemple. Mais on ne peut en déduire qu'il suffit d'améliorer les performances aux tests pour voir augmenter les capacités d'adaptation (Huteau *et al.,* 1994) !

Ces résultats ne doivent pas conduire au pessimisme quant aux possibilités d'éducation. Ils incitent seulement à se fixer des objectifs plus réalistes. Il n'est pas très raisonnable, en effet, de prétendre annuler par des interventions pédagogiques, fussent-elles lourdes, et *a fortiori* quand elles ne le sont pas, les influences répétées et continues du milieu familial. Ils incitent aussi à traiter en même temps, et non plus de manière séparée, la question de l'acquisition des savoirs et celle du développement des capacités cognitives.

LECTURES CONSEILLÉES

LARMAT G.,
1979, *La génétique de l'intelligence*, Paris, PUF.
REUCHLIN M.,
1976*b*, *Cultures et conduites*, Paris, PUF.

Chapitre 5

LES DIFFÉRENCES ENTRE GROUPES

Plutôt que de s'intéresser à la variabilité entre les individus dans des groupes relativement homogènes on peut s'intéresser aux différences moyennes entre individus appartenant à des groupes différents. Nous examinerons successivement les différences entre hommes et femmes et entre sujets issus de milieux sociaux différents.

1. LES DIFFÉRENCES ENTRE HOMMES ET FEMMES

Si la réflexion sur les différences entre les hommes et les femmes est un thème très ancien, il a fallu attendre le début du XXe siècle pour que cette question soit abordée au moyen de méthodes objectives et que la possibilité soit ainsi offerte d'échapper aux descriptions stéréotypées. La différence entre hommes et femmes n'est pas seulement biologique, elle est aussi, nous le verrons, une construction sociale. Aussi, lorsque nous parlons de différences entre sexes nous désignons plutôt des différences entre le genre masculin et le genre féminin.

1.1. Intelligence et sexe

Afin de rendre comparables les écarts entre les filles et les garçons observés dans des situations différentes, dans des groupes plus ou moins homogènes et avec des échelles de mesure diverses, on exprime généralement la différence entre la moyenne des filles et celle des garçons en fraction de l'écart-type moyen de la distribution des filles (F) et de celle des garçons (G) :

$$d = (mG - mF)/\ \sigma \quad \text{où} \quad \sigma = (\sigma G + \sigma F)/2$$

Cet indice *d* est utilisé dans tous les cas où l'on souhaite synthétiser sous une forme quantitative (méta-analyse) des observations portant sur des différences entre deux groupes.

Pour apprécier la signification de l'indice *d* on peut se reporter à la figure 5.1 où l'on a représenté les différences garçons-filles pour *d* = 0,50, 0, 25 et 0,10. On considère dans cet exemple que la moyenne des garçons est supérieure à celle des filles et que les distributions intra-sexes sont de forme gaussienne et de même dispersion :

– avec *d* = 0,50, environ 31 % des filles dépassent le garçon moyen,

– avec *d* = 0,25, environ 40 % des filles dépassent le garçon moyen,

– avec *d* = 0,10, environ 46 % des filles dépassent le garçon moyen

En d'autres termes on peut dire aussi qu'avec *d* = 0,50 l'écart entre les moyennes est équivalent à celui que l'on pourrait observer sur la distribution totale (en la supposant gaussienne) entre le 40e et le 60e centile. Avec *d* = 0,25 il est équivalent à l'écart entre le 45e et le 55e centile et avec *d* = 0,10 à l'écart entre le 48e et le 52e centile. On peut encore raisonner en termes de variance expliquée et se demander quelle est la fraction de la variance totale de la population (filles et garçons confondus) expliquée par la variable sexe. Si toutes les filles avaient un même score, et tous les garçons également, mais un score différent de celui des filles, le sexe expliquerait 100 % de la variance totale. Si la moyenne des filles et la moyenne des garçons étaient identiques et les variances des filles et des garçons également identiques, la variable sexe expliquerait alors 0 % de la variance totale. Avec *d* = 0,50 la variable sexe explique environ 5 % de la variance totale, ce qui est très peu.

Les évaluations globales de l'intelligence ne font pas apparaître de différences sensibles entre l'efficience moyenne des filles et celle des garçons. Mais on observe régulièrement, sur de grands échantillons représentatifs de la population, une dispersion des performances des garçons

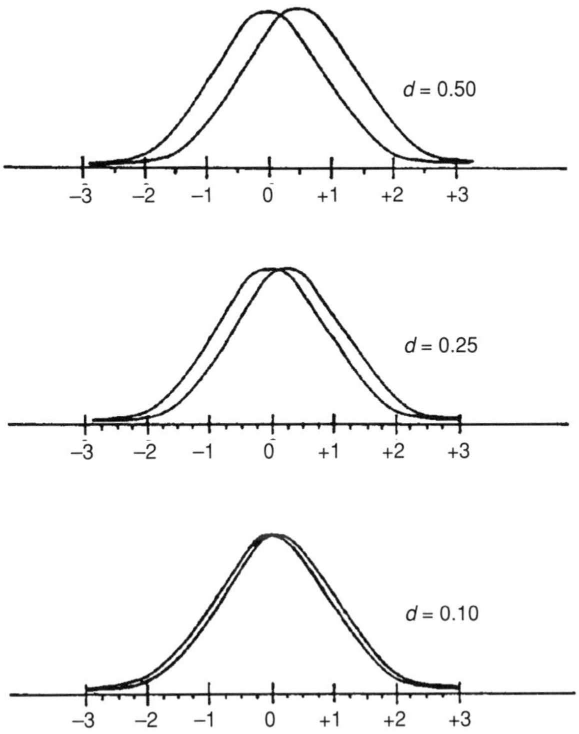

Figure 5.1.
Recouvrement des distributions des filles et des garçons dans trois cas de différences inter-sexes : d = *0,50, 0,25 et 0,10.*

un petit peu supérieure à celle des filles. Les garçons sont sur-représentés aux deux extrémités de la distribution. Si l'on examine par exemple le test d'intelligence de Wechsler, la variance des notes brutes des garçons est supérieure à celle des filles pour dix des onze sous-tests. Cette différence est particulièrement nette pour trois sous-tests (information, cubes et code) où le rapport des variances va de 1,11 à 1,16 (Feingold, 1992).

En examinant des composantes plus spécifiques de l'intelligence on voit se manifester des différences. Celles-ci sont en faveur des garçons et des hommes dans le domaine des aptitudes spatiales et en faveur des filles et des femmes dans le domaine des aptitudes verbales (Robert, 1995). Ces différences, nous le verrons, ne sont pas très fortes, aussi peuvent-elles très bien s'annuler, voire même s'inverser, en fonction des biais d'échantillonnage. Ceci conduit à des estimations de *d*, variables, non seulement d'une étude à l'autre mais aussi d'une synthèse à l'autre. Les données quantitatives présentées indiquent donc seulement des ordres de grandeur.

Pour les aptitudes spatiales les différences inter-sexes apparaissent plus ou moins précocement selon les aptitudes considérées : à 7-8 ans pour la rotation mentale, au moment de l'adolescence pour la déstructuration perceptive. Elles se maintiennent par la suite tout au long du développement. Ces différences ne sont pas de même ampleur pour toutes les aptitudes et l'on peut distinguer trois groupes d'aptitudes correspondant à trois groupes de situations (Linn et Petersen, 1985) :

– Elles sont les plus fortes pour la rotation mentale dans l'espace où *d* se situe entre 0,70 et 1,20. C'est dans cette situation que l'on observe les plus grandes différences inter-sexes. Vandenberg et Kuse (1978) présentent à des sujets adultes, sous forme papier-crayon, 20 items du genre de celui qui est présenté figure 5.2. Les hommes réussissent en moyenne 9,1 items et les femmes 6,1 seulement ($d = 0{,}78$). Des différences inter-sexes d'ampleur voisine sont observées lorsque l'on mesure, toujours dans l'espace, la vitesse de la rotation mentale. Les différences sont nettement plus faibles, *d* de l'ordre de 0,25, lorsque la rotation mentale doit être effectuée dans le plan (*cf.* chapitre 2, figure 2.1, p. 44). Il semble bien que les moindres performances des femmes proviennent des stratégies qu'elles utilisent préférentiellement. Les hommes utiliseraient plus fréquemment des stratégies analytiques consistant à imaginer la rotation d'une partie seulement de la figure, tandis que les femmes privilégieraient des stratégies globales consistant à imaginer la rotation de toute la figure. On peut constater sur l'item de la figure 5.2 que la stratégie analytique est plus efficace.

– Les différences inter-sexes sont plus faibles dans les épreuves relatives à la maîtrise des coordonnées de l'espace comme le test de la baguette et du cadre (RFT) qui a été présenté à propos des styles cognitifs dépendant et indépendant du champ (*cf.* chapitre 2, paragraphe 2.1., p. 57), ou encore des épreuves où l'on doit juger de l'horizontalité de liquides dans des récipients inclinés. Les indices *d* sont alors de l'ordre de 0,30-0,60.

– Les différences observées sont encore plus faibles dans les épreuves, dites parfois de visualisation spatiale, où il faut déstructurer des figures complexes (*cf.* chapitre 2, figure 2.9, p. 58), développer des volumes, ou encore reconstituer une forme à partir d'éléments simples ; *d* est alors fréquemment de l'ordre 0,20.

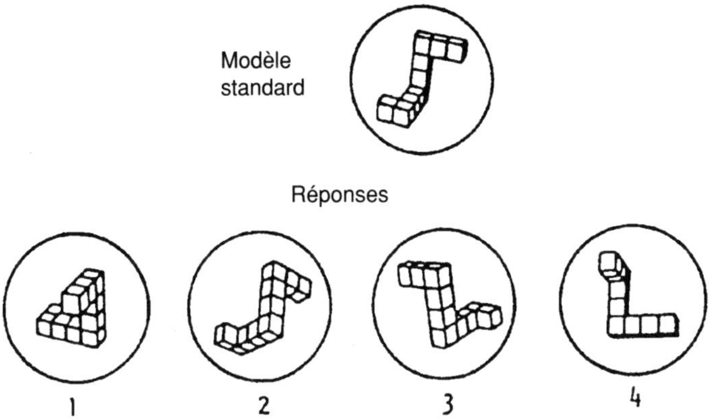

Pour réussir l'item il faut trouver parmi les quatre réponses proposées les deux qui sont identiques au modèle.

Figure 5.2
Item de rotation mentale du type de ceux constituant le test de Vandenberg et Kuse.

Dans le domaine verbal la supériorité moyenne des filles apparaît précocement. Les troubles du langage dont la manifestation est précoce, troubles de l'articulation et de la parole, grosses difficultés d'apprentissage de la lecture (dyslexies), sont trois fois plus fréquents chez les garçons (Fombonne, 1995). Les filles sont en avance sur les garçons dans toute une série de domaines : articulation, vocabulaire, expression et communication, syntaxe, compréhension. Pour l'acquisition du vocabulaire on a estimé à environ une année l'avance des filles vers 4-5 ans. La plupart de ces différences ne se maintiennent pas par la suite. Si l'on considère l'ensemble des aptitudes verbales au moment de l'adolescence ou chez les adultes les différences en fonction du sexe se manifestent bien en faveur des filles mais elles sont très faibles, quasiment négligeables : $d = -0{,}11$ (Hyde et Linn, 1988, dans une synthèse portant sur cent soixante-cinq études). Si l'on considère des aptitudes verbales particulières on observe uniquement une différence sensible pour la fluidité verbale : capacité à fournir des réponses verbales ($d = -0{,}33$) et capacité à résoudre des anagrammes ($d = -0{,}22$). On n'observe pas de différence entre les sexes pour la compréhension de texte et pour le vocabulaire. Dans ce dernier domaine la supériorité initiale des filles s'est vite évanouie : avant 5 ans $d = -0{,}31$, de 6 à 10 ans d = -0,09.

Il ressort de cet ensemble de résultats que les différences en fonction de sexe sont faibles, très faibles, si on les compare aux différences entre les individus de l'un ou de l'autre sexe. On a observé par ailleurs, depuis plusieurs décennies, que l'ampleur de la plupart de ces différences se réduisait régulièrement. Entre 1947 et 1980, les ré-étalonnages successifs d'un test de visualisation spatiale, sur des échantillons représentatifs, ont montré, pour les sujets âgés de 14 à 18 ans, que d était passé de 0,37 à 0,15 (Feingold, 1988). Pour l'ensemble des aptitudes verbales : d = -0,23 pour les études réalisées avant 1973 et -0,10 seulement pour les études postérieures à cette date (Hyde et Linn, 1988).

1.2. Réussite scolaire et sexe

Les filles ont la réputation d'être de meilleures élèves que les garçons. En France elles sont scolarisées plus longuement mais elles sont moins nombreuses dans les filières sélectives prestigieuses. Comment filles et garçons réussissent-ils dans les diverses disciplines ? Lorsque le système de formation se différencie filles et garçons ne sont pas également représentés dans les diverses filières et les différences d'efficience que l'on peut observer reflètent pour une part les différences des formations données. On doit donc limiter les comparaisons filles-garçons à la période du tronc commun où les objectifs de formation sont les mêmes pour tous. Les différences de réussite ne sont pas tout à fait les mêmes selon que les acquisitions sont évaluées objectivement au moyen d'épreuves standardisées de connaissances, par les enseignants selon les procédures de la notation traditionnelle, ou estimées par les élèves eux-mêmes (Huteau, 1995).

Examinons d'abord les évaluations objectives. Pour les mathématiques, en France, aujourd'hui, globalement, les garçons réussissent un petit peu mieux que les filles, d est de l'ordre de 0,30 en classe de troisième (Bonora et Huteau, 1991). Cette petite supériorité des garçons provient de leurs meilleurs scores en géométrie et en raisonnement, pour le calcul arithmétique et l'algèbre les filles réussissent plutôt un petit peu mieux. Ces différences apparaissent au moment de l'adolescence. Elles sont aussi en voie de réduction depuis plusieurs décennies. Aux États-Unis les applications successives du même test de connaissances en mathématiques depuis 1960 ont donné les résultats suivants : 1960 : d = 0,34, 1966 : d = 0,24, 1974 : d = 0,17, 1983 : d = 0,12. Ce phénomène est très général et dans un certain nombre de pays il n'existe plus aucune différence entre filles et garçons. Entre 1960 et 1964 une enquête a été réalisée dans douze pays afin de comparer l'efficience en mathématiques des élèves âgés de 13 à 14 ans. Les résultats montrent une légère supériorité des garçons (d = 0,16). Les filles réussissaient mieux dans un seul pays (Israël). Une enquête de même type a été conduite de 1980 à 1982, toujours sur des élèves de 13-14 ans, mais cette fois dans vingt pays et avec une estimation analytique des connaissances en mathématiques (arithmétique, algèbre, géométrie, opérations de mesure et statistique descriptive). Compte tenu de l'évolution des programmes il n'a pas été possible d'utiliser de nouveau les épreuves de la première enquête. (On peut noter aussi qu'il n'est pas très commode de construire des épreuves dont la pertinence soit garantie dans vingt pays.) Dans six pays (dont la France) les garçons réussissent systématiquement mieux que les filles, dans cinq pays ce sont les filles qui réussissent systématiquement mieux que les garçons, dans chacun des neuf pays restants les garçons réussissent mieux que les filles pour certains aspects des mathématiques, et les filles mieux que les garçons pour d'autres aspects (*cf.* Bonora et Huteau, 1991). Pour les enseignements scientifiques on observe généralement une supériorité moyenne des garçons. Peu marquée au début de l'adolescence, celle-ci s'affirme progressivement. Elle est assez forte en physique (plus forte qu'en mathématiques), plus faible en chimie, plus faible encore en biologie. Dans une enquête internationale réalisée en 1970 on a observé les écarts suivants pour les élèves de 14 ans : d = 0,46 pour les sciences en général, 0,60 pour la physique, 0,20 pour la chimie et 0,10 pour la biologie (Comber et Keeves, 1973). Dès l'école primaire on observe une supériorité moyenne des filles en français qui s'explique par leur précocité verbale. Alors que dans le domaine verbal la plupart des différences disparaissent, celle-ci se maintient. Elle est très nette en troisième, plus marquée que le petit avantage des garçons en mathématiques (Baudelot et Establet, 1992).

Les constats qui viennent d'être rapportés ont été réalisés au moyen d'épreuves de connaissances normalisées. Ils ne correspondent pas exactement aux notes données par les enseignants pour deux raisons. Les enseignants prennent en compte des productions plus diversifiées et vraisemblablement visent des objectifs plus diversifiés également et plus complexes (mais généralement imparfaitement explicités). Par ailleurs les évaluations des enseignants sont biaisées. Un premier biais avantage les filles. En classe elles sont plus appliquées et plus attentives que les garçons (ceci a parfois été interprété comme un signe de conformisme...) et l'évaluation positive de ces comportements tend à se généraliser (effet de halo). Un second biais avantage les garçons en mathématiques et les filles en français. La notation traditionnelle est un processus de prise d'informations sur des productions de l'élève, processus qui est en partie guidé par les connaissances ou les croyances de l'enseignant. Convaincus, comme presque tout le monde, car c'est un stéréotype qui fait partie de l'air du temps, et qui de plus n'est pas totalement faux, que les garçons sont meilleurs en mathématiques, les enseignants, en toute bonne foi, sont plus attentifs aux indices de la réussite en mathématiques lorsqu'ils apparaissent chez des garçons. Ceci conduit à une surestimation de leurs performances relativement à celles des filles. Pour le français le même processus conduit à une surestimation relative des performances des filles. Les différences entre les notes moyennes attribuées par les enseignants aux filles et aux garçons sont une combinaison des différences réelles et des biais qui viennent d'être évoqués, biais qui peuvent s'ajouter ou se neutraliser. Au total, et malgré certaines exceptions, il semble bien que dans la majorité des cas les évaluations des enseignants contrastent un peu plus les sexes que les évaluations objectives. On a indiqué au tableau 5.1, à titre d'exemple, les notes moyennes sur 20, des élèves fréquentant en 1985-1986 les classes de seconde (enquête du ministère de l'Éducation nationale portant sur dix mille élèves).

	Garçons	Filles
Mathématiques	8,8	7,6
Physique	7,9	6,4
Français	9,7	11,0
Anglais (écrit)	7,0	8,0
Sciences naturelles	9,6	9,4

Tableau 5.1.
Résultats scolaires moyens, pour diverses disciplines et par sexe, obtenus par des élèves de seconde en 1985-1986.

Si les écarts filles-garçons sont amplifiés quand on passe des observations objectives à la notation scolaire, ils le sont encore lorsque l'on passe de la notation scolaire à l'auto-évaluation. Bien qu'elles soient considérées comme de meilleures élèves les filles tendent, toujours relativement aux garçons, à sous-estimer leur niveau de réussite. Ceci est particulièrement vrai en mathématiques. Les filles sont plus nombreuses que les garçons à penser qu'il faut être doué pour réussir en mathématiques et... qu'elles ne possèdent pas ce don. Les élèves forts en mathématiques (d'après leurs notes) se reconnaissent comme tels à 84 % chez les garçons et à 55 % seulement chez les filles, ceux qui sont faibles se reconnaissent comme tels à 39 % chez les garçons et à 49 % chez les filles (Baudelot et Establet, 1992). Ces observations renvoient à des différences de personnalité : les filles, dans ce secteur, ont moins confiance en elles que les garçons, elles ont d'elles-mêmes une image de soi moins positive.

1.3. Personnalité et sexe

La psychologie populaire distingue les hommes et les femmes selon de très nombreux traits. Les études objectives confirment-elles ces distinctions ? En 1974, à l'issue d'une volumineuse revue de la littérature scientifique alors disponible, Maccoby et Jacklin considéraient que les hommes et les femmes ne se distinguaient clairement que sur un seul trait de personnalité, l'agressivité, qui est plus grande chez les garçons et les hommes. Pour les autres traits elles considéraient, soit que les données recueillies ne permettaient pas de se prononcer, soit que la croyance à des différences entre les sexes n'était pas fondée. (Pour Maccoby et Jacklin, dans le domaine cognitif, étaient bien établies la supériorité relative des garçons pour les aptitudes spatiales et en mathématiques, et celle des filles pour les aptitudes verbales ; nous venons de voir comment les travaux plus récents permettaient de nuancer cette conclusion.) En fait, sujets masculins et sujets féminins ne se distinguent pas seulement par leur agressivité, mais aussi, sous certaines conditions, par leurs intérêts et valeurs, leur orientation vers la réussite et leur sociabilité (Hoyenga et Hoyenga, 1979; Minton et Schneider, 1980). Ils développent aussi des pathologies mentales différentes.

1.3.1. Intérêts et valeurs

Les différences d'intérêts entre filles et garçons apparaissent précocement. Dès 3-4 ans les filles manifestent des préférences pour les jeux et les activités qui correspondent au stéréotype féminin et les garçons pour celles qui correspondent au stéréotype masculin. Bien qu'ils soient peu stables au cours de l'enfance et au début de l'adolescence les intérêts professionnels sont sensiblement différents chez les filles et les garçons. Les activités professionnelles que souhaitent exercer les élèves de troisième ne s'ordonnent pas de la même manière pour les filles et les garçons. On peut voir au tableau 5.2 (p. 234) que les garçons préfèrent étudier, rechercher, inventer, fabriquer, réaliser, produire, tandis que les filles préfèrent informer, communiquer, aider, soigner, s'occuper des autres, enseigner (Wach *et al.*, 1992). L'application de questionnaires d'intérêts professionnels du type de ceux que nous avons présentés au chapitre 3 (*cf.* paragraphes 5.1. et 5.2., p. 140) permet de construire des profils qui différencient filles et garçons. Tétreau *et al.* (1987), par exemple, appliquent à

	Garçons	Filles
Organiser, encadrer, diriger	4,9	4,7
Étudier, rechercher, inventer	5,0	4,5
Informer, communiquer	4,0	5,0
Aider, soigner, s'occuper des autres	3,7	5,2
Fabriquer, réaliser, produire	4,6	3,5
Vendre, faire du commerce	4,0	4,0
Enseigner	3,4	4,4
Administrer, gérer	3,7	3,7

Les élèves devaient indiquer sur une échelle en sept points l'intensité de leur souhait d'exercer les diverses activités et l'on a calculé une moyenne de ces estimations pour chaque groupe d'activités.

Tableau 5.2.
Classement de huit activités professionnelles par des élèves de troisième en fonction du sexe (Wach *et al.*, 1992).

trois groupes de sujets d'âges différents (10-11 ans, 12-13 ans et 12-19 ans) un questionnaire où l'on indique ses préférences à partir de photographies. Ce questionnaire permet de situer les sujets sur les dimensions de Holland (*cf.* chapitre 3 paragraphe 5.2., p. 144). Dans les trois groupes de filles l'ordre des intérêts est : social, artistique, conventionnel, investigateur, entreprenant, réaliste (SACIER) et dans les deux groupes de garçons les plus âgés : réaliste, investigateur, artistique, social, entreprenant, conventionnel (RIASEC). On note une petite variante pour le groupe des plus jeunes : RIAECS. Ce patron se retrouve avec tous les questionnaires : intérêts sociaux-altruistes, artistiques et pour le travail de bureau chez les filles, intérêts scientifiques et techniques chez les garçons. Il correspond bien aux choix provisoires de métiers des enfants et des adolescents. En 1992 on trouvait, et cela ne surprendra pas, une grande majorité de garçons parmi les élèves de troisième disant vouloir devenir ingénieur (86 %) ou mécanicien (97 %) et une grande majorité de filles parmi ceux disant vouloir devenir instituteur (78 %) ou secrétaire (89 %) (Huteau, 1995). L'examen des valeurs conduit à des différenciations voisines : valeurs théoriques et économiques dominent chez les garçons, valeurs sociales et esthétiques chez les filles.

1.3.2. L'orientation vers la réussite

En parlant d'orientation vers la réussite on désigne des phénomènes divers : ambition sociale, besoin d'accomplissement, confiance en soi. Les filles, nous l'avons déjà noté, sont moins nombreuses que les garçons dans les filières de formation conduisant le plus facilement à des positions sociales prestigieuses. Malgré de réels progrès vers une orientation scolaire et professionnelle des filles et des garçons plus égalitaire cette différenciation sexuelle est toujours très marquée. Pour l'essentiel elle ne provient pas d'un processus de sélection qui prendrait en compte les aptitudes ou les compétences scolaires mais d'un processus d'auto-sélection : les filles sont moins attirées par les filières prestigieuses que les garçons et elles ne mettent pas autant d'acharnement qu'eux à y accéder (il faut dire aussi que les parents attachent plus d'importance à la réussite des garçons qu'à celle des filles). La moindre ambition des filles ne trouve pas seulement son origine dans des valeurs relatives à la réussite. Elle s'explique aussi par la sous-estimation de leurs capacités que nous avons déjà relevée, par une présence, beaucoup plus grande chez elles, des projets familiaux, par un «calcul» qui les conduit à penser qu'il n'est peut-être pas très rentable de s'investir dans la réussite professionnelle compte tenu des difficultés d'insertion des femmes et des contraintes de leurs rôles domestiques.

La motivation à l'accomplissement (*need for achievement*) est l'aspiration à atteindre dans une compétition un but conforme à des normes d'excellence. Elle a été étudiée systématiquement par McClelland (1961). Ainsi définie cette motivation semble inclure l'ambition professionnelle qui vient d'être évoquée. Elle s'en distingue surtout par son mode d'opérationnalisation qui s'inspire directement du test projectif TAT : on présente au sujet des dessins ambigus dans lesquels figurent des personnages auxquels il est susceptible de s'identifier et on lui demande de les interpréter. Il obtient un score de besoin d'accomplissement d'autant plus élevé que les évocations de la réussite sont nombreuses dans son discours. Chez les garçons les scores de besoin d'accomplissement corrèlent avec la réussite scolaire ou encore avec l'effort consenti pour réussir dans une tâche, ce n'est pas le cas chez les filles. Chez les garçons les scores d'accomplissement augmentent lorsque la consigne oriente vers la réussite (en suggérant par exemple que les réponses témoignent de l'intelligence), ce n'est pas le cas chez les filles. À partir de résultats de ce genre certains ont considéré que l'accomplissement concernait assez peu les filles et les femmes. On doit cependant noter que ces résultats sont très dépendants du mode d'observation et qu'on ne les retrouve pas lorsque le besoin d'accomplissement est opérationnalisé au moyen de questionnaires.

On a souvent noté que les sujets féminins avaient moins confiance en eux que les sujets masculins (la sous-estimation de leurs capacités scolaires témoigne de ce manque de confiance). Mais il ne s'agit pas d'un manque de confiance en soi généralisé. Lenney (1977) a montré que ce manque de confiance n'apparaissait que lorsqu'une au moins des conditions suivantes était remplie :

- la tâche doit être perçue comme une tâche plutôt masculine, c'est-à-dire évoquer des rôles masculins ou des compétences que l'on attribue plus fréquemment aux garçons. Deaux et Emswiller (1974) proposent à des enfants de découvrir des éléments cachés dans des dessins. Ils utilisent deux types de dessins de complexité équivalente : les éléments cachés peuvent être «masculins» (par exemple une veste ou une clef à molette...) ou «féminins» (par exemple un balai ou une casserole...). On demande à des filles et à des garçons, non pas d'effectuer la tâche, mais d'indiquer sur une échelle bipolaire en onze points si, pour réussir, il est préférable d'avoir de la chance ou des aptitudes. On considère que ceux qui optent pour la chance n'ont pas beaucoup confiance en leurs capacités pour réussir cette tâche. Lorsque la tâche est «féminine», filles et garçons procèdent aux mêmes attributions; lorsqu'elle est «masculine» les attributions internes sont plus fréquentes chez les garçons (figure 5.3, p. 237) ;
- le sujet doit éprouver certaines difficultés à évaluer les résultats de son action (l'information en retour est inexistante ou ambiguë), sinon le sentiment de confiance en soi est le même chez les filles et les garçons ;
- les conditions d'exécution de la tâche doivent permettre une évaluation sociale ou des comparaisons sociales, sinon, là encore, il n'y a pas de différences en fonction du sexe.

1.3.3. La sociabilité

La sociabilité, tout comme l'orientation vers la réussite, n'est pas un trait simple mais un ensemble de caractéristiques indiquant une attitude positive vis-à-vis d'autrui. Nous avons déjà relevé à propos des intérêts professionnels que les intérêts sociaux des filles étaient plus marqués que ceux des garçons. En répondant à des questionnaires de personnalité les

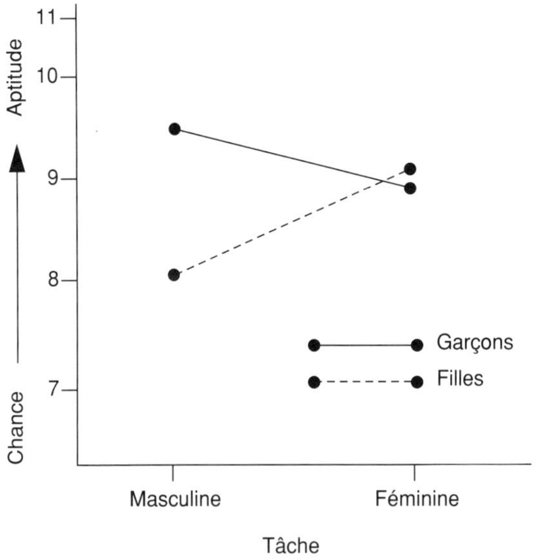

Figure 5.3
Attributions internes ou externes, en fonction du sexe, selon que la tâche est «masculine» ou «féminine» (d'après Deaux et Emswiller, 1974).

filles manifestent régulièrement un plus grand besoin de contact avec autrui, elles éprouvent davantage de sympathie pour les autres et en retour en attendent aussi davantage. L'analyse de leurs propos face à des épreuves projectives comme le TAT va dans le même sens. Les observations systématiques des conduites dans les conditions de la vie courante confirment ces données : les femmes, en moyenne, ont davantage de relations avec leurs connaissances, s'engagent plus facilement dans des activités communes avec leurs amis et se confient plus facilement à leurs proches.

Cette plus grande sociabilité apparaît tôt. Certes, on n'en a pas encore clairement mis en évidence ses prémices chez le bébé, en utilisant des indices comme la durée de fixation des visages ou l'intensité de la réaction à la voix humaine. Mais on l'a nettement mise en évidence en observant les comportements des élèves de l'école maternelle. Zazzo (1962) observe intensivement quatre filles et quatre garçons scolarisés en grande section d'école maternelle. Chaque enfant est observé en situation d'activité libre pendant cinq minutes, dix jours de classe successifs, toujours à la même heure. L'observation consiste à relever la durée de neuf comportements pré-définis. Ces comportements sont indiqués figure 5.4. On constate que les comportements sociaux (activité à deux ou plusieurs, langage de communication), compte tenu de leur chevauchement (qui n'est pas représenté figure 5.4), occupent environ 45 % du temps des filles tandis qu'ils n'occupent qu'environ 11 % de celui des garçons. On doit cependant noter que ce type de résultat n'est pas observé systématiquement.

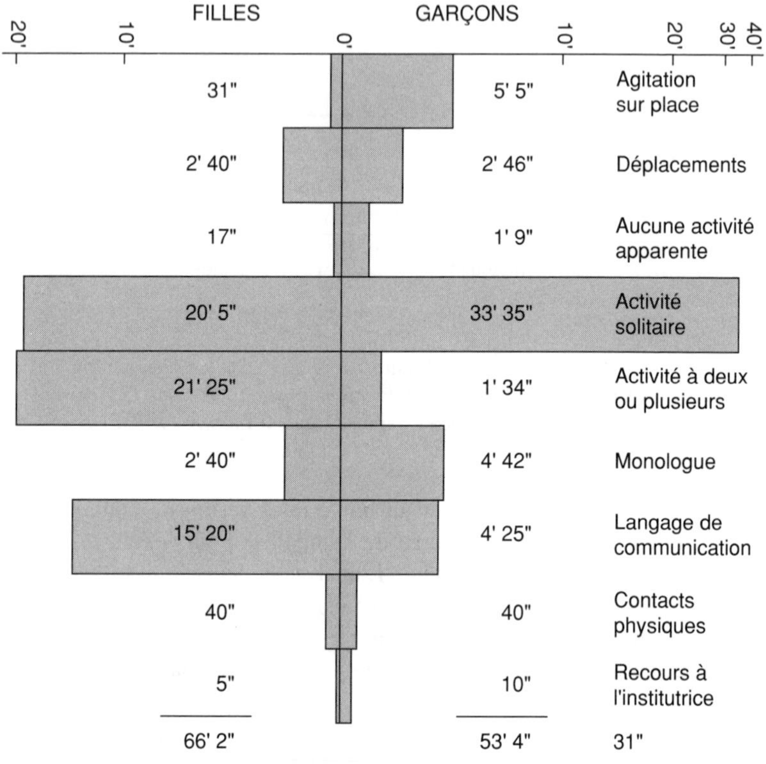

La somme des durées n'est pas égale à 50 minutes car certains comportements se chevauchent; chez les filles, par exemple, sur les 15 minutes 20 de langage de communication, 13 minutes 35 se superposent à l'activité à deux ou plusieurs, d'où un temps total de coopération de 23 minutes 10.

Figure 5.4
Durée moyenne de divers types de comportements en situation d'activité libre chez des enfants d'école maternelle (Zazzo, 1962).

On rapporte généralement une plus grande sensibilité sociale chez les filles. Celle-ci se manifeste à la fois par une plus grande capacité à inférer les émotions des autres à partir de leurs comportements et par une plus grande capacité à éprouver ces émotions (empathie). Les filles et les femmes recherchent plus activement l'information en provenance d'autrui : dans les échanges interpersonnels elles se placent plus fréquemment bien en face de leur interlocuteur et près de lui, elles le regardent plus souvent et plus longuement.

On considère souvent que les femmes sont plus sensibles que les hommes aux difficultés rencontrées par autrui et manifestent plus fréquemment des conduites d'aide, et ceci d'autant plus que ceux à qui cette aide s'adresse sont jeunes. Les réponses données aux questionnaires de personnalité semblent confirmer ce plus grand altruisme féminin, mais il s'agit très vraisemblablement d'un biais de désirabilité sociale (dans l'état actuel des mœurs les conduites d'aide sont plutôt attendues chez les femmes) car l'observation des conduites effectives ne le fait pas apparaître. Les résultats sont alors inconsistants et varient de façon peu prévisible en fonction des paramètres physiques ou sociaux des situations (Eagly et Crowley, 1986). On note cependant, ce qui n'est guère surprenant mais que l'on a tendance à oublier lorsque l'on raisonne en termes trop généraux, que l'aide est plus fréquente de la part des hommes lorsqu'elle suppose des conduites «masculines» (dépanner une voiture par exemple) et de la part des femmes lorsque les conduites sollicitées sont «féminines» (par exemple calmer un enfant). Lorsqu'il y a comportement d'aide, les manifestations affectives qui l'accompagnent sont plus marquées chez les femmes ce qui est vraisemblablement une conséquence de leurs plus grandes capacités empathiques.

1.3.4. L'agressivité

De tous les traits de personnalité l'agressivité est celui qui distingue le plus systématiquement les filles et les garçons, les hommes et les femmes. Les sujets masculins sont plus agressifs que les sujets féminins (Maccoby et Jacklin, 1974; Frodi *et al.*, 1977). Il y a une remarquable convergence entre les données recueillies au moyen de questionnaires, de tests projectifs, d'estimations du comportement, d'expériences de laboratoire, d'observations réalisées dans les milieux de vie habituels des enfants et des adultes et… les statistiques du ministère de la Justice. Mais ces différences inter-sexes ne sont pas pour autant massives et beaucoup de filles sont plus agressives que le garçon moyen (les écarts entre les moyennes dépassent rarement 0,40 écart-type).

De multiples indices, directs et indirects, témoignent de cette plus grande agressivité des garçons et des hommes. Les garçons s'engagent plus fréquemment dans des conduites agressives (querelles, coups, insultes, bris d'objets...), ils imitent plus facilement des modèles agressifs (personnes réelles, acteurs de cinéma, personnages de bandes dessinées), leur agressivité est plus difficile à réduire que celle des filles, lorsqu'ils ont la possibilité de punir ils en font un plus grand usage. Les garçons perçoivent plus facilement les informations en rapport avec des contenus agressifs, les mémorisent mieux, ils donnent plus fréquemment une interprétation en termes d'agressivité des informations ambiguës.

Les différences inter-sexes sont plus ou moins fortes en fonction de divers facteurs. Si on les exprime par l'indice d présenté ci-dessus (paragraphe 1.1., p. 226), elles sont plus fortes pour l'agressivité physique (d = 0,40) que pour l'agressivité verbale (d = 0,18), plus fortes au laboratoire (d = 0,35) que dans les contextes sociaux habituels (d = 0,21), plus fortes lorsque l'agressivité est suggéré (d = 0,37) que lorsque le sujet est totalement laissé libre d'agir (d = 0,24), plus fortes encore lorsque la cible et l'observateur sont physiquement présents (d = 0,38) que lorsqu'ils ne le sont pas (d = 0,20) (Eagly et Steffen, 1986).

Ces différences sont précoces. Elles sont déjà facilement repérables vers 2-3 ans par les estimations des parents et des maîtres. On a représenté figure 5.5 (p. 241) la proportion des actes agressifs commis par des filles et des garçons élèves de l'enseignement préscolaire. Les agressions des garçons sont deux fois plus fréquentes que celles des filles et elles s'appliquent un peu plus souvent à d'autres garçons.

La stabilité des conduites agressives est plus forte chez les garçons que chez les filles. Kagan et Moss (1962) calculent la corrélation entre l'agressivité, estimée par l'ampleur des manifestations colériques, à 6-10 ans et l'agressivité de l'adulte, estimée de la même manière. Ils obtiennent une corrélation de .42 pour les sujets masculins et .13 pour les sujets féminins.

On peut rapprocher l'agressivité de la tendance à être dominant et de la tendance à occuper des positions de leaders. La dominance, qui consiste à vouloir influencer les autres pour leur faire adopter nos propres manières de voir, ne s'accompagne pas nécessairement d'agressivité, elle peut utiliser les voies de la persuasion douce ou de la séduction. On observe néanmoins que les hommes, plus agressifs, sont aussi plus dominants. Il en va de même avec le leadership qui est aussi plus fréquent chez les hommes. Mais dans ces domaines, plutôt que de s'intéresser aux différences quantitatives entre les hommes et les femmes, il est préférable de s'interroger sur d'éventuelles différences qualitatives. Prenons

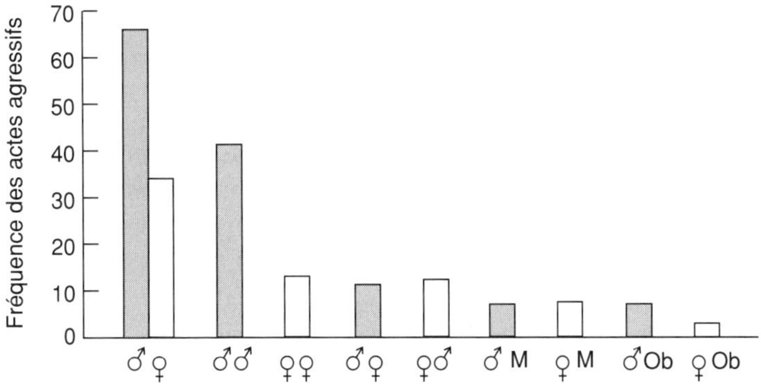

Sur le premier histogramme sont indiquées les fréquences des actes agressifs initiés par les filles et les garçons (total = 100). Sur les histogrammes suivants sont indiquées les fréquences des actes agressifs initiés par des garçons vers des garçons, par des filles vers des filles, par des garçons vers des filles, par des filles vers des garçons, des garçons contre le maître, des filles contre le maître, des garçons contre des objets et des filles contre des objets.

Figure 5.5.
Fréquences des comportements agressifs chez les filles et les garçons
(Brindley *et al.*, 1973, in Hoyenga et Hoyenga, 1979).

l'exemple du leadership. Existe-t-il des styles différents de leadership qui seraient plus fréquents chez les hommes ou chez les femmes ? Le leadership consiste à mobiliser les efforts d'un groupe afin d'accomplir une tâche. Compte tenu de ce que l'on sait de l'orientation vers la réussite des hommes et de l'orientation vers les personnes des femmes on a pensé que les leaders hommes devaient plutôt être orientés vers la tâche et les leaders femmes plutôt orientées vers les relations interpersonnelles. On observe effectivement cela lorsque le rôle de leader est simulé (situations expérimentales) ou lorsque les sujets sont caractérisés comme leaders sans avoir eu de pratiques de leadership (situations d'évaluation). Mais ceci ne se retrouve pas lorsque l'on compare de vrais leaders au travail dans des organisations. Par contre, dans les trois types de situations, on observe une différence sensible entre les hommes et les femmes (d de l'ordre de 0,20-0,25) : le leadership des hommes est plutôt autocratique et directif, celui des femmes est plutôt démocratique et participatif (Eagly et Johnson, 1990).

1.3.5. Psychopathologie

Les hommes et les femmes ne développent pas les mêmes pathologies mentales. Dans une enquête épidémiologique réalisée aux États-Unis on a demandé à vingt mille personnes âgées de plus de 18 ans d'indiquer les troubles dont ils avaient souffert lors des douze derniers mois. Leurs réponses ont été analysées à partir d'une définition assez large du trouble mental puisque un sujet sur cinq a été considéré affecté. Cette enquête nous apprend deux choses :

– le taux de morbidité psychiatrique est le même pour les hommes et pour les femmes ;

– les hommes et les femmes ne souffrent pas des mêmes troubles dans les mêmes proportions (tableau 5.3).

	Hommes %	Femmes %	Ratio selon le sexe
Troubles obsessionnels	1,4	1,9	1,4 F pour 1 H
Troubles phobiques	6,3	12,9	2,0 F pour 1 H
Épisodes dépressifs	2,2	5,0	2,3 F pour 1 H
Abus/dépendance à l'alcool	11,9	2,2	5,4 H pour 1 F
Abus/Dépendance aux drogues	4,1	1,4	2,9 H pour 1 F
Personnalité antisociale	2,1	0,4	5,3 H pour 1 F
Schizophrénies	0,9	1,1	1,2 F pour 1 H
Psychoses maniaco-dépressives	0,5	0,7	1,4 F pour 1 H

Tableau 5.3.
Prévalence des troubles psychiatriques spécifiques chez l'adulte (douze derniers mois) par sexe (Fombonne, 1995)

1.4. Les explications des différences inter-sexes

À l'issue de ce bilan des différences inter-sexes dans les domaines de la cognition et de la personnalité une conclusion principale s'impose : ces différences sont faibles, beaucoup plus faibles que les différences entre les individus de même sexe, beaucoup plus faibles que les différences imaginées par la pensée commune. Il n'y a donc pas grand chose à expliquer ! Nous évoquerons cependant les explications proposées pour rendre compte des moins négligeables de ces différences : la relative supériorité spatiale des garçons et des hommes, leur plus grande agressivité et leur orientation vers la réussite plus marquée, la relative supériorité des filles et des femmes en fluidité verbale et leur plus grande sociabilité. Ces explications, qui peuvent aider à mieux comprendre les causes de la variabilité intra-sexe, sont de deux types : certaines se fondent sur les différences biologiques, d'autres sur les différences dans le processus de socialisation des filles et des garçons.

1.4.1. Les hypothèses biologiques

On a tenté d'expliquer les différences entre les sexes à partir de facteurs génétiques, de facteurs relatifs au fonctionnement cérébral et de facteurs hormonaux. Bien que ces facteurs agissent en interaction (la production des hormones, par exemple, est sous la dépendance de l'hypothalamus, mais les hormones agissent également sur l'hypothalamus) nous les examinerons successivement.

Lorsqu'on envisage une origine génétique aux différences intersexes on pense tout de suite à des gènes qui seraient localisés sur les chromosomes sexuels, XX chez la femme et XY chez l'homme. On connaît l'origine génétique de certaines différences entre les hommes et les femmes. Le daltonisme, par exemple, est plus fréquent chez les hommes car il est déterminé par un gène récessif porté par le chromosome X. Pour que le daltonisme se manifeste chez les hommes il suffit que leur chromosome X porte le gène récessif en question. Chez les femmes, par contre, la présence du daltonisme suppose la présence du gène récessif sur chaque chromosome. La fréquence du daltonisme est donc égale chez les hommes à la fréquence du gène dans la population tandis que chez les femmes elle est égale au carré de cette fréquence. On a pensé qu'il pourrait en aller de l'aptitude spatiale comme du daltonisme (à cette différence près que l'aptitude spatiale est un caractère continu). Si une telle hypothèse est exacte les ressemblances intra-familiales, pour l'aptitude spatiale, ne devraient pas se distribuer au hasard : les sœurs devraient se ressembler davantage que les frères, les garçons devraient ressembler plus à leur mère qu'à leur père et les filles ressembler plus à leur père qu'à leur mère. En effet, toutes les filles recevant nécessairement le même chromosome X du père doivent se ressembler davantage entre elles que les garçons qui, eux, peuvent recevoir l'un ou l'autre des chromosomes X de la mère. Les garçons ne peuvent recevoir leur chromosome X que de leur mère. Les filles ont nécessairement un chromosome X en provenance de leur père. Or, on n'observe généralement pas un tel patron de corrélations intra-familiales (Vandenberg et Kuse, 1979). L'hypothèse d'une détermination de l'aptitude spatiale par un gène récessif situé sur le chromosome X doit donc être rejetée.

On a également pensé que certaines différences cognitives entre hommes et femmes pouvaient peut être s'expliquer par des différences d'organisation cérébrale, et notamment des différences quant à la spécialisation hémisphérique. On sait que l'hémisphère gauche est le plus sollicité pour le traitement de l'information symbolique (lettres, chiffres…) et l'hémisphère droit pour le traitement des formes (mélodies, visages…). Mais cette spécialisation peut être plus ou moins marquée et elle semble bien l'être davantage chez les hommes que chez les femmes. Trois types d'arguments plaident en faveur de cette différence de spécialisation hémisphérique qui n'est pas encore unanimement reconnue. Lorsque l'on compare, pour un même type d'information, l'efficacité des traitements opérés par chaque hémisphère, l'écart entre les hémisphères est plus marqué chez les hommes. Prenons un exemple dans le domaine du traitement de l'information symbolique : la mémorisation immédiate des chiffres. Des chiffres à mémoriser sont présentés en même temps à l'oreille droite et à l'oreille gauche (écoute dichotique). Du fait du croisement des voies auditives l'information qui arrive à l'oreille droite est préférentiellement traitée par l'hémisphère gauche, et mieux mémorisée que celle qui arrive à l'oreille gauche et qui est traitée préférentiellement par l'hémisphère droit. L'écart entre le nombre de chiffres «mémorisés par chaque oreille» est donc une mesure de la spécialisation hémisphérique. Cet écart est en moyenne plus grand chez les hommes que chez les femmes. Le second argument provient de l'observation directe du fonctionnement cérébral. Il existe maintenant des techniques sophistiquées permettant de visualiser le degré d'activation d'ensembles de neurones (imagerie à résonance magnétique). Pour certaines tâches on observe une activation dans un seul hémisphère chez les hommes et dans les deux hémisphères chez les femmes. Le troisième argument est d'ordre neuro-psychologique : les déficits du langage articulé occasionnés par des lésions de l'hémisphère gauche et les déficits spatiaux occasionnés par les lésions de l'hémisphère droit sont plus marqués chez les hommes. Ces différences de spécialisation ne sont cependant pas le plus souvent associées à des différences d'efficience cognitive, ils n'expliquent donc pas les différences d'efficience que l'on peut constater par ailleurs.

Les ovaires produisent des hormones œstrogènes (œstradiol notamment) qui contribuent au développement des organes sexuels féminins et à la régulation du métabolisme (ils produisent aussi des hormones progestagènes qui jouent un rôle à certains moments du cycle menstruel et aux diverses étapes de la gestation). Les testicules et les glandes surrénales produisent des hormones androgènes (testotérone notamment) qui contribuent à la différenciation des caractères sexuels primaires et secondaires et, également, à la régulation du métabolisme. La différenciation sexuelle en matière hormonale se manifeste à deux moments du développement. Dès le début de la gestation les taux de testotérone sont plus élevés chez les garçons et les taux d'œstradiol plus élevés chez les filles. Ces différences s'estompent après la naissance pour réapparaître, plus fortes à la puberté. Avant la puberté le rapport hormones œstrogènes/testotérone est environ 5 % chez les filles et les garçons, après la puberté il passe à 30 % environ chez les filles et à 1 % environ chez les garçons.

On a tenté d'expliquer les différences d'aptitudes spatiales des hommes et des femmes à partir de ces différences hormonales, soit pendant la période prénatale, soit après la puberté. Mais c'est surtout à propos des différences d'agressivité que le rôle des hormones est évoqué. Quatre séries de faits, dont Maccoby et Jacklin (1974) ont donné une présentation systématique, plaident en faveur d'une prédisposition biologique à l'agressivité :

- les différences individuelles apparaissent précocement, avant semble-t-il que des pratiques éducatives différenciées aient pu avoir un effet ;
- la plus grande agressivité des hommes se manifeste dans toutes les cultures ;
- on observe également une plus grande agressivité des mâles chez les primates non humains ;
- il y aurait un lien direct entre le testotérone et l'agressivité. Ceci est suggéré à la fois par des données pathologiques et par des données expérimentales. Les garçons dont les mères ont été traitées pendant leur grossesse par de la progestérone ou par une association œstrogène-progestérone sont peu agressifs (mais ce traitement a aussi des effets somatiques qui induisent des comportements parentaux particuliers). Bien que les résultats observés soient loin d'être concordants il semble que les injections de testotérone augmentent l'agressivité (mais il ne semble pas y avoir de corrélation entre les taux «naturels» de testotérone et les tendances agressives). Ces arguments en faveur d'une prédisposition biologique des garçons et des hommes à l'agressivité ne sont pas admis par tout le monde (*cf.* par exemple, Tieger, 1980). On a aussi avancé l'idée que ce ne serait pas l'agressivité en elle-même qui serait partiellement déterminée par le testotérone, mais plutôt la sensibilité à la frustration ou à la menace ou des attitudes soupçonneuses ou anxieuses (Karli, 1987).

1.4.2. La socialisation différentielle des filles et des garçons

Si le rôle des facteurs biologiques dans les différences inter-sexes est parfois discuté il y a un accord général pour souligner l'importance des facteurs de milieu dans la genèse de ces différences. Ces facteurs sont de deux types. Il y a des facteurs proprement éducatifs : ayant des idées et des attentes sur ce que doivent être et sur ce que sont les conduites masculines et féminines, les parents ne se comportent pas de la même manière avec les filles et avec les garçons et les éduquent différemment. Il y a aussi des facteurs qui peuvent être qualifiés de sociaux : les rôles masculin et féminin étant effectivement différents, les modèles auxquels peuvent s'identifier les filles et les garçons ne sont pas les mêmes. Les théories de l'apprentissage, apprentissage par renforcement dans le premier cas et apprentissage par imitation dans le second, postulent que l'effet répété de ces facteurs produit des différences stables entre les sexes. Les facteurs éducatifs ont été les plus étudiées.

À l'origine des différences de comportements éducatifs selon le sexe de l'enfant on trouve des représentations stéréotypées, c'est-à-dire schématiques et largement partagées, de ce que sont les hommes et les femmes. Ces stéréotypes, bien connus, sont faciles à mettre en évidence. Rozenkrantz *et al.* (1968), par exemple, demandent à leurs sujets de situer l'homme moyen et la femme moyenne, sur des échelles bipolaires décrivant des comportements ou des traits de personnalité (dépendant-indépendant, apprécie les arts et la littérature-n'appécie pas les arts et la littérature…). Pour de nombreuses échelles il y a un bon accord, indépendamment du sexe du sujet, pour attribuer certaines caractéristiques à des hommes et d'autres caractéristiques à des femmes. Voici quelques exemples de caractéristiques positives (dans l'ensemble les stéréotypes relatifs aux hommes sont plus positifs que ceux qui sont relatifs aux femmes) :

Hommes	Femmes
• agressif • indépendant • froid • dissimule ses émotions • objectif • dominant • aime les mathématiques et les sciences • actif • compétitif	• ne parle pas grossièrement • parle facilement • a du tact • agréable • comprend les sentiments éprouvés par autrui • religieuse • tranquille • a besoin de sécurité • apprécie les arts et la littérature

Dans ces stéréotypes les femmes apparaissent orientées vers les personnes et les hommes orientés vers les choses et la réussite; les femmes s'expriment tandis que les hommes agissent. Il y a une certaine parenté entre ces représentations stéréotypées des sexes et les différences effectivement observées. Notons cependant que les différences de stéréotypes sont beaucoup plus grandes que les différences réelles qui sont faibles et surtout beaucoup plus globales et beaucoup plus générales que ces différences réelles qui ne se manifestent que sous certaines conditions.

On voit bien comment ces stéréotypes peuvent induire des conduites différentes chez les filles et les garçons. Si les parents pensent que les garçons sont plus intéressés par les mathématiques et davantage prédisposés à y réussir, ils encourageront plus fréquemment chez eux les activités en rapport avec les mathématiques (les jeux logiques par exemple), ils seront plus attentifs et sensibles à leur réussite, l'encourageront davantage. Ces différences de comportement parental auront pour conséquences un plus grand intérêt pour les mathématiques chez les garçons et, à terme et en moyenne, une meilleure réussite. Ce phénomène sera renforcé si les professeurs de mathématiques sont des hommes et si l'on insiste sur le fait que les grands mathématiciens ont été des hommes.

Les différences entre les pratiques de socialisation des filles et des garçons ne doivent cependant pas être surestimées (sinon on ne comprendrait plus très bien pourquoi filles et garçons diffèrent si peu !). Dans une synthèse portant sur…172 études, Lytton et Romney (1991) distinguent huit types de pratiques éducatives (tableau 5.4, p. 248) et évaluent au moyen de l'indice *d* (présenté ci-dessus paragraphe 1.1., p. 226) la différence de fréquence de ces pratiques selon que l'enfant est un garçon ou une fille. Ces auteurs ont jugé utiles de distinguer les études réalisées en Amérique du Nord (États-Unis et Canada) et celles réalisées dans d'autres pays occidentaux. Convenons de considérer comme négligeables les différences pour lesquelles *d* est inférieur à 0,10. En Amérique deux pratiques seulement sont différentes pour les filles et les garçons : les parents encouragent davantage la dépendance chez les filles et surtout ils encouragent bien plus chez les garçons les activités correspondant à leur sexe (ils incitent par exemple plus fortement les garçons à jouer avec des jouets de garçons qu'ils n'incitent les filles à jouer avec des jouets de filles). Dans les autres pays occidentaux les parents encouragent également davantage la dépendance chez les filles, ils interagissent plus avec elles et leur manifestent davantage d'affection. Lorsque l'on procède à des descriptions plus fines des pratiques éducatives d'autres différences apparaissent ($d > 0,10$). En Amérique les parents stimulent davantage la motricité des garçons, exigent d'eux davantage de discipline; ils découragent plus souvent l'agressivité des filles et les récompensent plus fréquemment. Dans les autres pays occidentaux les parents punissent physiquement plus souvent les garçons (*d* = 0,37). Les différences entre l'Amérique du Nord et les autres pays occidentaux proviennent vraisemblablement d'une sur-représentation relative des classes moyennes dans les échantillons américains. C'est dans les classes moyennes que les différences dans l'éducation des filles et des garçons sont les plus faibles. Si l'on examine séparément les pères et les mères on constate que les pères ont des attitudes nettement plus différenciées en fonction du sexe de l'enfant que les mères. Certains résultats attendus n'ont pas été observés : les filles et les garçons ne sont pas traitées plus différemment lorsque l'âge augmente, ce serait plutôt le contraire; la différenciation des pratiques éducatives est la même que l'on recueille le témoignage des parents ou que l'on observe leur comportement (alors que, pour des raisons de désirabilité sociale, on pouvait penser qu'elle serait plus forte avec les observations de comportement); cette différenciation n'est pas plus marquée dans les études anciennes. Finalement il existe bien des différences dans la socialisation des filles et des garçons mais elles sont loin d'être systématiques et elles sont assez faibles. Mais de petites diffé-

	Amérique du Nord	Autres pays occidentaux
Quantité d'interaction	-0,03 (74)	-0,25 (5)
Encouragement à la réussite	0,02 (22)	-
Chaleur affective	-0,07 (63)	-0,22 (8)
Encouragement à la dépendance	-0,10 (16)	-0,14 (4)
Contrôle	0,08 (40)	-0,03 (10)
Discipline	0,08 (53)	0,09 (13)
Encouragement des activités sexuellement typées	0,43 (20)	-
Clarté et argumentation logique dans les relations avec l'enfant	-0,05 (13)	-

Les différences sont mesurées par l'écart entre les moyennes rapporté à l'écart-type (*d*). Les différences positives indiquent que les garçons ont des scores plus élevés que les filles pour la pratique considérée. On a indiqué entre parenthèses le nombre d'études à partir desquelles *d* a été calculé.

Tableau 5.4

Différences entre les pratiques éducatives parentales (pratiques du père et de la mère combinées) vis-à-vis des filles et des garçons, en Amérique du Nord et dans d'autres pays occidentaux (pour ces pays trois résultats sont manquants par insuffisance des données) (d'après Lytton et Romney, 1991).

rences dans les comportements éducatifs peuvent très bien, dans la mesure où ces comportements se répètent tout au long de l'enfance et de l'adolescence, induire des différences réelles dans les caractéristiques des filles et des garçons, différences qui, rappelons-le, sont faibles également.

1.5. Masculinité et féminité

Nous avons vu que les filles et les garçons, les femmes et les hommes, ne se décrivent pas et ne se comportent pas, en moyenne, de la même manière. Nous avons vu aussi que pour un même sexe il y a une grande variabilité de ces descriptions de soi et de ces comportements. Les garçons peuvent se décrire comme plus ou moins masculins et les filles comme plus ou moins féminines; on peut rencontrer des garçons plutôt féminins et des filles plutôt masculines. Il existe des questionnaires permettant de situer les individus sur une échelle de masculinité-féminité (Constantinople, 1986). Les principes de construction de ces questionnaires sont empiriques (comme c'était le cas pour les questionnaires MMPI et Strong). Pour chaque item le sujet est en présence de deux propositions (par exemple des descripteurs de sa conduite) et il doit en choisir une. Une des propositions témoigne plutôt de la masculinité, parce qu'elle est choisie plus fréquemment par les garçons ou les hommes, l'autre de la féminité. En sommant les scores d'item on obtient un score d'échelle qui indique le degré de masculinité (ou de féminité) des sujets. Ce mode de construction des échelles conduit à des dimensions non homogènes dont on postule la bipolarité.

Une approche voisine consiste à caractériser les sujets par leur degré d'androgynie, c'est-à-dire leur degré d'indifférenciation sexuelle. Bem (1986) demande à ses sujets, des hommes et des femmes, de se décrire en choisissant des rôles dans une liste qui comporte à la fois des rôles masculins et des rôles féminins (d'après les représentations stéréotypées traditionnelles). Ils sont d'autant plus androgynes qu'ils se décrivent à la fois par des traits masculins et féminins. On a montré que l'androgynie était associée à de meilleures capacités d'adaptation sociale (les sujets androgynes manifestent moins fréquemment des troubles mentaux).

2. LES DIFFÉRENCES ENTRE GROUPES SOCIAUX

2.1. Classes sociales et niveau socio-économique

Dans les sociétés regroupant de nombreuses personnes et où règne une forte division du travail les statuts des individus sont hiérarchisés. Cette hiérarchie a été conceptualisée de deux manières. On peut d'abord considérer que les individus sont regroupés en classes sociales homogènes et que ce sont ces classes qui sont hiérarchisées dans des rapports de domination. Les classes sociales peuvent être décrites au moyen de critères variés qui généralement se recoupent : critères économiques comme dans la sociologie marxiste où la possession ou non des moyens de production détermine une conscience de classe, critères politiques relatifs au pouvoir ou critères sociaux comme dans la sociologie de Max Weber par exemple. Mais les classes sociales ne sont que relativement homogènes et, si l'on excepte les sociétés fondées sur un système de castes, leurs frontières sont mal définies. Aussi, peut-on considérer que les statuts sont hiérarchisés au long d'un continuum. On peut alors parler tout aussi bien de classes sociales ou de niveau social (ou de niveau socio-économique, ou encore de niveau socioculturel).

Le niveau social peut être défini à partir de nombreux points de vue : niveau des revenus, de la qualification professionnelle, de la formation... Assez fréquemment on combine plusieurs de ces points de vue afin d'obtenir un indice global. Un indice souvent utilisé dans les études américaines classiques, l'indice de Warner, combine quatre critères estimés sur des échelles en sept points en leur donnant des pondérations différentes :

- niveau de qualification professionnelle (de profession libérale à ouvrier non qualifié) avec le coefficient 4,
- source des revenus (de fortune héritée à subventions de l'assistance publique) avec le coefficient 3,
- type d'habitation (de la grande maison bien entretenue avec jardin au logement insalubre) avec le coefficient 3,
- voisinage (de la partie de la ville la plus chic à la zone des taudis) avec le coefficient 2.

Le niveau social est défini par un score qui est la somme des quatre estimations sur chacun des critères. On peut découper le continuum des scores afin de définir, assez arbitrairement, des classes sociales. On distingue ainsi couramment trois classes sociales, avec pour chacune un niveau supérieur et un niveau inférieur : la classe supérieure, la classe moyenne et la classe inférieure. On peut aussi définir le niveau social en combinant des observations portant sur plusieurs membres de la famille. Marie-Claude Hurtig et Bianka Zazzo (1969) caractérisent chaque enfant par une «cote sociale», combinaison des niveaux professionnel et culturel du père et de la mère, corrigée pour tenir compte des niveaux professionnel et culturel des grands-parents.

Les divers critères utilisés pour définir le niveau social étant fortement associés on se borne souvent à en prendre en compte un seul, celui qui les résume le mieux, à savoir la profession du père. Celle-ci renseigne en effet, il est vrai d'une manière assez globale et avec quelques incertitudes, sur le niveau d'études, le niveau de qualification, le niveau des revenus et sur le genre et les styles de vie qui leur sont associés. Dans les études françaises relativement anciennes on utilise un système de classification des professions, «les catégories socioprofessionnelles», mis au point par l'Institut national de la statistique et des études économiques pour le recensement de 1954 et à des fins d'établissement de statistiques en matière économique et sociale. Cette classification a été modifiée en 1982 et dénommée alors «professions et catégories socioprofessionnelles». Ces deux systèmes sont présentés au tableau 5.5 (p. 252). Dans les deux cas les activités professionnelles ont été regroupées afin de constituer des groupes d'emplois socialement homogènes, quant à la formation requise notamment, et constitués d'individus ayant entre eux des relations et ayant tendance à partager les mêmes opinions et à se comporter de la même manière (Desrosières et Thévenot, 1988). Dans les études empiriques on procède souvent à des regroupements des grandes catégories et on oppose fréquemment des catégories contrastées : classes ou milieux favorisés/classes ou milieux défavorisés, classes moyennes/classes populaires, cadres/ouvriers.

CSP	PCS
0. AGRICULTEURS EXPLOITANTS 00. Agriculteurs exploitants	1. AGRICULTEURS EXPLOITANTS 11. Agriculteurs sur petite exploitation 12. Agriculteurs sur moyenne exploitation 13. Agriculteurs sur grande exploitation
1. SALARIÉS AGRICOLES 10. Salariés agricoles	2. ARTISANS, COMMERÇANTS ET CHEFS D'ENTREPRISE 21. Artisans 22. Commerçants 23. Chefs d'entreprise de 10 salariés ou plus
2. PATRONS DE L'INDUSTRIE ET DU COMMERCE 21. Industriels 22. Artisans 23. Patrons pêcheurs 26. Gros commerçants 27. Petits commerçants	3. CADRES ET PROFESSIONS INTELLECTUELLES SUPÉRIEURES 31. Professions libérales 33. Cadres de la fonction publique 34. Professeurs, professions scientifiques 35. Professions de l'information, des arts et des spectacles 37. Cadres administratifs et commerciaux d'entreprise 38. Ingénieurs et cadres techniques d'entreprise
3. PROFESSIONS LIBÉRALES ET CADRES SUPÉRIEURS 30. Professions libérales 32. Professeurs, professions littéraires et scientifiques 33. Ingénieurs 34. Cadres administratifs supérieurs	4. PROFESSIONS INTERMÉDIAIRES 42. Instituteurs et assimilés 43. Professions intermédiaires de la santé et du travail social 44. Clergé, religieux 45. Professions intermédiaires administratives de la fonction publique 46. Professions intermédiaires administratives et commerciales des entreprises 47. Techniciens 48. Contremaîtres, agents de maîtrise
4. CADRES MOYENS 41. Instituteurs, professions intellectuelles diverses 42. Services médicaux et sociaux 43. Techniciens 44. Cadres administratifs moyens	5. EMPLOYÉS 52. Employés civils et agents de service de la fonction publique 53. Policiers et militaires 54. Employés administratifs d'entreprise 55. Employés de commerce 56. Personnels des services directs aux particuliers
5. EMPLOYÉS 51. Employés de bureau 53. Employés de commerce	6. OUVRIERS 62. Ouvriers qualifiés de type industriel 63. Ouvriers qualifiés de type artisanal 64. Chauffeurs 65. Ouvriers qualifiés de la manutention, du magasinage et du transport 67. Ouvriers non qualifiés de type industriel 68. Ouvriers non qualifiés de type artisanal 69. Ouvriers agricoles
6. OUVRIERS 60. Contremaîtres 61 Ouvriers qualifiés 63. Ouvriers spécialisés 65. Mineurs 66. Marins et pêcheurs 67. Apprentis ouvriers 68. Manœuvres	81. CHÔMEURS N'AYANT JAMAIS TRAVAILLÉ
7. PERSONNES DE SERVICE 70. Gens de maison 71. Femmes de ménage 72. Autres personnels de service	
8. AUTRES CATÉGORIES 80. Artistes 81. Clergé 82. Armée et police	

Tableau 5.5.
Les catégories socioprofessionnelles (CSP) et les professions et catégories socioprofessionnelles (PCS) de l'INSEE

2.2. Intelligence et niveau socio-économique

2.2.1. Constats globaux

Les groupes sociaux étant définis on peut se demander s'ils se distinguent sur diverses variables psychologiques, ou, en d'autres termes, se demander quelle est la part de la variabilité interindividuelle susceptible d'être expliquée par la variabilité entre les groupes sociaux. *A priori* les différences en fonction de l'appartenance sociale concernent tout autant les enfants que les adultes et aussi bien l'intelligence que la personnalité. Cependant, compte tenu de leurs relations avec la réussite scolaire et avec les phénomènes de production des inégalités, on s'est principalement intéressé aux différences d'intelligence chez les enfants.

Chez les adultes, nous l'avons déjà noté, on observe une forte corrélation entre le niveau intellectuel moyen et le niveau d'études. On observe également, ce qui n'est guère surprenant, une forte corrélation entre le niveau intellectuel moyen et le niveau socio-économique. On observe aussi une forte variabilité du niveau intellectuel à niveau socio-économique constant. Cette variabilité est plus forte pour les niveaux socio-économiques inférieurs que pour les niveaux supérieurs.

Chez les enfants, on a observé très régulièrement et à de nombreuses reprises une meilleure réussite aux tests d'intelligence des sujets issus des milieux favorisés (Reuchlin, 1972; Aubret-Bény et Pelnard-Considère, 1976). Citons seulement les principaux résultats de deux enquêtes nationales françaises.

La première, réalisée en 1944, et exploitée par l'Institut national d'études démographiques (INED, 1950), a concerné un large échantillon représentatif des élèves âgés de 6 à 12 ans (nous avons déjà évoqué cette enquête au chapitre 2, paragraphe 4.3., p. 72). On a appliqué à tous les élèves un test comportant à la fois des items verbaux et des items non verbaux noté en points (test mosaïque de Gilles). Le milieu social était défini par la profession du père et, pour les ouvriers et les employés par le lieu de résidence (urbain ou rural). Les performances des groupes sociaux s'ordonnent de la manière suivante : agriculteurs, ouvriers résidant dans des communes de moins de 2 000 habitants, ouvriers-plus de 2 000 habitants, employés-moins de 2 000 habitants, employés-plus de 2 000 habitants, cadres-industriels-commerçants, professions intellectuelles et libérales. On a représenté figure 5.6 (p. 254) les résultats aux divers âges des élèves appartenant aux deux groupes professionnels extrêmes ayant des effectifs importants. On observe entre ces groupes un écart constant qui correspond à environ un an et demi de retard des enfants de cultivateurs sur les enfants de cadres-industriels-commerçants.

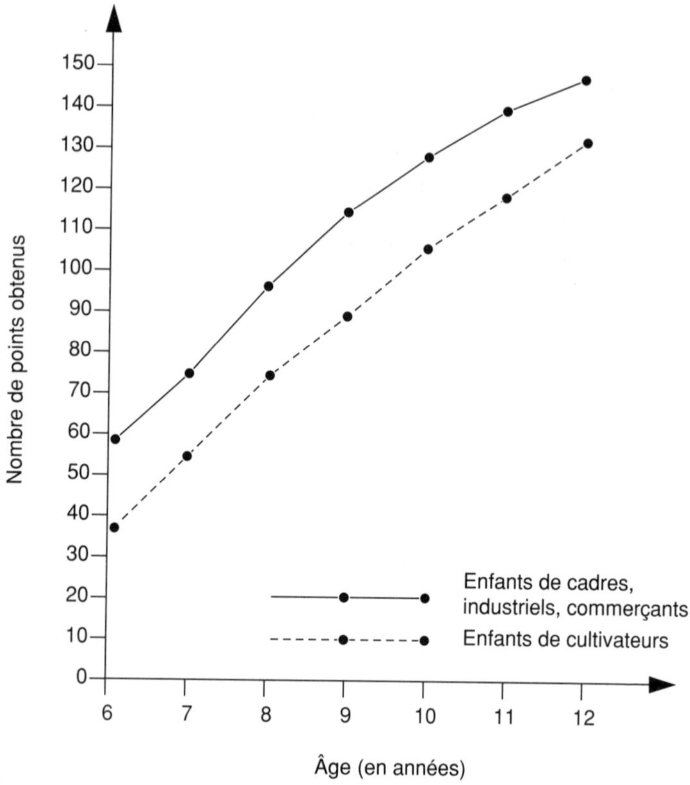

Figure 5.6.
Scores moyens de deux groupes sociaux à un test d'intelligence en fonction de l'âge (d'après INED, 1950).

Une enquête de même type a été réalisée en 1965 par l'INED auquel s'était adjoint l'Institut national d'étude du travail et d'orientation professionnelle (INED-INETOP, 1973). Elle a porté sur un échantillon de 100 000 élèves représentatif de la population des élèves âgés de 6 à 14 ans. Le test d'intelligence utilisé était un test collectif, mis au point par Pierre Bénédetto, comportant lui aussi des items verbaux et des items non verbaux (échelle collective de niveau intellectuel), et dont les scores s'expriment en QI. On a représenté sur le tableau 5.6 le QI moyen (tous âges confondus) des élèves appartenant aux divers groupes socioprofessionnels distingués (catégories socioprofessionnelles de l'INSEE) ainsi que quelques autres renseignements. Les QI moyens s'échelonnent de 92,6 à 111,5. On observe une forte dispersion à l'intérieur de chaque catégorie socioprofessionnelle : les écarts-types, compris entre 13 et 14, ne sont pas très différents de celui de la population totale (15, par définition).

CSP	Pourcentage	QI moyen	Écart-type
Manœuvres	7,4	92,6	13,4
Ouvriers agricoles	4,5	93,5	13,1
Ouvriers des mines	2,0	94,1	13,2
Ouvriers spécialisés	14,0	96,1	13,3
Agriculteurs	11,8	96,4	13,1
Ouvriers qualifiés	16,4	98,3	13,3
Employés de commerce	1,9	100,2	14,0
Employés de bureau	6,4	101,4	13,7
Contremaîtres	2,6	102,5	13,0
Commerçants-artisans	8,7	103,0	13,9
Armée-police	3,0	103, 9	13,2
Professions libérales-indusriels	3,5	107,4	14,0
Cadres moyens	6,5	107,9	13,7
Cadres supérieurs	5,0	111,5	13,6

Pour diverses catégories socioprofessionnelles : pourcentage de la population totale, QI moyen et écart-type. Pour 6,3% des répondants il n'a pas été possible d'attribuer une CSP.

Tableau 5.6.
(d'après INED-INETOP, 1973)

Exprimée par des coefficients de corrélation la liaison entre l'intelligence et le niveau socio-économique est le plus souvent de l'ordre de .30-.45. On a représenté figure 5.7 (p. 256) le diagramme de corrélation entre les scores obtenus par des élèves de 9-10 ans à un test verbal (test de Henmon-Nelson) et un indice de statut socio-économique (indice de Warner). La corrélation entre les deux variables est .35. On retrouve l'échelonnement des moyennes habituel et la grande dispersion des résultats à niveau socio-économique constant.

Lorsque le développement intellectuel est évalué par des épreuves inspirées de la théorie de Piaget on observe un retard des enfants issus de milieux à faible niveau socio-économique. Dans une étude italienne réalisée à Gênes on a considéré que le niveau socio-économique était fonction de l'ancienneté de l'immigration : 90% des enfants de 9-10 ans nés à Gênes ont acquis la conservation du poids, ils ne sont que 75% chez ceux qui sont arrivés depuis au moins trois ans et 65% chez ceux qui sont arrivés depuis moins de trois ans (Peluffo, 1967).

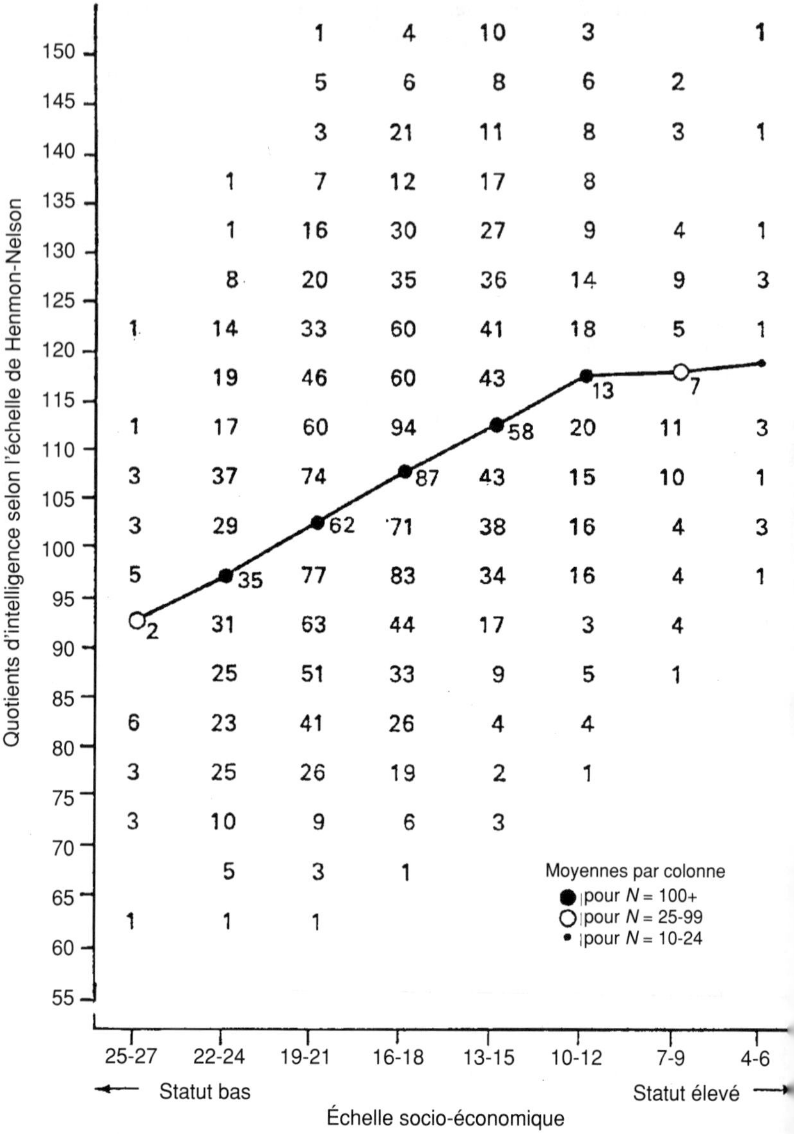

Figure 5.7.
Diagramme de corrélation entre les notes en QI à un test verbal et les scores sur une échelle de statut socio-économique
(Eells *et al.*, 1951, in Aubret-Bény et Pelnard-Considère, 1976).

2.2.2. *Évolution de la liaison avec l'âge*

Les études longitudinales montrent que la liaison positive entre les scores aux tests et le milieu social apparaît entre 18 et 24 mois. Avant cette liaison est nulle ou légèrement négative, notamment chez les garçons (compte tenu de l'instabilité des performances à cet âge de la vie, cette absence ou cette faiblesse des corrélations n'est pas étonnante). Par la suite cette liaison croît assez rapidement et se stabilise vers 5 ans (ou n'augmente plus que très lentement). Les données présentées figure 5.8 (p. 258), qui concernent cinq évaluations du niveau socio-économique, et les filles et les garçons, illustrent ces tendances. Lorsque l'on distingue les composantes culturelles et les composantes strictement économiques du milieu social, c'est avec les premières que l'intelligence corrèle le plus tout au long du développement.

2.2.3. *Constats analytiques*

La liaison entre l'intelligence et le niveau socio-économique n'est pas également forte pour tous les aspects de l'intelligence. On observe toujours une liaison plus forte avec les épreuves verbales. Havighurst et Breese (1947) rapportent les corrélations suivantes avec les aptitudes primaires de Thurstone :

- verbal : .42
- numérique : .32
- spatial : .25
- fluidité : .30
- raisonnement : .23
- mémoire : .21

Eells *et al.* (1951) montrent que les items des tests différencient d'autant plus les niveaux sociaux que leur contenu est abstrait : sont les plus discriminants les items verbaux, viennent ensuite les items reposant sur des lettres ou des chiffres, sur des dessins géométriques, sur des dessins stylisés et enfin sur des dessins réalistes.

Les différences entre milieux sociaux relatives au langage ont été analysées dans des perspectives sociolinguistique et psycholinguistique (Espéret, 1987). Dans la perspective sociolinguistique on prend ses distances avec les points de vue normatifs et le langage est considéré comme un moyen de communication, dont l'usage varie en fonction des contextes situationnels et de la représentation que s'en font les interlocu-

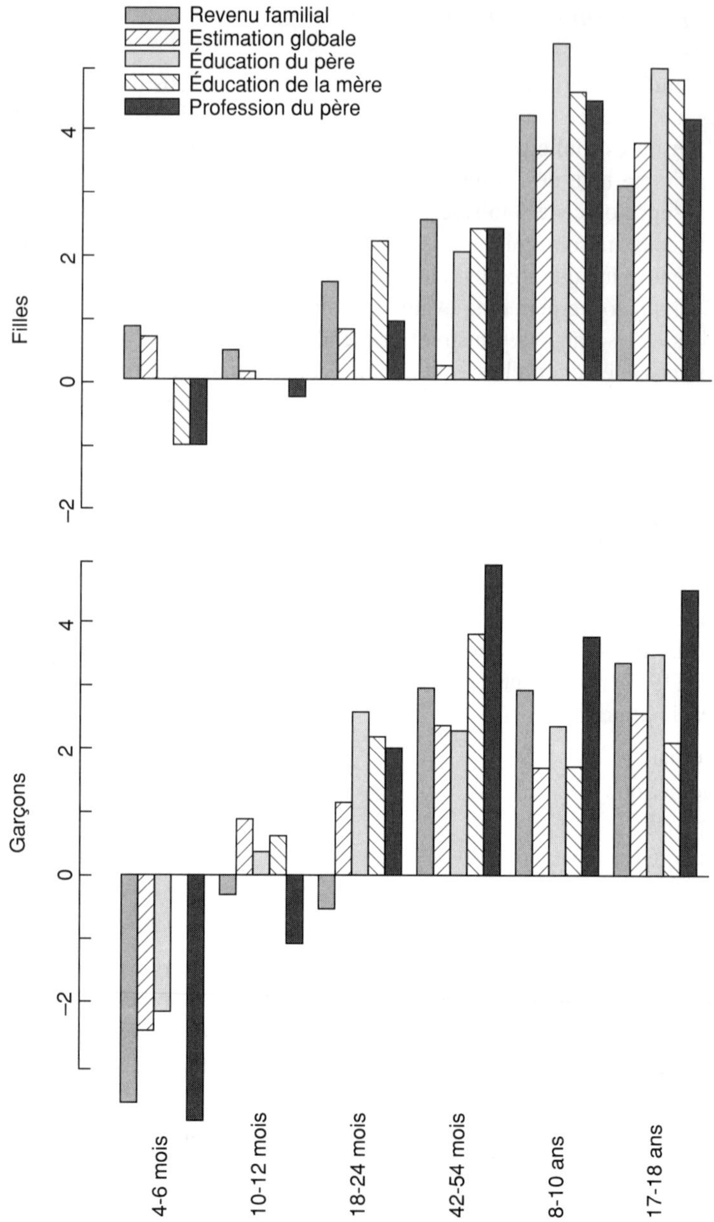

Figure 5.8.
Corrélations entre cinq indices du niveau socio-économique (revenu familial, estimation globale, éducation du père, éducation de la mère, profession du père) et les scores aux tests mentaux de la naissance à 18 ans, pour les filles et les garçons (d'après Bayley et Schaefer, 1964).

teurs. Les différences de langage sont vues davantage comme des différences culturelles que comme des différences d'efficience cognitive. Les recherches sociolinguistiques ont montré notamment que les différences entre milieux sociaux étaient maximales dans les situations où le langage est utilisé pour lui-même, indépendamment de ses usages habituels et où l'on doit manier hors contexte des éléments verbaux isolés. Dans les situations ne présentant pas ces caractéristiques les différences entre milieux sociaux sont faibles ou nulles. Ceci amène à penser que les individus issus de milieux sociaux différents se distingueraient surtout par la plus ou moins grande variété du répertoire de leurs conduites langagières. Les travaux de psycholinguistique ont notamment montré que les différences entre milieux sociaux étaient repérables dès 18 mois : système phonologique plus diversifié, énoncés plus précoces et plus longs dans les milieux favorisés. Par la suite les enfants de ces milieux ont en moyenne un vocabulaire plus étendu, maîtrisent mieux les aspects morpho-syntaxiques du langage et se montrent plus efficaces dans la communication. La fréquentation de l'école n'atténue pas ces différences sociales.

2.3. Personnalité et niveau socio-économique

Les différences de personnalité en fonction du niveau socio-économique sont faibles. Les plus importantes concernent l'orientation vers la réussite et les valeurs. On observe également des différences entre des milieux sociaux pour les conduites témoignant de l'adaptation sociale (délinquance et troubles mentaux).

2.3.1 L'orientation vers la réussite

Nous avons déjà évoqué dans ce chapitre le besoin de réussite (*cf.* paragraphe 1.3., p. 233). Ce besoin, rappelons-le, est classiquement évalué au moyen de tests projectifs inspirés du TAT. Le besoin de réussite est d'autant plus élevé que la fréquence des thèmes relatifs à la réussite dans les interprétations des images proposées par les sujets est élevée. Or, on observe une augmentation de cette fréquence en fonction de l'élévation du niveau socio-économique. Le fait que les sujets issus de milieux peu favorisés procèdent plus fréquemment à des attributions de contrôle externe indique également une orientation vers la réussite moins marquée. Notons encore que la conception même de la réussite est plus modeste chez les jeunes et les adultes de milieux populaires. Chez eux la réussite signifie souvent sécurité et stabilité, tandis que dans les milieux aisés elle signifie généralement possibilité d'expression de soi et occupation d'une position sociale prestigieuse.

Cette plus grande orientation vers la réussite se manifeste lorsque les adolescents et leur famille émettent des choix d'orientation scolaires ou professionnels. Dans une enquête réalisée dans les années 1970 (Huteau, 1976) on demandait aux élèves de troisième à quel âge ils envisageaient de terminer leur formation pour se mettre au travail. Les enfants de cadres déclaraient deux années de plus que les enfants d'ouvriers. Dans la même enquête les projets professionnels exigeaient des études supérieures pour 66% des enfants de cadres et 43% des enfants d'ouvriers, et le simple niveau de fin de troisième pour 15% des enfants de cadres et 31% des enfants d'ouvriers. Ces différences dans les projets sont moins marquées aujourd'hui mais on les retrouve cependant systématiquement dans des enquêtes plus récentes. Dans l'une de ces enquêtes portant sur les projets des élèves de troisième on a distingué trois milieux sociaux à partir des catégories de l'INSEE :

- cadres supérieurs, cadres moyens, industriels et gros commerçants,
- employés, artisans, petits commerçants, contremaîtres, exploitants agricoles,
- ouvriers, personnel de service, salariés agricoles et inactifs.

Les souhaits de poursuite d'études dans le second cycle long sont respectivement pour chacun de ces groupes : 91,6%, 75,6% et 67,2%, et ceux de poursuite dans le second cycle court : 5,0%, 17,4% et 26,2% (Duthoit, 1987). Certes, les projets des familles tiennent compte du niveau scolaire des élèves, et celui-ci est plus faible chez les ouvriers et assimilés. Mais les différences d'aspirations entre groupes sociaux demeurent importantes, surtout pour les élèves moyens et faibles, lorsqu'on les examine à niveau scolaire constant. Au début des années 1980, alors qu'il existait encore un palier d'orientation à la fin de la classe de cinquième, la probabilité de passer en quatrième d'enseignement général, pour un élève ayant l'âge normal et une note moyenne de 10/20 à l'ensemble français-mathématiques, était .75 si cet élève était fils de cadres et .50 seulement s'il était fils d'ouvriers. Ces écarts, que l'on retrouve à d'autres niveaux du cursus, s'expliquent essentiellement par une auto-sélection des familles populaires (Duru-Bellat, 1988).

Les effets des renforcements conduisant à une plus ou moins grande réussite dans les apprentissages ne sont pas identiques d'un groupe social à l'autre. Quelques travaux suggèrent que les enfants des classes défavorisées seraient plus sensibles aux récompenses matérielles tandis que les enfants des classes aisées le seraient davantage aux récompenses verbales. D'autres travaux montrent que les enfants des classes défavorisées sont plus sensibles aux renforcements positifs que ceux des classes favorisées. Rosenham (1966) soumet des enfants de 6 ans à une tâche d'apprentissage qui consiste à découvrir la règle permettant de savoir s'il faut appuyer sur un bouton situé à droite ou sur un bouton situé à gauche. En réalité la pression sur le bouton gauche est déclarée être la bonne réponse dans 70% des cas. Les enfants, qu'ils appartiennent à la classe défavorisée ou à la classe favorisée, sont informés soit de leur réussite («exact»), soit de leur erreur («faux»). On procède à quatre blocs d'essais. On constate (figure 5.9) que dès le premier bloc d'essais les

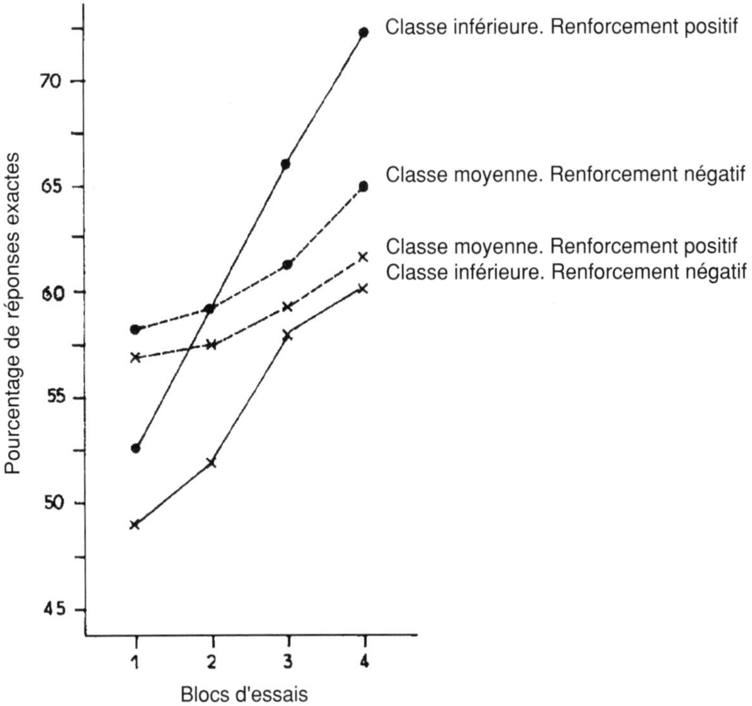

Figure 5.9.
Effets des renforcements positifs (information sur la réussite) et négatifs (information sur l'erreur) en fonction de la classe sociale (d'après Rosenham, 1966)

enfants de milieux favorisés réussissent mieux. Par la suite les enfants de la classe aisée progressent à peu près au même rythme quel que soit le mode de renforcement. Par contre les enfants de la classe défavorisée progressent davantage lorsque le renforcement est positif (information sur la réussite). Tout se passe comme si le renforcement avait uniquement une valeur informative pour les classes aisées et une valeur à la fois informative et affective (peut-être en modulant l'anxiété vis-à-vis de la tâche) pour les classes défavorisées. En situation de renforcement positif ce sont, dans cette expérience, les enfants de milieux défavorisés qui apprennent le plus rapidement.

2.3.2. *Les valeurs*

Il y a des liens étroits entre l'orientation vers la réussite et les valeurs. La réussite peut être considérée comme une valeur. On peut aussi considérer que l'orientation vers la réussite est déterminée par des valeurs : selon les valeurs auxquelles on se réfère la réussite peut non seulement prendre des formes différentes mais aussi être plus ou moins intéressante.

Les groupes sociaux se distinguent quant aux valeurs que leurs membres jugent les plus importantes. Dans les classes moyennes on accorde une place prépondérante à l'individu, à la maîtrise et à l'expression de soi. Dans les classes populaires l'accent est mis sur la conformité au groupe, la respectabilité et la sécurité (Kohn, 1959). Ces différences se manifestent clairement dans les réponses données aux inventaires de valeurs. Rokeach (1973) a analysé les réponses à son inventaire des valeurs en fonction de sept niveaux de revenu (l'inventaire de Rokeach a été présenté au chapitre 3, paragraphe 5.3., p. 148). Des différences significatives apparaissent pour neuf des dix-huit valeurs terminales et onze des dix-huit valeurs instrumentales. Voici quelques exemples des résultats pour les groupes les plus contrastés. Pour les valeurs terminales le groupe à haut revenu juge plus important le sentiment d'avoir fait quelque chose (valeur classée 5e sur 18, alors qu'elle est classée 12e dans le groupe à faible revenu), la paix intérieure (9e et 12e) et l'amour (12e et 17e); le groupe à faible revenu juge plus important une vie aisée (6e et 15e) et le salut (3e et 14e). Pour les valeurs instrumentales le groupe à haut revenu privilégie intellectuel (7e et 16e), logique (13e et 17e) et responsable (2e et 7e); le groupe à faible revenu privilégie la propreté (2e et 17e, pour cette valeur les écarts sont particulièrement forts), la gaieté (9e et 14e), l'indulgence (3e et 12e), le fait d'être serviable (4e et 9e), l'obéissance (15e et 18e) et la politesse (13e et 16ee).

On retrouve des différences de même nature lorsque l'on s'intéresse aux valeurs dans le domaine de l'éducation : encouragement à l'autonomie dans les milieux favorisés et encouragement à la conformité au groupe dans les milieux défavorisés. Ceci a notamment pour conséquences une variation des critères de punition : dans les milieux aisés on punit en fonction des intentions et dans les milieux défavorisés en fonction des conséquences. (On note aussi que la punition est plus fréquemment physique dans les milieux populaires et qu'elle prend plus fréquemment la forme d'une privation d'affection dans les milieux aisés.) Lautrey (1980) présente aux parents de trois milieux sociaux une liste de onze qualités et leur demande de choisir, en les ordonnant, les trois qualités qui leur paraissent les plus importantes. Il procède de même avec une liste de dix principes éducatifs.

■ *Milieux socioculturels*

- le père ou la mère, soit exerce une profession libérale ou est cadre supérieur, soit a fait des études supérieures (NSC I) ;
- le père ou la mère, soit exerce une profession de cadre moyen, artisan, employé ou petit commerçant, soit a fait des études secondaires (NSC II) ;
- le père ou la mère, soit exerce une profession de contremaître, ouvrier ou personnel de service, soit a fait seulement des études primaires (NSC III).

■ *Qualités*

- la politesse
- la propreté
- la bonté
- bien travailler à l'école
- le respect des autres
- l'esprit critique
- l'honnêteté
- l'indépendance
- la curiosité d'esprit
- la persévérance
- l'obéissance

■ *Principes d'éducation*

- lui faire confiance
- le récompenser chaque fois qu'il fait bien et le punir chaque fois qu'il fait mal

– l'encadrer avec souplesse
– avoir une discipline stricte
– lui laisser beaucoup de liberté
– lui donner l'exemple
– surveiller le plus possible ce qu'il fait
– lui laisser beaucoup de responsabilités
– le préserver des mauvaises fréquentations
– adapter ses principes en fonction de chaque enfant

Lautrey juge de l'importance de chaque valeur en accordant 3, 2 ou 1 points selon que la valeur est citée en premier, en second ou en troisième, et en calculant pour chaque valeur le pourcentage de points quelle représente par rapport à l'ensemble des points obtenus. Les résultats sont présentés figure 5.10 (p. 265). Pour les qualités et principes qui n'apparaissent pas sur la figure il n'y a pas de différences en fonction du niveau socioculturel, ce qui ne signifie pas pour autant que les choix opérés ont toujours la même signification d'un groupe social à l'autre.

2.3.3. Adaptation sociale

La délinquance est plus fréquente dans les milieux populaires. Ce phénomène bien connu est cependant surestimé. En effet, on est très loin d'identifier les auteurs de tous les actes de délinquance et on a d'autant plus de chances de les trouver dans les milieux où on va les chercher, or on va précisément les chercher préférentiellement dans les milieux populaires puisque c'est là qu'on les trouve le plus souvent ! Cette délinquance ne s'explique pas par une plus grande agressivité des sujets issus des milieux populaires. C'est un phénomène urbain qui touche particulièrement les banlieues des grandes métropoles et qui, jusqu'à maintenant, concerne surtout les garçons. Cette délinquance populaire témoigne d'une mauvaise intégration sociale d'une fraction des classes peu aisées qui trouve son origine dans des frustrations (impossibilité de fait d'accéder au mode de vie et de consommation des classes moyennes) et dans le développement de valeurs spécifiques.

Les statistiques des consultations médicales et les enquêtes épidémiologiques montrent que les troubles mentaux, considérés globalement, sont plus fréquents au fur et à mesure que s'abaisse le niveau socio-économique. Ceci peut s'expliquer à partir les conditions de vie plus difficiles, et des sentiments d'insatisfaction qui les accompagnent, dans les milieux populaires. En allant au-delà des constats globaux on observe que les troubles névrotiques sont plus fréquents dans les groupes sociaux favori-

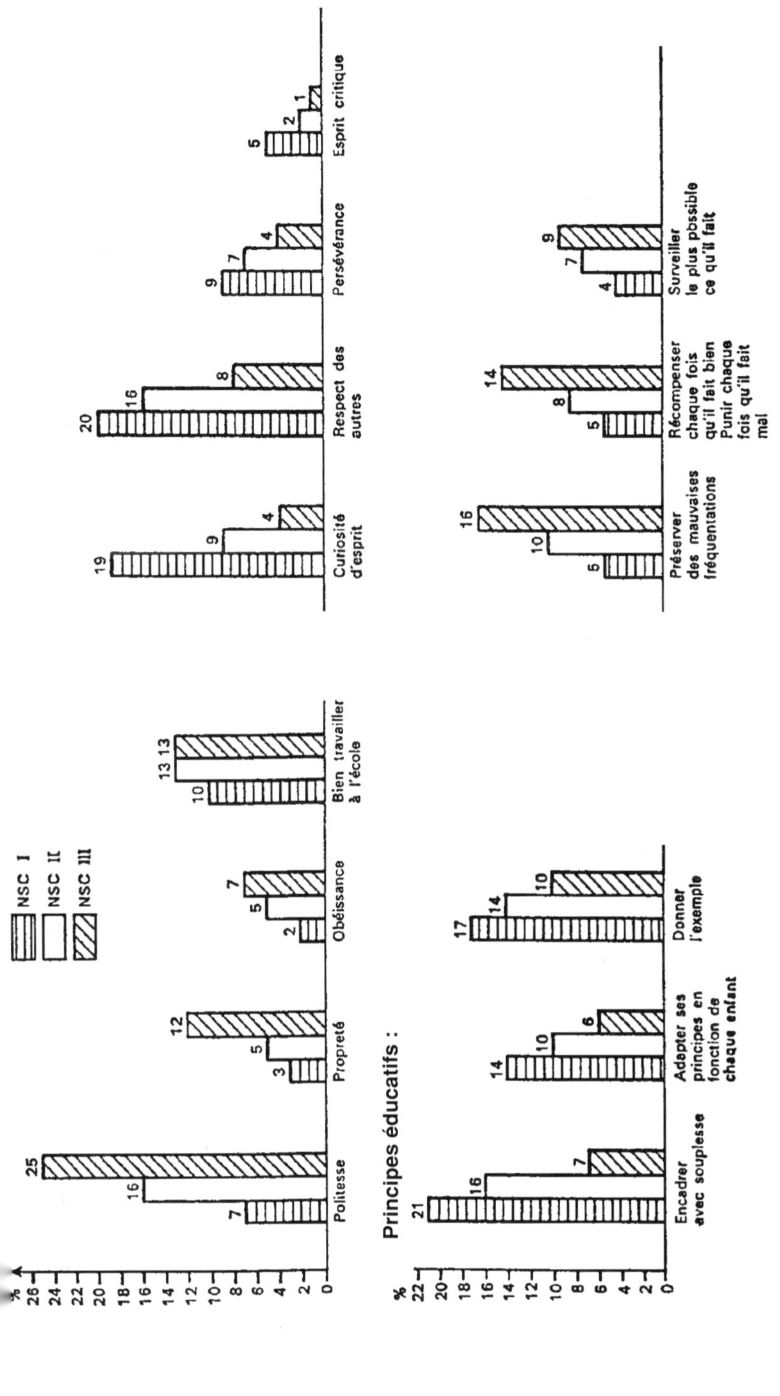

Figure 5.10.
Importance des valeurs (qualités et principes éducatifs jugés les plus importants) en fonction du niveau socioculturel (d'après Lautrey, 1981).

sés. Ce phénomène est difficile à interpréter. La névrose prenant souvent des formes relativement bénignes il peut s'agir d'un artefact provenant de la plus grande consommation médicale des classes aisées qui conduit à des diagnostics plus fréquents de troubles névrotiques dans ces groupes (à degré de myopie égal le port des lunettes est plus fréquent dans les milieux favorisés!). Mais il peut aussi s'expliquer par les plus grandes exigences des classes aisées en matière de réussite et d'autonomie personnelle, exigences qui sont source d'anxiété.

2.4. Réussite scolaire et niveau socio-économique

Il suffit de regarder autour de soi pour constater que les enfants des classes favorisées réussissent mieux à l'école que les enfants des classes populaires. On peut aussi constater que ceux qui réussissent le mieux à l'école sont plutôt favorisés culturellement qu'économiquement. Ces différences entre classes sociales persistent malgré les améliorations du niveau de vie des classes populaires et malgré les politiques éducatives visant à les réduire.

Elles sont précoces et repérables dès l'école maternelle. Le cours préparatoire, étape tout à fait importante puisque c'est là que les apprentissages fondamentaux, celui de la lecture notamment, démarrent, est redoublé par 3,1% des enfants de cadres supérieurs-industriels et gros commerçants et par 17,9% des enfants d'ouvriers et de personnels de service. Si l'origine sociale est une source importante des différences d'efficience scolaire, ce n'est pas la seule. Nous avons vu que les filles réussissaient mieux que les garçons. Les enfants issus de familles peu nombreuses (un ou deux enfants) réussissent également mieux (ils ont également, nous l'avons vu, de meilleurs scores aux tests d'intelligence). Les enfants un peu plus âgés, c'est-à-dire ceux qui sont nés de janvier à avril, par rapport à ceux qui sont nés de septembre à décembre, réussissent aussi un petit peu mieux (entrent au cours préparatoire les enfants qui ont 6 ans dans l'année, ceux qui sont nés au début de l'année sont donc plus âgés, et en moyenne plus matures, que ceux qui sont nés à la fin de l'année). Ces facteurs de différenciation se cumulent : si 1,1% des filles de cadres supérieurs issues de familles peu nombreuses et «âgées» redoublent le cours préparatoire, c'est le cas de 34,9% des garçons d'origine ouvrière issus de familles nombreuses et «jeunes» (Duthoit, 1989).

Grâce aux enquêtes nationales répétées chaque année on dispose de données précises sur la variabilité des acquisitions scolaires en fonction de la classe sociale. Prenons l'exemple du cours élémentaire deuxième année. Les tests de connaissances scolaires en français (compréhension, connaissance du code, production de texte) et en mathématiques (géométrie, mesures, nombres) sont inégalement réussis. En mathématiques 77% des enfants de cadres et 37% des enfants d'ouvriers réussissent les deux tiers des items, en français les pourcentages respectifs sont 75% et 36%. Examinons plus en détail les scores aux tests de connaissances des cadres et des ouvriers. En français les enfants de cadres ont un score moyen de 66,4 et les enfants d'ouvriers de 52,9, l'écart-type est 14,7. En mathématiques le score des enfants de cadres est 53,2 et celui des enfants d'ouvriers 42,1, l'écart-type est 12,6. Exprimées par l'indice *d* (*cf.* dans ce chapitre le paragraphe 1.1. p. 226) les différences entre les groupes sont d = 0,92 pour le français et d = 0,88 pour les mathématiques (Le Guen, 1991). Ces différences intergroupes sont parmi les plus importantes que nous avons enregistré jusqu'à maintenant. Mais il faut noter qu'elles portent sur des groupes sélectionnés et contrastés ne représentant qu'une partie de la population générale : les cadres ne représentent que 11% de l'échantillon et les ouvriers 36,4%. Il existe donc à niveau socio-économique constant une forte variabilité interindividuelle et nombreux sont les enfants d'origine populaire qui réussissent mieux que les enfants d'origine cadres.

Ces différences de réussite scolaire sont un des facteurs qui contribuent aux différences d'orientation des élèves. Nous avons vu que d'autres facteurs étaient relatifs aux attitudes et aux valeurs des jeunes et de leurs familles.

2.5. L'explication des différences individuelles selon le niveau socio-économique

2.5.1. L'orientation vers la réussite et les valeurs

Selon la classe sociale à laquelle ils appartiennent les individus ont des expériences particulières et subissent plus ou moins fortement des contraintes diverses. Tout ceci contribue à déterminer leur orientation vers la réussite et certaines de leurs valeurs. La moindre ambition scolaire, universitaire et professionnelle des jeunes d'origine populaire peut se comprendre si l'on tient compte du coût des études, plus difficile à supporter, des conséquences d'un éventuel échec, plus graves, et du fait que la poursuite d'études longues dans ces milieux sociaux est perçue, aujourd'hui encore, comme une rupture avec le milieu familial. Le sujet peut avoir une conscience claire des difficultés qui l'attendent et, après un calcul mettant en relation les efforts à investir et les gains prévisibles, estimer qu'il est préférable de viser une réussite plus modeste. Il peut aussi ne pas avoir une telle conscience, mais avoir néanmoins développé des modes d'adaptation à la réalité dont la moindre ambition scolaire, précisément, est une expression.

Pour rendre compte des différences de valeurs entre groupes sociaux on a évoqué la nature du travail effectué et les conditions de vie (*cf.* Combessie, 1969). Le rôle de la profession est suggéré par la comparaison du travail des cadres et des ouvriers. Le travail des cadres conduit à accorder de l'importance à tout ce qui concerne l'autonomie individuelle : on dirige fréquemment d'autres personnes, on doit assumer des responsabilités et prendre des initiatives, la promotion dépend principalement de stratégies personnelles; tandis que le travail des ouvriers conduit à accorder de l'importance à tout ce qui concerne le respect des normes et la cohésion du groupe : le travail est strictement prescrit et la marge d'initiative faible, la promotion dépend largement de l'action collective. Une telle opposition a une valeur suggestive forte et une valeur démonstrative faible. Elle focalise l'attention sur quelques statuts sociaux et en néglige beaucoup d'autres. Elle est par ailleurs très schématique et les analyses du travail réalisées par les ergonomes fournissent des descriptions beaucoup plus nuancées et beaucoup plus diversifiées du travail des cadres et des ouvriers.

Les contraintes économiques contribuent fortement à la sélection des fins jugées importantes. Dans les milieux populaires on a souvent l'expérience de l'insuffisance des revenus et de la précarité, dès lors la valorisation du salaire et de la sécurité n'est pas surprenante. Dans les milieux favorisés ces expériences sont plus rares et l'on peut alors voir apparaître au premier plan des considérations relatives à l'expression de soi et à l'épanouissement de la personne. En d'autres termes, il existe une hiérarchie des besoins et les besoins secondaires apparaissent lorsque les besoins primaires sont satisfaits. En matière éducative le contrôle plus strict des enfants dans les milieux défavorisés peut être une conséquence des conditions de vie. La propreté, l'ordre ou le soin, par exemple, sont certainement plus nécessaires lorsque l'espace est restreint (Lautrey, 1980).

Les facteurs relatifs à la nature de l'activité professionnelle et ceux qui tiennent aux contraintes économiques jouent souvent dans le même sens. Il en va ainsi par exemple pour les attitudes vis-à-vis du temps. Reprenons un instant l'opposition cadres-ouvriers. Les objectifs à long terme de l'activité du cadre et la relative aisance économique dont il bénéficie donnent la possibilité de projections dans le futur à long terme. Au contraire, les finalités immédiates de l'activité professionnelle de l'ouvrier et la précarité économique conduisent plutôt à des projections à court terme.

2.5.2. L'intelligence

Le constat de la meilleure réussite moyenne des enfants des classes favorisées aux tests d'intelligence a donné lieu à trois types d'interprétation.

Certains ont pensé que les différences d'intelligence entre groupes sociaux avaient une base génétique (Eysenck, 1977, par exemple). Leur argumentation repose sur trois propositions :

- les mesures d'héritabilité montrent que les différences individuelles en matière d'intelligence sont massivement déterminées par l'hérédité ;
- notre société étant méritocratique, ce sont les individus les plus intelligents qui occupent les positions sociales éminentes; les «bons gènes» vont donc vers les classes supérieures et les «mauvais gènes» vers les classes inférieures ;
- les hommes et les femmes tendent à se marier au sein de leur classe sociale, si bien que le tri des gènes provenant de la mobilité sociale tend à se stabiliser.

On remarquera que le mécanisme invoqué est formellement identique à celui qui est à l'œuvre dans l'expérience de Tryon présentée au chapitre 4 (*cf.* paragraphe 1.1., p. 168). Cette argumentation est très contestable. Nous avons vu qu'il fallait accorder un crédit très relatif aux mesures d'héritabilité et que facteurs héréditaires et facteurs environnementaux agissant en étroite interaction, ils étaient indissociables. En fait il n'y a aucune preuve d'un effet des facteurs héréditaires sur les différences entre classes sociales (même s'il était prouvé que les différences individuelles étaient massivement déterminées par l'hérédité on ne pourrait rien en conclure pour les différences entre groupes : il n'y aurait alors rien d'illogique à affirmer que l'hérédité explique 100% de la variabilité interindividuelle et 0% de la variabilité inter-classes sociales). Par contre, il y a des arguments expérimentaux qui plaident en faveur d'un rôle important des facteurs de milieu (*cf.* les travaux sur l'adoption d'enfants de milieux défavorisés par des familles aisées cités au chapitre 4, paragraphe 3.3.3. p. 203). Dans l'état actuel des connaissances la thèse consistant à expliquer les différences entre classes sociales par l'hérédité n'a donc pas de fondements et elle nous renseigne davantage sur les préjugés idéologiques de ses auteurs que sur les phénomènes observés.

D'autres ont pensé que les tests d'intelligence ne mesuraient pas l'efficacité du fonctionnement cognitif mais seulement des différences culturelles relatives, et que, en conséquence il n'y avait rien à expliquer. Si les enfants des classes populaires réussissent moins bien aux tests, c'est que les tests mesurent uniquement la conformité à la culture des classes favorisées, et si le psychologue ne s'en aperçoit pas c'est qu'il partage, en raison de sa position sociale, les préjugés de ces classes. Une telle argumentation pose comme principe l'absence de différences entre les classes sociales (ou une supériorité des classes défavorisées). Il est extrêmement difficile d'admettre que les différences entre classes sociales révélées par les tests, et qui concernent la manipulation de la langue, les raisonnements inductif et déductif, la représentation spatiale…, ne nous indiquent rien sur l'efficience du fonctionnement cognitif. Mais cette argumentation, non recevable dans sa forme la plus radicale, nous incite à nous interroger sur d'éventuels biais dans les tests qui avantageraient artificiellement les enfants des classes favorisées (*cf.* Huteau et Lautrey 1975). Eells *et al.*, au début des années 1950, ont examiné sous cet angle le contenu des tests alors en usage. Certains items paraissent effectivement culturellement biaisés. Ce sont notamment des items qui font appel à des connaissances lexicales correspondant bien plus aux expériences des sujets des classes favorisées. Les enfants des classes populaires, par exemple, donnent moins souvent la bonne définition du terme «sonate» ; les sujets des classes favorisées étant plus familiarisés avec la musique classique que les sujets des classes défavorisées, il est évident que cette différence est un artefact. Mais pour beaucoup d'items qui différencient bien les groupes sociaux le biais culturel est loin d'être aussi évident. Certes, ce biais peut se manifester de manière subtile (par exemple via la sensibilité à certaines formes de renforcement, *cf.* dans ce chapitre paragraphe 2.3.1., p. 261), mais il est probable qu'il n'explique alors qu'une part des différences observées.

Davis et Eells, en 1953, ont tenté de construire un test d'intelligence culturellement équitable (*culture-fair test*) dans lequel les enfants réussiraient aussi bien quelle que soit leur origine sociale. Il leur a été difficile de trouver des items répondant à cette condition (un item de ce test est présenté figure 5.11). Avec ce test les écarts inter-classes sociales sont effectivement considérablement réduits, mais il n'entretient aucune corrélation avec des critères externes comme la réussite scolaire, aussi son usage a-t-il été très limité.

Chaque garçon doit rapporter trois paquets à la maison. Lequel s'y prend de la meilleure manière ?

Figure 5.11.
Exemple d'un item du test de Davis et Eells. La question posée est lue à voix haute par le psychologue qui fait passer le test (d'après Davis et Eells, in Cronbach, 1970).

Le troisième type d'interprétation, accepté par la quasi-totalité des psychologues, consiste à rechercher les caractéristiques du milieu qui sont responsables des différences d'efficience cognitive en fonction du niveau socio-économique. On cherche à montrer que ce sont les mêmes facteurs de milieu qui sont à l'origine des différences à l'intérieur d'un groupe social et entre les groupes sociaux. On présentera deux exemples de cette approche.

Nous avons vu au chapitre 4 (*cf.* paragraphe 3.4.2., p. 207) qu'il y avait une liaison entre le niveau intellectuel de l'enfant et un ensemble de pratiques éducatives familiales. Or, ces pratiques éducatives ne sont pas également fréquentes d'un milieu à l'autre. Plus le niveau socio-économique s'élève, plus les conditions éducatives sont favorables au développement cognitif. Les corrélations entre le niveau socio-économique et le score global de qualité de l'environnement éducatif de Bradley et Caldwell sont .16 à 12 mois, .52 à 24 mois et .47 à 26 mois (Palacio-Quintin, 1995). C'est donc, au moins pour une part, parce qu'ils vivent dans un milieu moins favorable au développement cognitif que les enfants des classes défavorisées réussissent moins bien aux tests.

Nous avons évoqué également au chapitre 4 (p. 209) les travaux de J. Lautrey. Cet auteur, rappelons-le, distingue trois types de structuration du milieu familial : rigide, faible ou aléatoire et souple. On se souvient que le milieu souplement structuré est le plus propice au développement cognitif, à niveau socioculturel constant, car il fournit à la fois des perturbations et la possibilité de leur donner une signification. Or, les types de structuration du milieu familial n'ont pas la même fréquence dans tous les milieux sociaux : la fréquence du milieu souplement structuré augmente lorsqu'on s'élève dans l'échelle sociale tandis que celle du milieu rigidement structuré diminue (la structuration aléatoire n'est pas liée au milieu social). Lautrey explique cette liaison en faisant appel à deux classes de facteurs : des valeurs et des caractéristiques écologiques du milieu familial. Les valeurs jugées les plus importantes dans la classe aisée (curiosité d'esprit pour les qualités appréciées, encadrer avec souplesse et adapter ses principes en fonction de chaque enfant pour les principes éducatifs) conduisent davantage à un mode de structuration souple que celles jugées les plus importantes dans la classe défavorisée (*cf.* dans ce chapitre le paragraphe 2.3.2., p. 262). Les caractéristiques écologiques sont déterminées par les conditions économiques. L'absence de lieux où les enfants peuvent jouer, ou encore l'exiguïté du logement, évidemment plus fréquentes dans les milieux défavorisés, sont des obstacles à une structuration souple; par contre, ces caractéristiques écologiques facilitent la mise en place d'une structuration rigide. En résumé nous avons la chaîne causale suivante : appartenance sociale -> valeurs et conditions d'existence -> type de structuration du milieu familial -> efficience cognitive.

2.5.3. *Langage et orientation cognitive*

Basil Bernstein (1975), un sociolinguiste anglais, a proposé une théorie expliquant les différences linguistiques et les différences d'orientation cognitive entre classes sociales. Les classes sociales ne se distinguent pas seulement par le pouvoir et les moyens dont elles disposent, mais aussi par la nature des relations familiales. Ces relations familiales déterminent un certain type de langage, et plus généralement un codage particulier des événements de l'environnement et une orientation cognitive particulière. Bernstein distingue deux catégories de familles : les familles «positionnelles», surtout fréquentes dans les milieux ouvriers, et les familles «à orientation personnelle», que l'on rencontre surtout dans les classes moyennes. Dans les familles positionnelles les rôles sont strictement définis en fonction du statut (père, mère, enfant de tel âge et de tel sexe), dans les familles à orientation personnelle ils sont moins prédéterminés et sont plutôt définis à partir des caractéristiques psychologiques des individus. Dans les familles à orientation personnelle, adultes et enfants disposent donc d'une marge d'initiative plus grande. La socialisation est réciproque dans ces familles (l'adulte agit sur l'enfant et l'enfant agit sur l'adulte) tandis qu'elle est unidirectionnelle dans les familles positionnelles (il n'y a pas d'action de l'enfant sur l'adulte). Dans les familles à orientation personnelle le contrôle de l'enfant tient compte de ses caractéristiques psychologiques et des circonstances, et il est argumenté. Dans les familles positionnelles ce contrôle est fondé sur l'autorité et sur des normes de comportement considérées comme universelles. On notera une certaine ressemblance entre cette description des familles et celle proposée par Lautrey ; il y a en effet de fortes analogies entre familles positionnelles et milieux rigidement structurés et entre familles à orientation personnelle et milieux souplement structurés.

Les différences dans la socialisation des enfants ont pour conséquences des différences dans le langage qu'ils utilisent, et plus généralement dans la manière dont ils codent les événements de leur environnement, et dans leur l'orientation cognitive. Dans les familles positionnelles on utilise un langage laissant beaucoup de choses implicites et véhiculant des significations liées au contexte; dans les familles à orientation positionnelle le langage est plus explicite, donc plus élaboré, et permet des significations plus indépendantes du contexte. Dans les familles personnelle la moindre différenciation de l'expérience conduit à des attitudes plutôt globales alors que dans les familles à orientation personnelle l'expérience différenciée conduit plutôt à des attitudes analytiques. Le patron de comportements produit par les familles positionnelles est proche du style cognitif dépendant du champ et celui produit par les familles à orientation personnelle proche du style indépendant du champ (*cf.* Huteau, 1987).

Les différences de langage entre les deux types de familles ont été analysées en détail. Les familles positionnelles, donc le plus souvent les sujets des milieux populaires, utilisent préférentiellement un «langage commun», ou plus généralement un «code restreint»; les familles à orientation personnelle, donc les sujets des classes moyennes, utilisent préférentiellement un «langage formel», ou plus généralement un «code élaboré». Pour Bernstein ceux qui maîtrisent le code élaboré peuvent passer au code restreint mais le cheminement inverse est beaucoup plus difficile. Voici les caractéristiques de ces deux langages (d'après Espéret, 1987) :

■ *Pour le langage commun (code restreint)*

- phrases courtes, grammaticalement simples et souvent inachevées;
- usage fréquent et répétitif de quelques conjonctions (et, alors) et aspect logique indiqué le plus souvent par des moyens extra-verbaux;
- usage fréquent d'ordres et de questions brèves;
- usage rigide et limité des adjectifs et des adverbes;
- usage rare de pronoms impersonnels comme sujet d'une phrase conditionnelle, d'où peu d'objectivation de l'expérience;
- utilisation d'affirmations utilisées à la fois comme raison et comme conclusion, l'autorité de l'affirmation provient alors de la forme prise par les relations sociales et non de l'inférence logique;
- usage fréquent de formules visant à rechercher l'accord de l'interlocuteur, ceci rend plus difficile l'analyse du problème discuté;
- usage fréquent de phrases stéréotypées appartenant au patrimoine du groupe, ceci renforce la solidarité au groupe au détriment de la structure logique de la communication;
- faible niveau de généralité du symbolisme utilisé;
- qualification personnelle laissée hors de la structure de la phrase, les aspects individuels sont transmis par les canaux extra-verbaux.

■ *Pour le langage formel (code élaboré)*

- organisation grammaticale et syntaxe précises;
- les articulations logiques sont exprimées par des constructions complexes (séries de conjonctions);

- usage de prépositions indiquant aussi fréquemment des relations logiques que spatio-temporelles;
- sélection rigoureuse des adjectifs et des adverbes;
- qualifications personnelles explicitées;
- le symbolisme expressif (extra-verbal) porte plus sur l'aspect affectif que sur l'aspect logique de ce qui est signifié;
- attention attirée sur les possibilités d'une hiérarchie conceptuelle complexe dans l'organisation de l'expérience.

La théorie de Bernstein a provoqué beaucoup de débats et a suscité, et suscite encore, de nombreuses recherches empiriques (*cf.* Espéret, 1987). L'opposition entre les deux codes a été relativisée et les travaux de socio-linguistique, déjà évoqués, ont montré que l'activation d'un code dépendait aussi des caractéristiques de la situation, le code élaboré étant davantage sollicité dans les discussions formelles et par les contraintes de la communication écrite. Pour Bernstein les différences d'orientation cognitive ne sont pas réductibles à des différences d'intelligence, mais il n'en demeure pas moins que le code élaboré permet des conduites cognitives plus efficaces.

La recherche de Hess et Shipman (1965) fournit un bon exemple des travaux empiriques conduits dans le cadre de la théorie de Bernstein. Ces auteurs examinent des enfants de 4 ans et leurs mères, de quatre niveaux socio-économiques. Leurs observations sont tout à fait compatibles avec la théorie de Bernstein. Voici quelques exemples de leurs résultats portant sur la comparaison des deux niveaux socio-économiques extrêmes :

- langage : l'analyse du langage des mères dans trois situations (lorsqu'elles racontent une histoire à l'enfant à partir d'une image et au cours de deux entretiens) permet de retrouver plusieurs caractères des codes restreint et élaboré. On observe notamment dans le milieu favorisé des phrases plus longues, avec davantage d'adjectifs et d'adverbes, des structures syntaxiques plus complexes et des formulations plus abstraites ;
- système de contrôle : on présente aux mères des situations scolaires hypothétiques dans lesquelles l'enfant n'a pas respecté certaines règles ou s'est trouvé en situation d'échec et on leur demande comment elles auraient réagi si elles s'étaient trouvées dans ces situations. Les mères du milieu favorisé fournissent des réponses qui indiquent que le contrôle personnalisé est plus fréquent que le contrôle en référence au statut (36,9% contre 27,8%), et c'est l'inverse pour les mères du milieu défavorisé (26,4% contre 40,7%). On a égale-

ment demandé aux mères ce qu'elles disent à l'enfant au moment de la rentrée scolaire. On rencontre plus fréquemment des indications impératives dans le milieu défavorisé (75,0% contre 48,7% dans le milieu favorisé) et des conseils dans le milieu favorisé (38,5% contre 5,6% dans le milieu défavorisé) ;

- utilisation de concepts : on soumet les mères et les enfants à des épreuves de classement d'objets. Dans le milieu favorisé le classement est fondé plus souvent sur des propriétés visibles communes aux objets (par exemple, s'il s'agit de photographies, on regroupe les personnages masculins ou ceux qui portent un chapeau) ou sur des propriétés inférées (ils doivent tous travailler pour vivre), ce qui témoigne d'une attitude analytique. Dans le milieu défavorisé il est plus souvent fondé sur les relations fonctionnelles entre les objets (on regroupe par exemple le médecin et l'infirmière), ce qui témoigne d'une attitude globale. Chez les enfants les critères de classement sont rarement explicités, ils le sont cependant davantage dans le milieu aisé.
- style d'enseignement des mères : pour observer l'interaction mère-enfant on demande notamment à la mère d'apprendre à son enfant comment classer des jouets (ils peuvent l'être selon leur nature ou selon leur couleur). Les mères du milieu favorisé fournissent des explications plus claires, vont plus vite à l'essentiel et accueillent plus facilement les questions de l'enfant.

LECTURES CONSEILLÉES

HURTIG, M.-C., et PICHEVIN, M.-F., (éd.),
1986, *La différence des sexes, questions de psychologie,* Paris, Tierce.

LAUTREY, J.,
1980, *Classe sociale, milieu familial, intelligence,* Paris, PUF.

CONCLUSION

Nous venons de présenter les principaux résultats de la psychologie différentielle dans les domaines de l'intelligence et de la personnalité. Nous avons également rendu compte des travaux sur l'origine des différences individuelles et sur les comparaisons en fonction du sexe et de l'appartenance sociale. Une présentation plus complète de la psychologie différentielle supposerait des développements qui ont simplement été esquissés ou suggérés. Au plan méthodologique, à partir de l'analyse factorielle, de très nombreuses méthodes ont été élaborées afin d'analyser et d'interpréter les corrélations entre variables. Dans le domaine cognitif la variabilité interindividuelle a été intensivement étudiée à propos des processus sensoriels, perceptifs, d'apprentissage et de mémoire. Dans le domaine affectif on s'est beaucoup intéressé aux différences individuelles en matière d'émotions et de motivations diverses. De nombreux phénomènes, comme ceux relatifs à l'interaction sociale ou à l'adaptation au changement, par exemple, ont été aussi examinés dans une perspective différentielle : l'interaction ou l'adaptation prennent des formes différentes non seulement en fonction de la variation des situations mais aussi en fonction des caractéristiques personnelles des sujets impliqués. Les comparaisons de groupes n'ont pas été limitées à des groupes définis par le sexe et le niveau social, elles ont aussi porté sur des groupes définis à partir de caractéristiques ethniques. Enfin, un exposé plus complet aurait dû accorder une place notable aux applications, qu'il s'agisse de l'utilisation et de la prise en compte des différences individuelles, pour traiter de problèmes relatifs à l'éducation, au travail ou à la santé, ou de leur modification.

En fait, et nous le signalions dès l'introduction, il n'y a guère de conduites qui soient exemptes de variabilité. La plupart des conduites peuvent donc être l'objet d'une approche différentielle, de la même manière qu'elles peuvent être l'objet d'une approche sociale ou développementale. Les sous-disciplines de la psychologie, disions-nous au début de cet ouvrage, correspondent à des points de vue particuliers sur les individus et leurs conduites. Les individus étant des unités complexes et fortement organisées, les divers points de vue que l'on peut adopter à leur égard sont nécessairement complémentaires. Nous avons relevé quelques exemples de cette complémentarité, par exemple entre le point de vue différentiel et le point de vue développemental à propos du développement des capacités logiques, ou encore entre le point de vue différentiel et le point de vue social à propos des processus d'attribution. Aussi, un des grands projets de la psychologie actuelle, et c'est également un de ses grands problèmes, est précisément la coordination de ces divers points de vue. Au fur et à mesure que cette coordination progresse l'identité des sous-disciplines de la psychologie tend à s'estomper. Peut-être un jour disparaîtra-t-elle totalement ? De toute évidence nous n'en sommes pas encore là !

BIBLIOGRAPHIE

ADORNO, T.W., FRENKEL-BRUNSWICK, E., LEVINSON, D. SANFORD, N. (1950). *The Authoritarian Personality*, New York, Harper Brothers.

ALLEN, K.E., HART, B.M., BUELL, J., HARRIS, F.R., WOLF M.M. (1964). Effects of social reinforcement on isolate behavior of a nursey school child, *Child Development, 35,* 511-518.

ALLPORT G.W., ODBERT, H.S. (1936). Trait names : a psycho-lexical study, *Psychological Monographs, 47,* (n° 211).

ANASTASI, A. (1966). *Psychological Testing*, New-York, McMillan.

ANASTASI, A. (1969). *Differential Psychology*, New York, McMillan.

ANDERSON, J.R. (1985). *Cognitive Psychology and its Applications*, New York, Freeman.

ANH NGUYEN XUAN, (1969). Étude par le modèle factoriel d'une hypothèse sur les processus de développement, *Bulletin de l'Institut national d'étude du travail et d'orientation professionnelle, 25,* numéro spécial.

ASSOULINE, M., MEIR, E.I. (1987). Meta-analysis of the relationship between congruence and well being measures, *Journal of Vocational Behavior, 31,* 319-332.

AUBRET, J. , BLANCHARD, S. (1985). Lire vite et/ou comprendre, *L'Orientation scolaire et professionnelle, 14,* 273-292.

AUBRET-BÉNY, F., PELNARD-CONSIDERE, J. (1976). La liaison entre appartenance socio-économique et développement, in M. Reuchlin (Éd.), *Cultures et conduites*, Paris, PUF.

BALTES, P. B., REINERT, G. (1969). Cohort effects in cognitive development in children as revealed by cross sectional sequences, *Developmental Psychology, 1,* 169-177.

BALTES, P.B., REESE, H.W., LIPSITT, L.P. (1980). Life-span developmental psychology, *Annual Review of Psychology, 31,* 65-110.

BANDURA, A. (1977). *Social learning theory*, Englewood Cliffs, N.J., Prentice-Hill.

BAUDELOT, C., ESTABLET, R. (1988). Le niveau intellectuel des jeunes ne cesse de s'élever, *Économie et Statistiques,* n° 207, 31-39.

BAUDELOT, C., ESTABLET, R. (1992). *Allez les filles !*, Paris, Seuil.

BAUMRIND, D. (1973). The development of instrumental competence through socialization, in A. Pick (Éd.), *Minnesota Symposium on Child Psychology*, vol. 7, Minneapolis, University of Minnesota Press.

BAYLEY, N. (1955). On the growth of intelligence, *American Psychologist, 10,* 805-818.

BAYLEY, N. (1970). Developpement of mental abilities, in P.M. Mussen (Éd.), *Carmichael's Manual of Child Psychology*. New-York, Wiley.

BAYLEY, N., SCHAEFER, E.S. (1964). Correlations of maternal and child behaviors with the development of mental abilities : data from the Berkeley Growth Study, *Monographies of the Society for Research in Child Development, 29,* n° 6.

BEAUVOIS, J.-L. (1984). *La psychologie quotidienne,* Paris, PUF.

BEAUVOIS, J.-L., DESCHAMPS, J.-C. (1990). Vers la cognition sociale, in R. Ghighione, C. Bonnet, J.F. Richard (Eds.), *Traité de psychologie cognitive 3*, Paris, Dunod.

BECK, A.T. (1976). *Cognitive Therapy and the Emotional Disorders*, New York, International University Press.

BELMONT, L. MAROLLA, F.A. (1973). Birth order, family size and intelligence, *Science, 182,* 1096-1101.

BEM, D.J., ALLEN, A. (1974). On predicting some of the people some of the time : the search for cross-situational consistencies in behavior, *Psychological Review, 81,* 506-520.

BEM, S.-L. (1986). Au-delà de l'androgynie : quelques préceptes osés pour une identité de sexe libérée, in M. C. Hurtig, M.F. Pichevin (Éds.), *La différence des sexes, questions de psychologie*, Paris, Tierce.

BERSTEIN, B. (1975). *Langage et classes sociales. Codes socio-linguistiques et contrôle social*, Paris, Éditions de Minuit.

BINET, A. (1909). *Les idées modernes sur les enfants*, Paris, Flammarion.

BINET, A. (1911). Nouvelles recherches sur la mesure du niveau intellectuel des enfants des écoles, *Année psychologique, 17,* 145-201.

BINET, A., SIMON, T. (1905). Méthodes nouvelles pour le diagnostic du niveau intellectuel des anormaux, *Année psychologique,* 11, 191-244.

BINET, A., SIMON, T. (1908). Le développement de l'intelligence chez les enfants, *Année psychologique, 14,* 1-94.

BLOCK, J. (1971). *Lives through time,* Berkeley, Bancroft.

BLUM, G.S. (1955). *Les théories psychanalytiques de la personnalité*, Paris, PUF.

BONORA, D., HUTEAU, M. (1991). L'efficience comparée des filles et des garçons en mathématiques, *L'Orientation scolaire et professionnelle, 20,* 264-290.

BOWER, G.M. (1981). Mood and memory, *American Psychologist, 36,* 129-148.

BRADLEY, R.H., CALDWELL, B.M. (1976). The relation of infant's home environment to mental test performance at 54 months: a follow-up study, *Child Development, 47,* 1172-1174.

BRIGGS-MYERS, I., MCCAULEY, M.M. (1987). *Inventaire typologique de Myers-Briggs (forme G) (MBTI)*, Paris, ECPA.

BROWN, R. (1973). *A First Language. The Early Stages*. Cambridge, Harvard University Press.

BRUCHON-SCHWEITZER, M. (1994). Introduction à la psychologie de la santé, in M. Bruchon-Schweitzer et R. Dantzer (Éds.), *Introduction à la psychologie de la santé*, Paris, PUF.

BUISSON, G. (1991). Thérapies cognitives de la dépression : aspects théoriques et conséquences pratiques, in G. Loas, P. Boyer, B. Samuel-Lajeunesse (Éds.), *Psychopathologie cognitive*, Paris, Masson.

BUSS, A.R., PLOMIN, R., WILLERMAN L. (1973). The inheritance of temperament, *Journal of Personality, 41,* 513-524.

BUSS, A.R., POLEY, W. (1976). *Individual Differences : Traits and Factors*, New York, Gardner.

CANTOR, N., KIHLSTROM J.F. (1987). *Personality and Social Intelligence*, Englewood Cliffs, N.J., Prentice-Hill.

CAPRON, C., DUYME, M. (1991). Children's IQ and SES of biological and adoptive parents in a balanced cross-fostering study, *Cahiers de psychologie cognitive/European Bulletin of Cognitive Psychology. 11,* 323-348.

CARLIER, M. (1986). *L'adoption : une méthode d'étude de l'origine des diférences individuelles*, Paris, Université Descartes (thèse de doctorat).

CARROLL, J.B. (1993). *Human Abilities : a Survey of Factor Analytic Studies*, Cambridge, Cambridge University Press.

CATTELL, R.B. (1943). The description of personality : basic traits resolved into clusters, *Journal of Abnormal and Social Psychology, 38,* 476-506

CATTELL, R.B. (1971). *Abilities, their Sructure, Growth and Action*, Boston, Houghton Mifflin.

CATTELL, R.B., EBER, M.W. (1974). *Test 16 PF de R.B. Cattell*, Paris, ECPA.

CATTELL, R.B., EBER, H.W. TATSUOKA, M. (1980). *Handbook for the Sixteen Personality Factors (16 PF)*, Champaign , IL, Institut for Personality and Ability Testing.

CECI, S.J. (1991). How much does schooling influence general intelligence and its cognitive components ? A reassessment of the evidence, *Developmental Psychology, 27,* 703-722.

CHAUVEAU, G., ROGOVAS-CHAUVEAU, E. (1994). *Les chemins de la lecture*, Paris, Magnard.

CHILAND, C. (1971). *L'enfant de six ans et son avenir,* Paris, PUF.

CIBOIS, P. (1983). *L'analyse factorielle*, Paris, PUF

CLARK, L. (1988). Le darwinisme social en France, *La recherche, 19,* (n° 196), 192-199.

COMBER, L.C., KEEVES, J.P. (1973). *Science Education in Nineteen Countries, an Empirical Study.* Stockholm, Almqvist Wiksell.

COMBESSIE, J.-C. (1969). Éducation et valeurs de classes dans la sociologie américaine, *Revue française de sociologie, 10,* 12-36.

Constantinople, A. (1980). Masculinité/féminité, exception à un célèbre adage, in M.-C. HURTIG et M.-F. PICHEVIN (Éds.), *La différence des sexes, questions de psychologie*, Paris, Tierce.

COOPER, R., ZUBEK, J. (1958). Effects of enriched and restricted early environments on the learning ability of bright and dull rats, *Canadian Journal of Psychology, 12,* 154-164.

COSTA, P.T., MCCREA, R.R. (1992). Four ways five factors are basic, *Personality and Individual Differences, 13,* 653-665.

CRONBACH, L.J. (1958). Les deux disciplines de la psychologie scientifique, *Revue de psychologie appliquée, 8,* 159-187 (1re publication, 1957).

CRONBACH, L.J. (1970). *Essentials of Psychological Testing,* New-York, Harper Row.

CROWNE, D.P. Marlowe, D. (1954). *The Approval Motive*, New-York, Wiley.

DARWIN, C. (1969). *Théorie de l'évolution, textes choisis par Y.Conry*, Paris, PUF.

DARWIN, C. (1973). *L'origine des espèces,* Verviers, Belgique, Editions Gérard et Cie, série Marabout Université (première édition anglaise, 1859).

DE BONIS, M. HUTEAU, M. (1995). Facettes de l'intelligence sociale, *Revue européenne de psychologie appliquée, 44,* 263-269.

DE GROOT, A.D. (1951). War and the intelligence of youth, *Journal of Abnormal and Social Psychology, 46,* 596-597.

DEAUX, K., EMSWILLER, T. (1974). Explanation of successful performance in sex linked tasks. What is skill for the male and luck for the female? *Journal of Personality and Social Psychology, 29,* 80-85.

DESCOMBES, J.-P. (1985). *Manuel pour la version et l'adaptation française de l'inventaire des préférences professionnelles du Pr. Kuder*, Neuchâtel, Imprimerie nouvelle Monnier.

DESROSIERES, A., THÉVENOT, L. (1988). *Les catégories socio-professionnelles*, Paris, La Découverte.

DICKES, P., TOURNOIS, J., FLIELLER, A., KOP, J.-L., (1994). *La psychométrie,* Paris, PUF.

DUBOIS, N. (1987). *La psychologie du contrôle*, Grenoble, PUG.

DUPONT, J.-B., BERSIER, P.-A., MÜLLER, B. (1987). Type de personnalité et type d'études, *Uni-Lausanne,* n° 5, 36-49.

DUPONT, J.-B., GENDRE, F., Berthoud, S., Descombes, J.-P. (1979). *La psychologie des intérêts*, Paris, PUF.

DURU-BELLAT, M. (1988). *Le fonctionnement de l'orientation. Genèse des inégalités sociales*, Neuchâtel, Delachaux-Niestlé.

DUTHOIT, M. (1987). Le processus d'orientation en fin de troisième, *Éducation et Formations,* n° 11, 37-46.

DUTHOIT, M. (1989). Entrer à l'école, *Éducation et Formations*, n° 19, 31-39.

DUYME, M., Capron, C. (1992). Socioeconomic status and QI : what is the meaning of the french adoption studies ?, *Cahiers de psychologie Cognitive/European Bulletin of Cognitive Psychology, 12, 585-604.*

Duyme, M., Dumont-Damien, E. (1993). *Génétique et Alcoolisme*, Paris, INSERM.

Eagly, A.H., Crowley, M. (1986). Gender and helping behavior, *Psychological Bulletin, 100,* 283-308.

Eagly, A.H., Johnson, B.T. (1990). Gender and leadership style : a meta-analysis, *Psychological Bulletin, 108,* 233-256.

Eagly, A.H., Steffen, V.J. (1986). Gender and agressive behavior : a meta-analytic review, *Psychological Bulletin, 100,* 309-330.

Edwards, A.L. (1953). The relationship between judged desirability of a trait and the probability that the trait will be endorsed, *Journal of Applied psychology, 37,* 90-93.

Edwards, A.L. (1957). *The Social Desirability Variable in Personality Assessment and Research*, New York, Dryden.

Eells, K., Davis, A., Havighurst, R.J., Herrick, V.E., Tyler, R.H. (1951). *Intelligence and Cultural Differences*, Chicago, University of Chicago Press.

Elizur, D., Borg, I., Hunt, R., Beck, I.M. (1991). The structure of work values : a cross cultural comparison, *Journal of Organizational Behavior, 12,* 21-38.

Endler, N.S., Parker, D.A., Bagby, R.M., Cox, B.J. (1991). Multidimensionality of state and trait anxiety : factor structure of the Endler Multidimensional Anxiety Scales,*Journal of Personality and Social Psychology, 60,* 919-926.

Erlenmeyer-Kimling, L., Jarvik, L.F. (1963). Genetics and intelligence : a review, *Science, 142,* 1477-1479.

Espéret, E. (1987). Aspects sociaux de la psychologie du langage, in J.-A. Rondal et J.-P. Thibaut (Éds.), *Problèmes de psycholinguistique*, Bruxelles, Mardaga.

Espéret, E. (1990). L'acquisition différentielle du langage, in R. Reuchlin, J. Lautrey, C. Marandaz, T. Ohlmann (Éds.), *Cognition : l'individuel et l'universel*, Paris, PUF.

Eysenck, H.J. (1967). *The Biological Basis of Personality*, Springfield, IL, Thomas.

Eysenck, H.J. (1970). *The Structure of Human Personality*, London, Methuen.

Eysenck, H.J. (1977). *L'inégalité de l'homme*, Paris, Éd. Copernic.

Eysenck, H.J., Eysenck B.G. (1971). *Inventaire de personnalité d'Eysenck.* Paris, ECPA.

Eysenck, M.W. (1992). *Anxiety : the Cognitive Perspective*, Hillsdale, N.J., Erlbaum.

Fayol, M., Gombert, J.E., Lecocq, P., Sprenger-Charolles, L., Zagar, D. (1992). *Psychologie cognitive de la lecture*, Paris, PUF.

Feingold, A. (1988). Cognitive gender differences are disappearing, *American Psychologist, 43,* 95-103.

Feingold, A. (1992). Sex differences in variability in intellectual abilities : a new look at an old controversy, *Review of Educational Research, 62,* 61-84.

Feuerstein, R. (1990). Le PEI (Programme d'enrichissement instrumental), in J. Martin et G. Pavary (Éds.), *Pédagogies de la médiation. Autour du PEI*, Lyon, Chronique sociale.

FLIELLER, A. (1986). L'évolution du niveau intellectuel des enfants de 8 ans sur une période de 40 ans, *L'orientation scolaire et professionnelle, 15,* 61-83.

FLIELLER, A., MANCEAUX, M., KOP, J.-L. (1994). Évolution des compétences cognitives des élèves en début de scolarité élémentaire sur une période de 20 ans, *Les Dossiers éducation et formations,* n° 47, 205-218.

FLYNN, J.R. (1987). Massive I.Q. gains in 14 nations : what I.Q. tests really measure, *Psychological Bulletin, 101,* 171-191.

FOMBONNE, E. (1995). Psychologie des garçons et des filles : données épidémiologiques et transformations de l'adolescence, in A. Braconnier, C. Chiland, M. Choquet et R. Pomarède (Éds.), *Adolescentes et adolescents. Psychopathologie différentielle*, Paris, Bayard éditions/Fondation de France.

FORREST, D.W. (1974). *Francis Galton : the Life and Work of a Victorian Genius.* London, Paul Elek.

FREEMAN, A., DITOMASSO, R.A. (1994). The cognitive theory of anxiety, in B. Wollman (Éd.), *Anxiety and Related Disorders : a Handbook*, New York, Wiley.

FRODI A., MCCAULEY, J., THOME, P.R. (1977). Are woman always less aggressive than men ? A review of the experimental litterature, *Psychological Bulletin, 84,* 634-660.

GARBER, H.L. HODGE, J.D. (1989). Risk for deceleration in the rate of mental development, *Developmental Review, 9,* 259-300.

GRAY, J.A. (1982). The neuropsychology of anxiety : an enquiry into the fonctions of the septo-hippocampal system, *The Behavorial and Brain Sciences, 5,* 469-534.

GRÉGOIRE, J. (1992). *Évaluer l'intelligence de l'enfant*, Liège, Mardaga.

GUILFORD, J.P. (1967). *The Nature of Human Intelligence*, New York, Mc Graw-Hill.

GUILFORD, J.P. (1973). La créativité : rétrospective et prospective, in A. Beaudot (Éd.), *La créativité, recherches américaines*, Paris, Dunod.

HÄRNQVIST, K. (1968). Changes in intelligence from 13 to 18, *Scandinavian Journal of Psychology, 9,* 50-82.

HARTSHORNE, H., MAY, M.A. (1928). *Studies in the Nature of Character : Studies in Deceit (vol. 1)*, New York, McMillan.

HATHAWAY, S.A., MCKINLEY, J.C. (1940). A multiphasic personality schedule (Minnesota), I. construction of the schedule, *Journal of Psychology, 10,* 249-254.

HATHAWAY, S.R., MCKINLEY, J.C. (1966). *Inventaire multiphasique de personnalité du Minnesota* (MMPI), Paris, ECPA.

HAVIGHURST, R.J., BREESE, F.M. (1947). Relation between ability and social status in midwestern community, III. Primary and mental abilities, *Journal of Educational Psychology, 33,* 241, 247.

HECAEN, H., LANTERI-LAURA, G. (1978). *Évolution des connaissances et des doctrines sur les localisation cérébrales*, Paris, Desclee de Brower.

HESS, R.D. SHIPMAN (1965). Early experience and the socialization of cognitive modes in children, *Child Development, 36,* 869-886.

HIRSCH, J. (1962). Individual differences in behavior and their genetic basis, in E.L. Bliss, (Éd.), *Roots of Behavior*, New York, Hocher-Harper.

HOGAN, M.J. (1966). Influence of motivation on reactive inhibition in extraversion-introversion, *Perceptual and Motor Skills, 22,* 187-192.

HOLLAND, J.L. (1985). *Making Vocational Choices : a Theory of Vocational Personalities and Work Environments*, Englewood Cliffs, N.J., Prentice-Hall.

HORN, J.L. (1989). Cognitive diversity : a framework of learning, in P.L. Ackerman, R.J. Sternberg, R. Glaser (Éds.), *Learning and Individual Differences : Advances in Theory and Research*, New York, Freeman .

HORN, J.L., CATTELL, R.B. (1966). Refinement and test of the theory of fluid and cristallized intelligence, *Journal of Educationnal Psychology, 57,* 253-270.

HOWARTH, E., EYSENCK, H.J. (1968). Extraversion, arousal and paired-associate recall *Journal of Experimental Research in Personality, 3,* 114-116.

HOYENGA, K.B., HOYENGA, K.T. (1979). *The Question of Sex Differences*, Boston, Little-Brown.

HUMPHREYS, L.G. (1980). Methinks they do protest too much, *Intelligence, 4,* 179-183.

HURTIG, M.-C., PICHEVIN, M.-F. (1986). (Éds.). *La différence des sexes, questions de psychologie*, Paris, Tierce.

HURTIG, M.-C., ZAZZO, B. (1969). Définition des milieux et cote sociale, in R. Zazzo. *Des garçons de 6 à 12 ans*, Paris, PUF.

HUTEAU, M. (1976). *Les représentations professionnelles des adolescents*, Paris, INETOP.

HUTEAU, M. (1985*a*). *Les théories cognitives de la personnalité*, Paris, PUF.

HUTEAU, M. (1985*b*). Quelques questions à propos des styles cognitifs, *Cahiers de psychologie cognitive, 5,* 625-638.

HUTEAU, M. (1985*c*). Dimensions des différences individuelles dans le domaine intellectuel et processus de traitement de l'information, in J. Drévillon, M. Huteau, F. Longeot, M. Moscato, T. Ohlmann (Éds.), *Fonctionnment cognitif et individualité*, Bruxelles, Mardaga.

HUTEAU, M. (1987). *Style cognitif et personnalité : la dépendance-indépendance du champ*, Lille, PUL.

HUTEAU, M. (1988). *Éléments relatifs à la validité du MBTI*, Paris, INETOP.

HUTEAU, M. (1989). Étude de la validité interne du MBTI (forme G), *Revue de psychologie appliquée, 39,* 149-167.

HUTEAU, M. (1990). La variété des formes et des composantes de l'intelligence, in M. Reuchlin, J. Lautrey, C. Marandaz, T. Ohlmann (Éds.), *Cognition : l'individuel et l'universel*, Paris, PUF.

HUTEAU, M. (1995). Identité et intentions d'avenir, in A. Braconnier, C. Chiland, M. Choquet et R.Pomarède (Éds.), *Adolescentes, adolescents. Psychopathologie différentielle*. Paris, Bayard éditions/Fondation de France.

HUTEAU, M. LAUTREY, J. (1975). Artefact et réalité dans la mesure de l'intelligence (à propos du livre de Michel Tort : le QI), *L'orientation scolaire et professionnelle, 4,* 169-187.

HUTEAU, M., LAUTREY, J., CHARTIER, D., LOARER, E. (1994). Apprendre à apprendre, in G. Vergnaud (Éd.), *Apprentissage et didactique, où en est-on ?*, Paris, Hachette.

HYDE, J.S., LINN, M.C. (1988). Gender differences in verbal ability : a meta-analysis, *Psychological Bulletin, 104,* 53-69.

INED, (1950). *Le niveau intellectuel des enfants d'âge scolaire, I Une enquête nationale dans l'enseignement primaire*, Paris, PUF.

INED-INETOP, (1973). *Enquête nationale sur le niveau intellectuel des enfants d'âge scolaire, II.* Paris, PUF.

INSEE, (1962). *Codes des catégories socio-professionnelles*, Paris, Imprimerie nationale.

INIZAN, A. (1983). *Le temps d'apprendre à lire*, Paris, A. Colin.

JACKSON, N.E., MYERS, M.G. (1982). Letter naming time, digit span , and precocious reading achievement, *Intelligence, 6,* 311-329.

JOHN, O.P. (1990). The «big five» factor taxonomy : dimensions of personality in the natural language and in questionnaires, in L.A. Pervin (Éd.), *Handbook of Personality and Research*, New York, Guilford.

JUNG, C.G. (1950). *Les types psychologiques.* Paris, Buchet-Castel (1re édition allemande, 1921).

JUNG, C.G. (1974). *Essai d'exploration de l'inconscient*, Paris, Gonthier.

KAGAN, J., MOSS, M.A. (1962). *Birth to Maturity : a Study in Psychological Development*, New York, Wiley.

KAGAN, J., ROSMAN, J.L., DAY, D., ALBERT, J., PHILLIPS W.M. (1964). Information processing in the child : significance of analytic and reflexive attitudes, *Psychological Monographs, 78,* n° 378.

KARLI, P. (1987). *L'homme agressif*, Paris, Odile Jacob.

KAUFMAN, A.S., KAUFMAN N.L., (1993). *K.ABC, Batterie pour l'examen psychologique de l'enfant*, Paris, ECPA (d'après la 1re édition américaine, 1983).

KLINE, P. (1991). *Intelligence : the Psychometric View*, London, Routledge.

KOHN, M.L. (1959). Social classes and parental values, *American Journal of Sociology*, *64*, 352-386.

KOLUCHOVÀ, J. (1976). A report on the further development of twins after severe and prolonged deprivation, in A.M. Clark, A.D.B. Clark (Éds.), *Early Experience : Myth and Evidence*, New York, The Free Press.

LAMBERT, J.-L., RONDAL, J.-A. (1979). *Le mongolisme*, Bruxelles, Mardaga.

LARMAT, G. (1979). *La génétique de l'intelligence*, Paris, PUF.

LAUGIER, M., WEINBERG, D., CASSIN, L. (1939). Enquête sur les caractères biotypologiques des enfants en relation avec les conditions de vie des familles, *Biotypologie, 7,* 21-55.

LAUTREY, J. (1980). *Classe sociale, milieu familial, intelligence*, Paris, PUF.

LAUTREY, J. (1990). Esquisse d'un modèle pluraliste du développement cognitif, in M. Reuchlin, J. Lautrey, C. Marandaz, T. Ohlman (Éds.), *Cognition : l'individuel et l'universel*, Paris, PUF.

LAUTREY, J. (1995). *Universel et différentiel en psychologie*, Paris, PUF.

LAUTREY, J., RIEBEN, L., RIBEAUPIERRE, A. (1986). Les différences dans la forme du développement cognitif évalué avec des épreuves piagétiennes : une application de l'analyse des correspondances, *Cahiers de psychologie cognitive,* 6, 575-613.

LE GUEN, M. (1991). Réussite scolaire et disparités socio-démographiques, *Éducation et Formations,* n° 27, 9-27.

LEMAINE, G., MATALON, B. (1985). *Hommes supérieurs, hommes inférieurs ? La controverse sur l'hérédité de l'intelligence*, Paris, Armand Colin.

LENNEY, E. (1977). Woman's self confidence in achievement settings, *Psychological Bulletin, 84,* 1-13.

LINN, M.C., PETERSEN, A.C. (1985). Emergence and characterization of sex-differences in spatial ability : a meta-analysis, *Child Development,* 56, 1479-1498.

LOARER, E., CHARTIER, D., HUTEAU, M., LAUTREY, J. (1995). *Peut-on éduquer l'intelligence ? L'évaluation d'une méthode de remédiation cognitive*, Berne, Lang.

LONGEOT, F. (1967). Aspects différentiels de la psychologie génétique, *Bulletin de l'Institut national d'étude du travail et d'orientation professionnelle, 23,* 1-159.

LOOS, I., POROT, D. (1989). *Manuel d'utilisation de l'inventaire Strong*, Issy-les-Moulineaux, 92, EAP.

LYTTON, H., ROMNEY, D.M. (1991). Parents differential socialization of boys and girls : a meta-analysis, *Psychological Bulletin, 109,* 267-269.

MAAS, H.S., KUIPERS, J.A. (1974). *From Thirty to Seventy*, San Francisco, Bass.

MACCOBY, E.E., JACKLIN, C.N. (1974). *The Psychology of Sexes Differences*, Stanford, Stanford University Press.

MAGNUSSON, D. (1990). Personality development from an interactional perspective, in L.A. Pervin (Éd.), *Handbook of Personality, Theory and Research*, New York, Guilford.

MAGNUSSON, D., GERSEN, M., NYMAN, B. (1968). The generality of behavorial data : I generalization from observations in one occasion, *Multivariate Behavorial Research* 3, 294-320.

MALRIEU, P. (1973). Aspects psychologiques de la construction de la phrase chez l'enfant, *Journal de psychologie normale et pathologique, 70,* 157-176.

MALSON, C. (1964). *Les enfants sauvages : mythes et réalités*, Paris, Union générale d'Edition (coll. «10/18»).

MANN, V.-A. (1989). Les habiletés phonologiques : prédicteurs valides des futures capacités en lecture, in L. Rieben, C. Perfetti (Éds.), *L'apprenti lecteur, recherches empiriques et implications pédagogiques*, Neuchâtel, Delachaux et Niestlé.

MATHEWS, A., MAY, J., MOGG, K., EYSENCK, M. W (1990). Attentional biais in anxiety : selective search or defective filtering ?, *Journal of Abnormal Psychology, 99,* 168-173.

MCCALL, R.B. (1979). The development of intellectual functioning in infancy and the prediction of later IQ, in J. Osofsky (Éd.), *Handbook of Infant Development*, New York, Wiley.

MCCALL, R.B., APPELBAUM, M.L., HOGARTY, P.S. (1973). Developmental change in mental performance, *Monographes of the Society for Research in Child Development, 38,* n° 150.

MCCLELLAND, D.C. (1961). *The Achievement Society*, Princeton, N.J., Van Nostraud.

MESSER, S.B. (1976). Reflection-impulsivity : a review, *Psychological Bulletin, 83,* 1024-1052.

MILLE, R. de, O'SULLIVAN, M. GUILFORD, J.P. (1977). *Tests d'intelligence sociale.* Paris, ECPA.

MINTON, H.L. SCHNEIDER F.W. (1980). *Differential Psychology*, Monterey, CA, Brooks/Cole.

MISCHEL, W. (1968). *Personality and Assessment*, New York, Wiley.

MISCHEL, W. (1990). Personality dispositions revisited and revisited : a view after three decades, in L.A. Pervin (Éd.), *Handbook of Personality, Theory and Research*, New York, Guilford.

MISCHEL, W., SHODA, Y., PEAKE, P.K. (1988). The nature of adolescent competencies predicted by preschool delay of gratification, *Journal of Personnality and Social Psychology, 54,* 687-696.

MUSINGER, M. (1975). The adopted child's IQ : a critical review, *Psychological Bulletin, 82,* 623-659.

NELSON, K. (1973). Structure and strategy in learning to talk, *Monographies of the Society for Research in Child Development, 38,* n° 1-2.

NEWMAN, H.H., Freeman, F.N., Holzinger, K.J. (1937). *Twins : a Study of Heredity and Environment*, Chicago, Chicago University Press.

OLSON, R.K., DAVIDSON, B.J., KLIEGL, R., DAVIS, S. (1984). Development of phonetic memory in disabled normal readers, *Journal of Exprimental Child Psychology, 37,* 187-206.

OSGOOD, C.E. (1952). The nature and measurement of meaning, *Psychological Bulletin, 49,* 192-237.

OSGOOD, C.E., LURIA, Z. (1954). A blind analysis of a case of multiple personality using the semantic differential, *Journal of Abnormal and Social Psychology, 49,* 579-591.

PALACIO-QUINTIN (1995). Les différences de développement cognitif entre enfants de milieux socio-économiques différents et les facteurs associés à ce phénomène, in J. Lautrey (Éd.), *L'universel et le différentiel en psychologie.* Paris, PUF.

PARKER, K. (1983). Factor analysis of the WAIS-R at nine age levels between 16 and 74 years, *Journal of Counsulting and Clinical psychology, 51,* 302-308.

PEDINIELLI, J.-L. (1994). *Introduction à la psychologie clinique*, Paris, Nathan.

PELUFFO, N. (1967). Culture and cognitive problems, *International Journal of Psychology, 2,* 187-198.

PERRON, J. (1981). *Valeurs et choix en éducation*, Sainte Hyacinte, Québec, Edisem.

PERRON, J. (1986). *Questionnaire de valeurs de travail*, Montréal, Québec, Université de Montréal.

PETERSON, C., SEMMEL, A., VON BAYER C., ABRAMSON, L.Y., METALSAY, G.I., SELIGMAN, M.E.P. (1982). The attributional style questionnaire, *Cognitive Therapy and Research, 6,* 287-299.

PIAGET, J., INHELDER, B. (1966). *La psychologie de l'enfant*, Paris, PUF.

PICHOT, P. (1954). *Les tests mentaux*, Paris, PUF.

PLOMIN, R., CHIPER H.M., LOEHLIN J.C. (1990). Behavioral genetics and personality, in L.A. Pervin (Ed.), *Handkook of personality theory and research*, New York, Guilford.

RAIMBAULT, A.M. (1980). Les maladies nutritionnelles, *La recherche,* n° 115, 1096-1104.

RAVEN, J. (1981). *Progressive matrices*, Issy-les-Moulineaux, EAP.

RESCOLA, L.A. (1980). Category development in early language, *Journal of Child Language, 8,* 225-258.

REUCHLIN, M. (1957). *Histoire de la psychologie*, Paris, PUF.

REUCHLIN, M. (1963). La mesure en psychologie, in P. Fraisse, J. Piaget (Éds.), *Traité de psychologie expérimentale, I. Histoire et Méthodes*, Paris, PUF.

REUCHLIN, M. (1964). *Méthodes d'analyse factorielle à l'usage des psychologues*, Paris, PUF.

REUCHLIN, M. (1972). Les facteurs socio-économiques du développement cognitif, in F. Duyckaerts, C.B. Hindley, I. Lezine, M. Reuchlin, A. Zempleni (Éds.), *Milieu et Développement*, Paris, PUF.

REUCHLIN, M. (1973). *L'hérédité des conduites*, Paris, PUF.

REUCHLIN, M. (1976*a*). *Cultures et Conduites*, Paris, PUF.

REUCHLIN, M. (1976*b*). *Précis de statistiques*, Paris, PUF.

REUCHLIN, M. (1978). Processus vicariants et différences individuelles,

Journal de psychologie, n° 2, 133-145.

REUCHLIN, M. (1987). Psychologie différentielle du langage, in J.-A. Rondal et J.-P. Thibaut (Éds.), *Problèmes de psycholinguistique*, Bruxelles, Mardaga.

REUCHLIN, M. (1990*a*). *La psychologie différentielle*, Paris, PUF.

REUCHLIN, M. (1990*b*). *Les différences individuelles dans le développement conatif de l'enfant*, Paris, PUF.

REUCHLIN, M. (1991). *Les différences individuelles à l'école*, Paris, PUF.

REUCHLIN, M., BACHER, F. (1989). *Les différences individuelles dans le développement cognitif de l'enfant*, Paris, PUF.

RICHARDS, A., WHITTAKER J.M. (1990). Effects of anxiety and mood manipulation in autobiographical memory, *British Journal of Clinical Psychology, 29,* 145-153.

ROBERT, M. (1995). Fonctionnement cognitif et comparaisons intersexes, in J. Lautrey (Éd.), *l'universel et le différentiel en psychologie*, Paris, PUF.

ROGERS, C.C. (1972). *Le développement de la personne*, Paris, Dunod (1re édition, 1961).

ROKEACH, M. (1973). *The Nature of Human Values*, New York, Free Press.

ROLLAND, J.-P. (1994). Désirabilité sociale de «marqueurs» des dimensions de personnalité du modèle en 5 facteurs : le rôle de l'enjeu, *European Review of Applied Psychology, 44,* 65-71.

ROSENHAM, D.L. (1966). Effects of social class and race on responsineness to approval and disapproval, *Journal of Personality and Social Psychology, 4,* 253-259.

ROSENTHAL, D. (1970). *Genetic Theory and Abnormal Behavior*, New York, McGraw-Hill.

ROTTER, J.B. (1966). Generalized expectancies for internal versus external control of reinforcement, *Psychological Monographs, 80,* n° 609.

ROUBERTOUX, P., CAPRON, C. (1990). Are intelligence differences hereditary transmitted ? *Cahiers de psychologie cognitive, 10,* 555-594.

ROUBERTOUX, P., CARLIER, M. (1976). *Genétique des comportements*, Paris, Masson.

ROUBERTOUX, P., CARLIER, M. (1985). Apports de la génétique à la psychiatrie de l'enfant, in S. Lebovici, R. Diatkine, C. Soulé (Éds.). *Traité de psychiatrie de l'enfant et de l'adolescent*, Paris, PUF.

ROZENKRANTZ, P.S., VOGEL, S.R., BEE, H., BROVERMAN, I.K., BROVERMAN, D.M. (1968). Sex-role stereotypes and self-concepts in college students, *Journal of Consulting and Clinical Psychology, 32,* 287-295.

SCARR-SALAPATEK, S. (1971). Race, social class and IQ, *Science, 174,* 1285-1295.

SCHIFF, M. , DUYME, M., DUMARET, A., TOMKIEWICZ, S. (1981). *Enfants de travailleurs manuels adoptés par des cadres*, Paris, PUF.

SCHUERGER, J.M., ZARRELA, K.L., HOTZ, A.S. (1989). Factors that influence the temporal stability of personnality by questionnaire, *Journal of Personality and social Psychology, 56,* 777-783.

SELIGMAN, M.E.P. (1975). *Helplessness : on depression development an death*, San Francisco, Freeman.

SELIGMAN, M.E.P., ABRAMSON L.Y., SEMMEL, A., VON BAYER, C. (1979). Depressive attributional style, *Journal of Abnormal Psychology, 88,* 242-247.

SHIELDS, J. (1962). *Monozygotic Twins Brought up Apart and Brought up Together*, London, Oxford University Press.

SHWEDER, R.A. (1975). How relevant is an individual difference theory of personality ? *Journal of Personality, 43,* 455-484.

SKEELS, H.M. (1966). Adults status of children with contrasting early life experience, *Child Development Monographs, 31,* n° 3.

SKEELS, H.M., DYE, H.B. (1939). A study of the effects of differential stimulation on mentally retarded children, *Proceedings of the American Association of Mental Deficiency, 44,* 114-136.

SKODAK, M., SKEELS, M.M. (1949). A final follow-up study of one hundred adopted children, *Journal of Genetic Psychology, 75,* 85-125.

SOREL, M. (1994). *Pratiques nouvelles en éducation et en formation : l'éducabilité cognitive*, Paris, L'Harmattan.

SPEARMAN, C. (1904). General intelligence objectively determined and measured, *American Journal of Psychology, 15,* 201-293.

SPEARMAN, C. (1937). *Les aptitudes de l'homme, leur nature et leur mesure*, Paris, CNAM (1re édition, 1927).

SPENCE, K.W. (1958). A theory of emotionally based drive (D) and its relation to performance in simple learning situations, *American Psychologist, 13,* 131-141.

SPENCE, K.W., FARDER, I.E., MCFANN, H.H. (1950). The relation of anxiety (drive) level to performance in competitional and non competitional paired associates, *Journal of Experimental Psychology, 52,* 296-305.

SPENCE, J.J., SPENCE, K.W. (1966). The motivational components of manifest anxiety : drive and drive stimuli, in C.D. Spielberger (Éd.), *Anxiety and Behavior*, New York, Academic Press.

SPIRO, R.J., TIRRE, W.C. (1980). Individual differences in schema utilization during discourse processing, *Journal of Educationnal Psychology, 70,* 204-208.

SPITZ, R.A. (1968). *De la naissance à la parole. La première année de la vie*, Paris, PUF.

STELMACK, R.M., GEEN, R.G. (1992). The psychophysiology of extraversion, in A. Gale, M.W. Eysenck (Éds.), *Handbook of Individual Differences : Biological Perspectives*, New York, Wiley.

STERNBERG, R.J. (1977). *Intelligence, information processing, and analogical reasoning*, Hillsdale, N.J., Erlbaum.

SUPER, D. (1991). *Questionnaire de valeurs professionnelles*, Paris, ECPA (1re édition américaine, 1970).

TELLEGEN, A., BOUCHARD, T.J., WILCOX K.J., SEGAL, N.L., LYKKEN, D.T., RICH, S. (1988). Personality similarity in twins reared apart and together, *Journal of Personality and Social Psychology, 54,* 1031-1039.

TÉTREAU, B., PERRON, J., TRAHAN, M., MAROCCO, A. (1987). Indépendance et interdépendance des intérêts professionnels et des valeurs de travail, *L'orientation scolaire et professionnelle, 16,* 179-192.

THURSTONE, L.L., THURSTONE T.G. (1964). *Manuel d'application de la batterie factorielle PMA (Aptitudes mentales primaires)*, Paris, ECPA (d'après la 3e édition américaine, 1958).

THURSTONE, L.L., THURSTONE, T.G. (1941). Factorial Studies of intelligence, *Psychometric Monographs,* n° 2.

TIEGER, T. (1980). On the biological basis of sex differences in aggression, *Child Development, 51,* 943-963.

TOURRETTE, C. (1991). *D'un bébé à l'autre : les différences individuelles au début du développement*, Paris, PUF.

TREIMAN, R. (1984). Individual differences among children in spelling and reading styles, *Journal of Exprimental Child Psychology, 37,* 463-477.

TRYON, R.C. (1942). Individual differences, in F.A. Moss (Éd.), *Comparative psychology*, Englewood Cliffs, N.J., Prentice-Hall.

TURKHEIMER, E. (1991). Individual differences in adoption studies of IQ, *Psychological Bulletin, 110,* 392-405.

VANDERNBERG, S.G., KUSE, A.R. (1978). Mental rotations, a group test of three dimensional spatial visuaalization, *Perceptual and Motor Skills, 47,* 599-604.

VANDENBERG, S.G., KUSE, A.R. (1979). Spatial ability : a critical review of the sex linked major gene hypothesis, in M.. Wittig et A.C. Petersen (Éds), *Sex-Related Differences in Cognitive Functioning*, New York, Academic Press.

VAUGHN, B.E., BLOCK, J.H. BLOCK, J. (1988). Parental agreement on child rearing during early childhood and the psychological characteristics of adolescents, *Child Development, 59,* 1020-1033.

VERNON, P.E. (1952). *La structure des aptitudes humaines*, Paris, PUF (1re édition: 1950).

VRIGNAUD, P., BERNAUD, J.-L. (1994). Les intérêts des français sont-ils hexagonaux ? Éléments pour la validation du modèle des intérêts de Holland (RIASEC) en France, *Questions d'orientation,* n° 1, 17-39.

WACH, M. , HUTEAU, M., BLANCHARD, S., DOSNON, O., FORNER, M., GUICHARD, J., VRIGNAUD, P., LALLEMAND, N. (1992). Projets et représentations des études et des professions des élèves de troisième et de terminale en 1992, *L'orientation scolaire et professionnelle, 21,* 297-339.

WATSON, J.B., RAYNER, R. (1920). Conditionned emotional reactions, *Journal of Experimental Psychology, 3,* 1-14.

WECHSLER, D. (1956). *La mesure de l'intelligence chez l'adulte*, Paris, PUF.

WECHSLER, D. (1989). *Échelle d'intelligence de Wechsler pour adultes, forme révisée*, Paris, ECPA (d'après la 1re édition américaine, 1981).

WEIDER, A. (1953). *Contributions Toward Medical Psychology 2*, New York, Ronald.

WEINER, B. (1990). Attribution in personality psychology, in L.A. Pervin (Éd.), *Handbook of Personality, Theory and Research*, New York, Guilford.

Whyte, J., Curry, C., HALE, D. (1985). Inspection time and intelligence in dyslexic children, *Journal of Child Psychological Psychiatry, 26,* 423-428.

WIGGLESWORTH, M.J., SMITH, B.D. (1976). Habituation and dishabituation of the electrodermal orienting reflex in relation to extraversion and neuroticism, *Journal of Research in Personality, 10,* 437-445.

WILLERMAN, L. (1979). *The Psychology of Individual and Group Differences*, San Francisco, Freeman.

WITKIN H.A., GOODNOUGH, D.R. (1981). *Cognitive Styles, Essence and Origins*, New York, International University Press.

WITKIN, H.A., DYK, R.B., FATERSON, H.F., GOODENOUGH, D.R., KARP, S.A. (1962). *Psychological Differentiation*, New York, Wiley.

WITKIN, H.A., OLTMAN, P.K., KARP, S.A. (1985). *Manuel du test des figures encastrées (forme collective), GEFT*, Paris, ECPA (1re édition américaine 1971).

YI-YUNG HSIA, D. (1966). Detection and treatment of inborn-errors of metabolism associated with mental deficiency. In G.J. Martin, B. Kisch (Éds.), *Enzymes in Mental Health*, Philadelphia, J.B. Lippincott.

ZAJONC, R.B., MARKUS, G.B. (1975). Birth order and intellectual development, *Psychological Review, 82,* 74-88.

ZAZZO, R. (1962). Contribution à la psychologie différentielle des sexes, in R. Zazzo, *Conduites et Conscience 1*, Neuchâtel, Delachaux-Niestlé.

ZAZZO, R. (1984). *Le paradoxe des jumeaux*, Paris, Stock.

ZAZZO, R., GILLY, M., VERBA-RAD, M. (1966). *Nouvelle échelle métrique de l'intelligence*, Paris, A. Colin.

Imprimerie GAUTHIER-VILLARS, Paris
Dépôt légal, Imprimeur, n° 4758
Dépôt légal : octobre 1996 *Imprimé en France*
Dépôt légal 1re édition : 3e trimestre 1995

Collection Psychologie

Cours de psychologie (Ghiglione, Richard *et al.*)
Tome 1 — Origines et bases
Tome 2 — Bases, méthodes, épistémologie
Tome 3 — Champs et théories
Tome 4 — Mesures et analyses
Tome 5 — Structures et activités
Tome 6 — Processus et applications

Manuel de psychologie générale (Lieury)
Manuel de psychologie de l'éducation et de la formation (Lieury *et al.*)
Manuel de psychologie différentielle (Huteau)
Manuel de psychopathologie (Besançon et al.)
Manuel de biologie pour psychologues (Boujard, Joly)
Manuel de neuropsychologie (Eustache, Faure)

Exercices et QCM de psychologie générale (Lieury)
Exercices et QCM de psychopathologie (Besançon *et al.*)
Exercices et QCM de biologie pour psychologues (Boujard, Joly)
Exercices corrigés — Statistiques en sciences humaines (Le Roux, Rouanet)
Exercices corrigés — Méthodes d'enquête en psychosociologie (Chauchat)

La méthode expérimentale en psychologie (Rossi *et al.*)
La démarche clinique en sciences humaines (Revault d'Allones)
Statistique en sciences humaines (3 tomes (Le Roux, Rouanet)
Traité de psychologie cognitive (3 tomes) (Bonnet, Ghiglione, Richard)
Le groupe en psychologie sociale (Aebischer, Oberle)
Initiation à la pratique sociologique (Champagne *et al.*)
Anthologie des sciences de l'homme (Filloux, Maisonneuve)
Les concepts fondamentaux de la psychologie sociale (Fischer)
Les domaines de la psychologie sociale (Fischer)
La dynamique du social (Fischer)
Manuel de recherches en sciences sociales (Quivy, Van Campenhoudt)
La pratique de l'entretien clinique (Poussin)
Introduction à la psycholinguistique (Matthei, Roepert)
Mathématiques et statistiques appliquées aux sciences humaines (Blum)
Éléments de sociolinguistique (Boyer)
L'entretien en sciences sociales (Blanchet)
Les techniques d'enquête en sciences sociales (Blanchet *et al.*)